高职高专物流管理专业教学改革系列教材

物流法律法规基础

第 2 版

主　编　方仲民　方　静

副主编　张文全　薛　琳

参　编　罗　颖　刘冉昕　康玉霞　李洪民

主　审　崔兴国

机 械 工 业 出 版 社

本书主要以物流活动为主线，对物流活动各环节涉及的相关法律法规进行阐述。全书共有十章，主要包括物流法律法规概述，物资采购、仓储与配送、物流包装、货物装卸与搬运、流通加工、货物运输、国际物流法律法规，以及在物流活动中涉及的货物运输保险、物流信息网络管理等法律法规。本书按照高职高专教育培养方案的要求，注重对学生实践能力的培养，力争做到理论联系实际，在阐释理论的同时辅以案例说明。另外，本书课后配套习题形式多样，有助于学生巩固已学知识，增强解决实际问题的能力。为适应我国物流业发展的需要，书中也积极引入相关的国际公约与国际惯例，使本书具有很强的实用性。

本书可以作为高职高专院校物流及相关专业的基础教材，并可作为物流行业及其他相关行业人员学习物流法律法规的参考教材，同时，还适合于从事有关物流法律工作的人员阅读。为了方便教学，本书配备了电子课件等教学资源。凡选用本书作为教材的教师均可登录机械工业出版社教育服务网 www.cmpedu.com 免费下载。如有问题请致电 010-88379375 联系营销人员。

图书在版编目（CIP）数据

物流法律法规基础/方仲民，方静主编．—2 版．—北京：机械工业出版社，2017.2（2022.2 重印）
高职高专物流管理专业教学改革系列教材
ISBN 978-7-111-55864-4

Ⅰ．①物…　Ⅱ．①方…　②方…　Ⅲ．①物流管理—法规—中国—高等职业教育—教材　Ⅳ．①D922.294

中国版本图书馆 CIP 数据核字（2016）第 323331 号

机械工业出版社（北京市百万庄大街 22 号　邮政编码 100037）
策划编辑：孔文梅　　　　责任编辑：孔文梅
责任校对：张　力　刘怡丹　　封面设计：鞠　杨
责任印制：郜　敏

北京盛通商印快线网络科技有限公司印刷

2022 年 2 月第 2 版第 8 次印刷
169mm×239mm · 13.75 印张 · 255 千字
标准书号：ISBN 978-7-111-55864-4
定价：35.00 元

电话服务　　　　　　　　　网络服务
客服电话：010-88361066　　机　工　官　网：www.cmpbook.com
　　　　　010-88379833　　机　工　官　博：weibo.com/cmp1952
　　　　　010-68326294　　金　　书　　网：www.golden-book.com
封底无防伪标均为盗版　　机工教育服务网：www.cmpedu.com

前　言

随着经济全球化的迅速发展，“物流”已成为现代服务业的支柱产业，对于推动国家经济建设发展和促进国民经济效益增长发挥着非常重要的作用，因而得到世界各国的高度重视。现代物流产业的持续、稳定、健康发展，必须以良好的法律制度环境作为依托和保障，建立相对完善的物流法律制度是物流产业得以发展的重要条件。

物流法律法规在规范物流活动、处理交易纠纷、保护消费者权益、促进产业健康发展等方面具有积极的作用。物流法律法规不仅为我国物流产业规模化发展保驾护航，而且也已成为我国物流企业挺进国际物流市场的重要保证。

本书第 1 版自出版后深受广大师生欢迎，已多次重印。此次再版，作者根据国家新颁布实施的物流法律法规及相关的管理条例，审慎地对原书进行了结构调整、案例更换、内容压缩、知识点集成，并增加了海关管理、进出口商品检验方面的法律法规内容;把国际物流法律法规的内容从货物运输法律法规中独立出来，单列一章，更能凸显国际贸易管理的特点与重要性，使本书更加贴近物流业发展实际，为在国际物流市场一体化中正确运用法律法规、保护当事人的合法权益做出了创新性的探索。

本书第 2 版共 10 章，以学习者应用能力培养为主线，按物流活动的基本过程和具体业务流程所涉及的法律法规，先后介绍了物流采购、仓储配送、物流包装、货物装卸与搬运、流通加工、货物运输、国际物流、货物运输保险、物流信息网络管理等方面的法律法规和管理制度，并通过案例分析，培养和提高读者的应用能力。

本书不仅适用于职业院校物流管理、工商管理、国际贸易等相关专业的教学，也可作为物流和外贸企业在职员工及管理人员的培训教材，对广大社会读者也是一本有益的普法读物。

本书由方仲民和方静担任主编并负责统稿，张文全、薛琳为副主编。崔兴国教授对全书内容进行了审定。

编者分工：第一章由张文全编写，第二章由罗颖编写，第三章、第四章由方静编写，第五章由刘冉昕编写，第六章、第九章由李洪民编写，第七章由方仲民编写，第八章由康玉霞编写，第十章由薛琳编写。各章均列出了学习目的与要求，每节都有经典案例引入，重点突出，实用性强。全书在编写过程中参考并借鉴了国内外一些学者的著作和研究成果，并参阅了国内外有关物流法律法规以及国际公约，在此，向相关作者一并致谢。

为方便教学，本书配备了电子课件等教学资源。凡选用本书作为教材的教师均可登录机械工业出版社教育服务网 www.cmpedu.com 免费下载。如有问题请致信 cmpgaozhi@sina.com，或致电 010-88379375 联系营销人员。

物流是一个迅速发展的行业，不断有新的理论、思想、观念和技术产生，相关的法律法规也在不断地调整与完善，加之作者水平所限，书中难免存在不足之处，衷心希望读者批评指正，以便做进一步修改和完善。

编　者

目　录

1 第一章 物流法律法规概述

学习目的

通过本章的学习，掌握物流的概念及其分类，熟悉我国物流法律体系的构成及其特点，了解物流法律关系及其组成，掌握物流企业的设立及其特点，重点掌握物流企业的市场准入及法律规范。

第一节 物流概述

引导案例 1-1：

某物流公司曾发生一起运费纠纷案。一客户通过外贸公司长期委托这家物流公司办理出口运输，双方在业务中的习惯做法是：货物运出后，物流公司为客户开具正式发票，客户收到发票一段时间后，按发票金额向物流公司付款。其中，一票货物由于客户在贸易中发生亏损，就以种种借口拒付物流公司运费，物流公司在多次催收无望的情况下向法院提起诉讼。在诉讼中，客户辩称已将这笔运费以现金形式付给了物流公司，有物流公司为其开具的正式发票为证。因物流公司无法拿出对方未付款的有力证据，以致在一审中被法院驳回诉讼请求。

目前，物流行业多采用物流公司为客户先垫付运费、杂费甚至税费等各项费用，待货物运输完成后，物流公司按双方约定的费用及实际操作中发生的费用，为客户开具发票，客户收到发票后，按发票金额向物流公司付款的做法。这种做法存在许多风险，因此习惯做法应规范，要按照法律规定进行物流活动。

资料来源：中国大物流网

一、物流的概念

物流是一个十分现代化的概念，由于它对商务活动的影响日益明显，所以越来越引起人们的注意。物流（Physical Distribution）一词源于国外，最早出现于美国。《中华人民共和国国家标准物流术语》规定，物流（Logistics）是指物品从供应地向接收地的实体流动过程。在这个过程中，要根据实际需要，将运输、储存、装卸、搬运、包装、流通加工、配送、信息处理等基本功能有机地结合。

二、物流的分类

社会经济领域中的物流活动无处不在，对于各个领域的物流，虽然其基本要素都存在且相同，但由于物流对象不同，物流目的不同，物流范围、范畴不同，形成了不同的物流类型。在对物流的分类标准方面目前还没有统一的看法，主要的分类方法有以下几种：

1．根据物流活动的范围分

（1）社会物流（External Logistics） 社会物流是企业外部物流活动的总称。这种社会性很强的物流往往是由专门的物流承担人承担的，社会物流的范畴是社会经济大领域。社会物流研究再生产过程中随之发生的物流活动，研究国民经济中的物流活动，研究如何形成服务于社会、面向社会又在社会环境中运行的物流，研究社会中物流体系结构和运行，因此带有宏观性和广泛性。

（2）企业物流（Internal Logistics） 企业物流是指企业内部的物品实体流动。企业物流又可以分为以下具体的物流活动：

1）生产物流（Production Logistics）。生产物流是指生产过程中原材料、在制品、半成品、产成品等在企业内部的实体流动。

2）供应物流（Supply Logistics）。供应物流是指为生产企业提供原材料、零部件或其他物品时，物品在提供者与需求者之间的实体流动。

3）销售物流（Distribution Logistics）。销售物流是指生产企业、流通企业出售商品时，物品在供方与需方之间的实体流动。

4）回收物流（Returned Logistics）。回收物流是指不合格物品的返修、退货以及周转使用的包装容器从需方返回到供方所形成的物品实体流动。

5）废弃物物流（Waste Material Logistics）。废弃物物流是指将经济活动中失去原有使用价值的物品，根据实际需要进行收集、分类、加工、包装、搬运、储存等，并分送到专门处理场所时所形成的物品实体流动。

2．根据物流活动的空间分

（1）区域物流 区域物流是指在一国内按照行政区域或者经济区域划分所进行的物流活动。区域物流有其独特的区域特点，一个国家范围内、一个城市内、一个经济区域内的物流通常都处于同一法律规范制度之下，受相同文化和社会因素的影响，拥有基本相同的装备水平。

（2）国际物流（International Logistics）　国际物流是指不同国家或地区之间开展的跨国的物流活动，包括两国间或多国之间开展的物流活动。

3．根据物流活动的组织者分

（1）自主物流　自主物流是指生产企业为满足自身的需要，利用自己的人工、机械设备和场所，安排全部物流计划，自己从事货物实体流动全过程的物流活动。

（2）第三方物流（ThirdParty Logistics，简称 TPL）　第三方物流是指由供方与需方以外的物流企业提供物流服务的业务模式。其具有节省费用、减少资本积压和库存、实现企业资源的优化配置、提升企业形象等诸多优点。

（3）第四方物流　第四方物流是指建立在第三方物流基础上的，对不同的第三方物流企业的管理、技术等物流资源做进一步整合，为用户提供全面意义上的供应链解决方案的一种更高级的物流模式。

三、物流市场

1．物流市场的结构

物流市场是指物流服务供给、物流服务需求交换关系的总和。从这个定义出发，我国物流市场由提供物流服务的物流企业和具有物流服务需求的各类经济部门、各类企业和个人构成。

（1）物流市场主体　进入物流市场的主体是谁呢？凡进入物流市场进行交易的单位与个人都是物流市场主体。具体来讲有政府、供方企业与个人、需方企业与个人、第三方物流企业、运输企业、仓储企业、包装企业、装卸企业等。运输企业还可以分为铁路运输企业、公路运输企业、内河与海上运输企业、航空运输企业、邮政企业、管道运输企业等。第三方物流企业应该逐步在物流市场中当主角，这是一个必然发展趋势。

（2）物流市场客体　凡是在物流市场上可以进行交易与加工增值的所有有形商品，包括生产资料与生活资料以及在物流市场上需要进行位移的所有实体，包括人都是物流市场客体。与一般商品市场不同的是，属知识产权的所有无形资产不可能进入物流市场。人作为劳动力可以进入劳务市场进行买卖，但人进入物流市场仅为了位移，这就是我们常讲的客运。

（3）物流市场载体　物流市场载体就是为物流市场客体服务的设施与场所，包括铁路、公路、集装箱、船舶、飞机、港口、机场、管道、仓库、配送中心、物流中心等，没有它们，物流无法进行。

（4）物流市场中介组织　物流市场需要规范，一靠政府，二靠中介组织，特别是行业组织，如中国物流与采购联合会、中国仓储协会、中国物资储运协会、中国国际货运代理协会、中国船东协会、中国船舶代理行业协会、中国集装箱行业协会、中国铁路运输协会、中国交通运输协会等，这些协会起着政府不可能起的作用，实施行业自律，规范市场行为。

2．中国物流市场对外开放的法律环境

从 2001 年 12 月中国加入世界贸易组织（WTO）以来，中国立法机关和各级政府机关制定、修订了大量法律法规，以适应中国入世的需要。中国的入世文件《中华人民共和国加入议定书》（以下简称《议定书》）中，对物流相关行业的开放做出了原则性的规定，并在附件 9《中华人民共和国服务贸易具体承诺减让表第二条最惠国豁免清单》中对相关行业的市场准入程度和开放时间表进行了详细的列举。

第二节　物 流 企 业

引导案例 1-2：

国家发改委等 9 部门提出的《关于促进我国现代物流业发展的意见》（以下简称《意见》），是经国务院批准的。在 2005 年 5 月召开的全国部际联席会议第一次会议上，将《意见》的政策要点进行了分解，明确了各部门职责，提出了落实措施和时限要求。

一要鼓励生产与流通企业改造业务流程，分离外包非核心业务。引导生产企业以订单为中心改造现有业务流程，提高对市场的响应速度，降低库存，加快周转，提高市场竞争力。鼓励流通企业采用先进的物流管理技术，降低流通成本。积极发展连锁经营、统一配送和电子商务等现代流通方式，促进流通的现代化。加强配送中心建设，积极发展各种形式的配送服务。

二要加快发展与培育专业物流服务企业。放宽市场准入，逐步取消对物流企业经营范围的限制，促进现有运输、仓储、货代、批发、零售企业的服务延伸和功能整合。鼓励企业通过参股、兼并、联合、合资等多种形式进行资产重组，扩大经营规模。逐步培育一批服务水平高、国际竞争力强的跨国、跨所有制的大型专业物流企业。

三要用信息化推进物流现代化。推动企业内部流程改造，积极探索物流一体化管理，大力推进公共信息平台建设和资源共享。大力发展智能交通，提高交通运输的组织水平和作业效率，要从体制上打破条块分割和地区封锁，抓好物流资源的整合，走以信息化带动物流发展的道路。

四要积极发展满足物流运作需要的运输服务方式。

五要简化通关程序，提高通关效率。发挥口岸联络协调机制的作用，加快“口岸电子执法系统”的推广应用，全面推进地方电子口岸建设，建立大通关信息平台。

一、物流企业的含义

国际标准《物流术语》中规定物流企业（Logistics Enterprise）是专门从事物流活动的经济组织。由国家质量监督检验检疫总局、国家标准化管理委员会发布的国家标准《物流企业分类与评估指标》（GB/T 19680—2013）中，明确了现阶段物流企业的基本范围和类型，以及不同类型和档次物流企业需要达到的规模和水平，该标准从 2014 年 7 月 1 日起实施。

物流企业是独立于生产领域之外，专门从事与商品流通有关的各种经济活动的企业，是在商品市场上依法进行自主经营、自负盈亏、自我发展、自我约束，具有法人资格的经营单位。换言之，物流企业以物流为主体功能，同时伴随着商流、资金流和信息流，其经营范围涉及仓储业、运输业、批发业、商业、外贸等行业。

二、物流企业的分类

依据《物流企业分类与评估指标》，根据物流企业以某项服务功能为主要特征，并向物流服务其他功能延伸的不同状况，可将物流企业分为：

1．运输型物流企业

运输型物流企业应同时符合以下要求：

1）以从事货物运输业务为主，包括货物快递服务或运输代理服务，具备一定规模。

2）可以提供门到门运输、门到站运输、站到门运输、站到站运输服务和其他物流服务。

3）企业自有一定数量的运输设备。

4）具备网络化信息服务功能，应用信息系统可对运输货物进行状态查询和监控。

2．仓储型物流企业

仓储型物流企业应同时符合以下要求：

1）以从事仓储业务为主，为客户提供货物储存、保管、中转等仓储服务，具备一定规模。

2）企业能为客户提供配送服务以及商品经销、流通加工等其他服务。

3）企业自有一定规模的仓储设施、设备，自有或租用必要的货运车辆。

4）具备网络化信息服务功能，应用信息系统可对货物进行状态查询和监控。

3．综合服务型物流企业

综合服务型物流企业应同时符合以下要求：

1）从事多种物流服务业务，可以为客户提供运输、货运代理、仓储、配送等多种物流服务，具备一定规模。

2）根据客户的需求，为客户制定整合物流资源的运作方案，为客户提供契约性的综合的物流服务。

3）按照业务要求，企业自有或租用必要的运输设备、仓储设施及设备。

4）企业具有一定运营范围的货物集散、分拨网络。

5）企业配置专门的机构和人员，建立完备的客户服务体系，能及时、有效地提供客户服务。

6）具备网络化信息服务功能，应用信息系统可对物流服务全过程进行状态查询和监控。

三、物流企业的特点

1）物流企业是专门从事与物质资料流通有关的各种经营活动的组织单位。它承担着供给商（包括生产商、供应商）和消费者（包括生产消费者、生活消费者）之间的储存、运输、加工、包装、配送、信息服务等全部活动，并通过促进相关的制造作业和营销作业来满足顾客需求。

2）物流企业是自主经营、自负盈亏，以获取利润和创造、积累社会财富为目的的营利性组织。这决定了物流企业有着自身的利益驱动，它的一切活动以“利益最大化”为目的。因此，物流企业必须以最优的方式考虑物流供应的问题。

3）物流企业是具备为物质资料提供流通服务能力的企业法人。它具有权利能力和行为能力，依法独立享有民事权利和承担民事义务，在市场经济的运行和发展过程中平等地参与竞争。

四、物流企业的市场准入

物流企业要具有一定的规模，这样才会是最经济的、最有效益的。因此，市场准入的目的就是要限制一些不具备条件但也打着物流旗号的企业进入物流业，搞不正当竞争，破坏物流市场的健康发展。对市场准入的条件，一般要从三个方面考虑：一是有无开展物流活动的必要的物质条件；二是有无必需的人才；三是注册资本。

1．我国内资物流企业的市场准入

（1）我国内资物流企业的市场准入条件　内资物流企业市场准入是指我国内资在什么条件下可以进入物流市场，并参与物流市场的活动。在一般情况下，我国内资进入物流市场的基本准入条件是具备法人的资格，即内资应当在成为企业法人后才能从事物流经营活动。具体又分以下几种：

1）一般物流企业的市场准入。我国对内资从事一般的物流企业，如批发业、道路运输、货物仓储等行业的市场准入是没有特殊限制的。只要在设立相应企业时有与拟经营的物流业务范围相适应的固定生产经营场所，必要的生产经营条件，以及与所提供的物流服务相适应的人员、技术等，就可以到工商登记机关申请设立登记。

2）特殊物流企业的市场准入。特殊物流企业是指设立此类企业时，需要经相应主管机关审批后，才能到工商登记管理机关进行设立登记的物流企业类型。这类物流企业必须经过主管机关审批才能进入市场，从事物流经营活动。目前，我国大多数物流企业都必须经相应的行业主管部门审核批准。例如，根据《海运条例》及其实施细则规定，在中国境内投资设立国际海上运输业务的物流企业，其经营国际船舶运输业务必须经交通运输部审批；根据民航管理的有关条文，设立从事空运销售代理业务、经营航空快递业务的物流企业必须经民航总局审核批准，才能办理工商注册登记。

3）关系国计民生的物流企业的市场准入。对于一些涉及我国经济命脉的特殊物流企业，如铁路运输、航空运输等企业，必须经国务院授权特许才能设立。此类物流企业对于国家经济、军事、政治等各个方面都有重大影响，甚至涉及国家领土、领空主权的完整，因此，其市场准入十分严格。

（2）我国内资物流企业市场准入的法律规范　我国目前对内资物流企业市场准入进行调整的法律规范，除了《中华人民共和国民法通则》（以下简称《民法通则》）、《中华人民共和国公司法》（以下简称《公司法》）等一般法律外，还有一些对仓储、运输、代理业等具体物流企业进行专门规定的法规。

2．外商投资物流企业的市场准入

我国法律对外资进入物流相关行业大都有一些限制性规定。原外经贸部2002年下发了《关于开展试点设立外商投资物流企业工作有关问题的通知》（以下简称《通知》），在上海等地对设立外资物流企业进行试点。《通知》规定允许境外投资者采用中外合资、中外合作形式投资经营国际流通物流、第三方物流业务。申请设立外商投资物流企业的投资者必须具备如下条件：①拟设立从事国际流通物流业务的外商投资物流企业的投资者应至少有一方具有经营国际贸易或国际货物运输或国际货物运输代理的良好业绩和运营经验，符合上述条件的投资者应为中方投资者或外方投资者中的第一大股东；②拟设立从事第三方物流业务的外商投资物流企业的投资者应至少有一方具有经营交通运输或物流的良好业绩和运营经验，符合上述条件的投资者应为中方投资者或外方投资者中的第一大股东。设立的外商投资物流企业必须符合如下要求：①从事国际流通物流业务的外商投资物流企业中境外投资者股份比例不得超过50%；②有固定的营业场所；③有从事所经营业务所必需的营业设施。

五、物流企业的设立

1．物流企业设立的含义及方式

（1）物流企业设立的含义　物流企业的设立是指物流企业的创立人为使企业具备从事物流活动的能力，取得合法的主体资格，依照法律规定的条件和程序所实施的一系列的行为。设立物流企业必须具备实质要件和形式要件。实质要件是设立物流企业时必须具备的条件，包括：与物流经营活动相适应的财产和必要的生产经营条件；有物流企业运营的组织机构；有固定的生产经营场所以及与生产经营活动相适应的人员等。实质要件与物流企业的市场准入相关联。

形式要件是指创立人在设立物流企业时依照法律规定的程序履行申报、审批和登记手续，依法取得从事物流经营活动主体资格的过程。

（2）物流企业设立的方式　物流企业的设立方式是指企业根据何种法定原则，通过何种具体途径达到企业设立的目的。一般来说，企业设立的方式主要有以下几种：

1）核准设立，又称许可设立。即设立企业时，除需要具备法律规定的设立各项条件外，还需要主管行政机关审核批准后，才能申请登记注册的一种设立方式。

2）准则设立，又称登记设立。即设立企业不需要经有关主管行政机关批准，只要企业在设立时符合法律规定的有关设立条件，即可到主管机关申请登记，经登记机关审查合格后予以登记注册，企业即告成立的一种设立方式。

2．设立物流企业应具备的条件

（1）设立国内物流企业应具备的条件　设立国内物流企业应具备以下条件：

1）物流企业必须具有经营管理的组织机构、业务流程和具有企业法人资格的负责人，以使其能够与用户方或其代表订立物流服务合同。合同中的货物可以是国内货物，也可以是国际间的货物。

2）物流企业必须具有与经营能力相适应的自有资金。在涉及综合物流服务，甚至国际综合物流服务时，物流企业要完成或组织完成全程服务，并对服务全程中的货物灭失、损害和延误运输负责。

3）物流企业必须能承担物流服务合同中规定的与仓储、运输和其他服务有关的责任，并保证把货物交给物流服务单证的持有人或单证中指定的收货人。因此，它必须具备与合同要求相适应的技术能力。

（2）设立国际物流企业应具备的条件　设立国际物流企业应具备以下条件：

1）国际物流企业必须建立自己的国际运输服务线路。许多开展国际物流服务业务的企业大多是在尽可能广泛地承办货主委托的前提下，重点办好几条运输线路。

2）国际物流企业要有一支具有国际运输知识、经验和能力的专业队伍。该队伍应能有效地完成或组织完成全程运输，要与运输中涉及的各方建立良好的业务关系。

3）国际物流企业在各条运输线路上要具备由完整的分支机构、代表或代理人组成的网络机构。国际物流企业要在各经营线路的两端和途中各转接点处设有分支机构或派出代表或委托适当的代理人来办理接收、交付货物和完成各区段运输、衔接、服务等事宜。

4）国际物流企业在涉及多式联运的情况下，要能够制定各线路的多式联运单一费率。

5）国际物流企业要有必要的设备和设施。国际物流企业可以是无船承运人，即自己可以不拥有人和运输工具，但必须有起码的业务设备和设施，如信息处理与传递的设备、集装箱货运站、接收及保管货物的仓库、一定面积的堆场、拆装箱设备和机具、堆场作业机械等，同时还应配备一定数量的集装箱和吊机设备。

资料卡

2007 年 3 月 8 日，位于北京首都国际机场的北京奥运物流中心正式启动运行，北京奥组委同时宣布物流中心筹备组正式成立。物流中心既承担着大量奥运物资的接收、存储、配送任务，还承担着物资安检、物资通关检疫组织、资产管理以及物流、餐饮、清废、快递等多种类车辆场馆运输计划的编制任务。往届奥运会的经验表明，物流中心的运行顺畅与否，直接影响着奥运物资保障服务工作的质量。

第三节　物流法律法规

引导案例 1-3：

2005 年 12 月 23 日，河南物流产业和法律实务首届高峰论坛在郑州举行，来自物流业主管部门的领导和国内知名物流专家汇集一堂，对大型物流企业存在的法律问题进行了全面探讨。

“河南物流业虽然发展很快，但也存在很多的问题，整体还处于起步阶段。”河南物流协会会长谭容铸认为河南省物流业存在三个突出问题：

其一，物流行业门槛较低；其二，工商、公安、交通、铁路等部门在管理上各自为政，在一定程度上令物流企业无所适从；其三，物流行业面临空前的诚信危机。

到 2016 年 7 月，全国还没有制定任何系统规范的物流综合性法律法规，法律法规研究的滞后与缺位已经成了物流业发展之痛。

伴随商品流通和进出口贸易的高速增长，我国的物流业有了长足的发展。物流作为“第三利润源泉”，已经成为国民经济新的增长点和重要的支柱产业。但是，物流法律法规的修改和制定相对滞后，还没有形成比较完整的法律体系，使政府无法通过法律手段有力地进行宏观调控，缺乏法律的有效规制已成为物流业发展的“瓶颈”之一。因此，加强对现行物流法律体系的研究并完善这一法律体系，对物流业的发展具有重大的意义。

法律有广义、狭义两种理解。广义上讲，法律泛指一切规范性文件；狭义上讲，仅指全国人大及其常务委员会制定的规范性文件。在与法规等一起谈时，“法律”是指狭义上的法律。

法规是国务院、地方人大及其常务委员会、民族自治机关和经济特区人大制定的规范性文件，在法律体系中，主要指行政法规、地方性法规、民族自治法规及经济特区法规等。

规章是行政性规范文件，之所以是规章，是从其制定机关进行划分的。规章主要指国务院组成部门及直属机构，省、自治区、直辖市人民政府及省、自治区政府所在地的市和经国务院批准的较大的市和人民政府，在它们的职权范围内，为执行法律、法规，需要制定的事项或属于本行政区域的具体行政管理事项而制定的规范性文件。

法律和法规的区别，主要在于制定机关的不同，一个是全国人大及其常务委员会，一个是国务院或地方人大等机构。另外，其效力层次也是不同的，法律的效力大过法规的效力。

本书所称“法律”，在单独用时采用广义理解，泛指一切规范性文件；在和法规、规章等一起用时采用狭义理解，仅指全国人大及其常务委员会制定的规范性文件。

一、我国物流法律体系的现状

物流业是一个综合性行业，物流活动涉及的环节非常广泛，一般包括运输、仓储、装卸、搬运、配送、包装、流通加工、信息处理等。物流法律体系包括规范上述各种物流服务的法律、法规、部委规章和相关的国家标准等。

1. 运输法律制度

我国的运输法律制度一方面通过《中华人民共和国合同法》（以下简称《合同法》）分则中的运输合同一章进行总体规范，另一方面依照水路运输、陆路运输、航空运输三种运输方式进行分别立法，包括法律、法规和部委规章等。

（1）水路运输法律制度　水路运输法律制度有以下方面：

1）海运法律制度。海上运输对于货物的进出口流通起着非常重要的作用。

目前，大多数货物的进出口是通过国际海运完成的。《中华人民共和国海商法》（以下简称《海商法》）调整海上运输关系，规定了海上货物运输合同等内容，促进了海上运输和经济贸易的发展。《国际海运条例实施细则》分别对国际船舶代理、国际班轮运输、国际集装箱运输等进行了详细规定，在规范海运物流业中起着重要的作用。

2）内河运输法律制度。对于内河运输，既没有专门的法律，也没有专门的法规，主要是通过《合同法》《海商法》进行规范。

（2）陆路运输法律制度　陆路运输法律制度有以下方面：

1）公路运输法律制度。在我国目前的物流基础设施中，对公路的使用率很高，尤其是中短距离的物流配送几乎都要靠公路完成。公路运输方面的法律包括《中华人民共和国公路法》（以下简称《公路法》）等。但就货物运输而言，并没有专门的法律来调整，《公路法》主要是管理公路的法律，而不是公路运输的法律，公路货物运输只能通过《合同法》规范承运人和托运人的行为。

2）铁路运输法律制度。中长距离、大宗货物的运输主要靠铁路完成。铁路运输方面的法律包括：《中华人民共和国铁路法》（以下简称《铁路法》），对铁路运输企业及其职能、铁路运输营业等基本问题都有明确的规定；《铁路货物运输管理规则》和《铁路集装箱运输管理规则》对铁路货物运输又做出了进一步规定。

（3）航空运输法律制度　《中华人民共和国民用航空法》是我国航空事业的基本法律，对公共航空运输企业、公共航空运输等进行了明确规范，但很少涉及航空货物运输方面的内容，主要通过《中国民用航空货物国际运输规则》《中国民用航空货物国内运输规则》对航空运输进行调整。

2．仓储、装卸、搬运、配送、包装、流通加工法律制度

（1）仓储法律制度　《合同法》中设专章对仓储合同进行了具体规定，初步规范了仓储活动。

（2）装卸、搬运法律制度　我国没有装卸、搬运的专门立法，由于装卸、搬运与货物运输密切相关，水陆空运输法律制度对装卸、搬运均有规定，但是，各项规定之间缺乏一致性，须进行完善。

（3）配送法律制度　目前，法律、法规均未对配送进行规定，只有原国内贸易部 1988 年制定的《商品代理配送制行业管理若干规定》以及铁道部根据其制定的《铁路物资代理配送制发展规划》中涉及配送。

（4）包装法律制度　货物的销售、运输、仓储方面的法律法规中都有包装条款，如《合同法》第一百五十六条、三百零七条。

3．信息法律制度

信息技术的发展促进了物流的信息化趋势。目前，我国针对信息技术的立法还处于探索阶段，法律方面只有《中华人民共和国电子商务法》规范了电子签名行为；法规方面主要有《计算机信息网络国际联网管理暂行规定》《计算机信息网络国际联网安全保护管理办法》《计算机信息系统安全保护条例》等，主要对网络安全进行了规定，缺乏对物流信息的法律规定。

当然还有涉及物流活动中主体方面的法律规范。物流法律关系主体包括企业、各种组织和自然人以及国家机关，对这些主体进行规范的法律规则构成物流法律规范的重要部分。例如，已经于2005年修改2006年1月1日起正式实施的新《公司法》，2001年3月15日修改的《中华人民共和国中外合资经营企业法》等。

二、物流法律的特点

1．综合性和多样性

由于物流活动涉及运输、仓储、包装、配送、搬运、流通加工和信息管理等各个环节，在每个环节上都存在须用法律对其活动进行规范和约束的问题，而且每个环节的法律规范在表现形式上又分为法律、法规、规章和国际条约、国际惯例以及各种技术规范和技术法规等不同的层次。所以物流法律呈现综合性和多样性特点。

2．广泛性和复杂性

物流活动本身的特点以及物流活动的市场管理者众多，所以在物流活动中，既有可能适用横向的民事法律规范，如运输合同、仓储合同、保管合同等合同法律规范；也有可能适用纵向的行政法律规范，如物流企业市场准入、物流市场监督管理等法律规范；在某些情况下还可能适用一些技术标准和技术规范。

3．国际性

现代物流是经济全球化、一体化发展的产物。国际物流的出现和发展，使物流超越了一国和区域的界限，走向国际化。与物流国际化相适应，物流法律也呈现出国际化的趋势，这种趋势也会带来物流技术标准和工作标准在法律适用上国际化。

4．技术性

由于物流活动是由运输、包装、仓储和装卸等技术性较强的多个物流环节组成，整个物流活动过程都需要运用现代信息技术和电子商务，所以物流活动自始至终都体现较高的技术含量。而物流法律作为调整物流活动、规范物流市场的法律规范，必然涉及从事物流活动的专业术语、技术标准、设备标准以及设备操作规程等，从而具有技术性的特点。

三、物流法律关系

法律关系是法律在调整人们的行为过程中所形成的一种特殊的社会关系，即法律上的权利与义务关系。物流法律关系是指物流法律规范在调整物流活动过程中所形成的具体的权利义务关系。

法律关系是由法律关系的主体、内容和客体这三个要素构成的，缺少其中任何一个要素，都不能构成法律关系。

1．物流法律关系的主体

物流法律关系的主体是指参加物流法律关系，依法享有权利和承担义务的当事人。在物流法律关系中，享有权利的一方当事人称为权利人，承担义务的一方当事人称为义务人。物流法律关系主体包括：

（1）国家机关　国家机关包括国家权力机关、国家行政机关和国家司法机关，作为物流法律关系主体的国家机关主要是指国家行政机关。在物流活动中，经常会发生国家行政机关对物流企业设立、对物流活动进行监督管理而形成的各种法律关系，这属于物流行政法律关系，主要表现为国家行政机关与企事业单位、其他组织之间监督与被监督、管理与被管理的关系。

（2）企事业单位和其他组织　我国《民法通则》第三十六条规定："法人是具有民事权利能力和民事行为能力，依法独立享有民事权利和承担民事义务的组织。"由此可见，法人是指具有民事权利能力和民事行为能力，并可以依法独立享有民事权利和承担民事义务的社会组织。

参与物流法律关系的企业有以下几类：

1）物流服务需求企业，包括工业企业和批发零售企业。它们在物流法律关系中一般作为主合同中的服务购买方存在。

2）第三方物流公司。它们在物流法律关系中同时参与物流主合同与物流分合同的订立与履行。

3）物流作业的实际履行企业。它们主要是物流分合同的参与者。这类企业包括运输企业、港口经营企业、仓储企业、加工企业、咨询企业、信息服务企业等。

（3）自然人　自然人即按照自然规律出生的人。自然人具有民事主体资格，可以作为物流法律关系的主体。现代物流涉及的领域较为广泛，自然人在一些情况下可通过接收物流服务，而成为物流法律关系的主体。

2．物流法律关系的内容

物流法律关系的内容是指物流法律关系的主体在物流活动中享有的权利和承担的义务。权利是指主体为实现某种利益而依法为某种行为或不为某种行为的可能性；义务是指义务人为满足权利人的利益而为一定行为或不为一定行为的必要性。

3．物流法律关系的客体

物流法律关系的客体是指物流法律关系的主体享有的权利和承担的义务所共同指向的对象，它包括物、智力成果和行为。在物流法律规范中，由于不同形式的物流活动产生不同的权利义务关系，在多数情况下，物流法律关系表现为一种债的法律关系，即权利主体请求义务主体为或不为一定行为，其客体主要是指各种给付的行为。

四、物流服务合同

物流服务合同是指物流服务需求方与第三方物流经营人订立的，约定由第三方物流经营人为物流服务需求方完成一定的物流行为，物流服务需求方支付相应报酬的合同。

1．物流服务合同的主要内容

（1）一般条款　物流服务合同的一般条款包括以下内容：

1）当事人的名称或者姓名以及住所。

2）物流服务的范围和内容。

3）合作方式和期限。

4）双方的具体权利和义务。

5）实物交接和费用的结算与支付。

6）争议的解决方法。

（2）格式条款　物流服务合同的格式条款是指当事人为了重复使用而预先拟订，并在订立合同时未与对方协商的条款。《合同法》对有关格式条款做了相关规定：

1）提供格式条款的一方应当遵循公平原则确定当事人之间的权利和义务，并采取合理方式提请对方注意免除或者限制其责任的条款，按照对方的要求，对该条款予以说明。

2）格式条款在以下情况无效：《合同法》第五十二条规定的合同无效的五种情况和第五十三条规定的免责无效的两种情况，或者免除提供格式条款一方当事人主要义务、加重对方责任、排除对方当事人主要权利的条款无效。

3）对格式条款的理解发生争议时，应当做出不利于提供格式条款一方的解释，格式条款和非格式条款不一致时，应当采用非格式条款。

2．订立物流服务合同时要注意的事项

1）物流服务合同的内容比较复杂，包括物流系统设计、具体物流运作标准、费用计算办法、对物流服务的特殊要求等。

2）不同物流服务合同对合同事项约定的差异比较大，并不是上述物流服务合同约定事项在每个物流服务合同中都是齐全的。

3）物流过程是一个长期的、合作的过程，合同必须对此加以体现，对物流环节出现纰漏时或由于一方的过错导致物流中断时，物流服务合同需要约定解决办法、费用及责任的承担。

复习思考题

一、填空题

1．物流市场是指物流服务______、物流服务______关系的总和。

2．物流是指物品从______向______的实体流动过程。

3．物流企业是独立于______之外，专门从事与______有关的各种经济活动的企业，是在商品市场上依法进行自主经营、自负盈亏、自我发展、自我约束，具有______资格的经营单位。

4．______是指物流服务需求方与第三方物流经营人订立的，约定由第三方物流经营人为______完成一定的物流行为，物流服务需求方支付相应报酬的合同。

二、简答题

1．根据物流活动的组织者不同分析物流的分类。

2．简述物流法律关系的构成。

3．我国内资物流企业市场准入的法律规定是什么？

4．我国物流企业设立的条件是什么？

5．订立物流服务合同应注意的事项有哪些？

三、案例分析

某天早上，石家庄市区某公交车站点，人多，车少。站点旁，一个卖煎饼的老者正在叫卖，买煎饼的人很稀少。

一个等待乘坐公交车的乘客要老者做一张煎饼，催促老者快做。老者将要做好煎饼的时候公交车来了，乘客来不及买煎饼就冲上了公交车。老者无奈地看着车辆离开，郁闷无语。

问题：你认为乘客需要承担一定的赔付责任吗？为什么？

2 第二章 物资采购法律法规

学习目的

通过本章的学习，了解物流企业在物流活动中进行招标投标的一般程序，掌握货物买卖合同双方当事人的权利与义务，了解国际上物资采购相关规定，并掌握《联合国国际货物买卖合同公约》的基本内容，掌握并能运用常用的国际贸易术语。

第一节　买卖合同法

引导案例 2-1：

2015 年 10 月 26 日，韩国 A 公司作为卖方与我国厦门 B 公司签订了货物买卖合同。合同约定：卖方向买方提供制造 ISO 集装箱的原材料一批，价格为 CIF 厦门；最迟交货期至 2015 年 11 月 30 日；装运港为韩国任意港，目的港为我国厦门港；付款方式为自提单日起 120 天内承兑交单。2015 年 11 月 18 日，双方又签订了两份合同，付款方式为自提单日起 150 天内承兑交单。A 公司已按合同约定交付货物，B 公司收到并使用了该批货物，但至今未付货款。另查：B 公司系 C 公司与韩国 D 公司创办的中外合资经营企业，2011 年 11 月 5 日经政府主管机关批准 D 公司承包经营 B 公司。上述买卖合同系 D 公司承包经营期间订立的，由 B 公司负责经营管理的副总经理作为买方的代表在合同上签字。C 公司、B 公司与 D 公司的合资经营纠纷已经中国国际经济贸易仲裁委员会仲裁裁决。A 公司为收回货款，诉至福建省高级人民法院。

分析，本案国际货物买卖合同是否为有效合同？原告请求被告支付货款的理由是否应予支持？

一、合同订立的相关法律问题

1．合同订立的程序

《合同法》第十三条明确规定：“当事人订立合同，采取要约、承诺方式。”

这表明，合同的订立包括要约和承诺两个阶段。

（1）要约　要约又称发盘、出盘、发价，是订立合同的必经阶段。从一般意义上说，要约是一种订约行为，发出要约的人称为要约人，接受要约的人称为受要约人或相对人。根据我国《合同法》第十四条规定，要约是希望和他人订立合同的意思表示。要约作为一种意思表示，除了必须具备意思表示的一般要件外，还需具有订立合同的意图，要约是向特定人做出具体、确定的意思表示。

要约到达受要约人时生效。对于数据电文要约的到达，《合同法》第十六条规定："采用数据电文形式订立合同，收件人指定特定系统接收数据电文的，该数据电文进入该特定系统的时间，视为到达时间；未指定特定系统的，该数据电文进入收件人的任何系统的首次时间，视为到达时间。"

（2）要约邀请　要约邀请也称要约引诱，是指希望他人向自己发出要约的意思表示，其目的在于诱使他人向自己发出要约。

根据我国合同法的理论和实践，区分要约与要约邀请主要有以下标准：

1）根据法律规定区分。即如果法律规定某行为是要约邀请或要约，应依其规定处理。我国《合同法》第十五条有此规定。

2）根据当事人的意愿区分。如当事人在其订约建议中申明"以我方最后确认为准"或"仅供参考"，就表明其不愿受对方要约的约束，因而属要约邀请。如果商店在其展示的服装上标示"八折出售"字样及价格，则为要约；如标明为"样品"，则为要约邀请。

3）根据订约提议的内容是否包含了合同的主要条款加以确定。

4）根据交易习惯加以区分。如出租车停在路边揽客（竖起"空车"标牌），如根据当地规定或习惯，出租车司机可以拒载，则此招揽为要约邀请；反之，则可视为要约。

5）根据订约提议是向特定人还是向不特定人发出的来区分。向不特定人发出的，大都为要约邀请，如商业广告等。

按照《合同法》第十五条的规定：寄送的价目表、拍卖公告、招标公告、招股说明书是要约邀请；对于商业广告一般是要约邀请，但如果广告内容符合要约规定，应视为要约。

（3）要约的撤回和撤销　要约的撤回是指要约人在发出要约后，于要约到达受要约人之前取消其要约的行为。《合同法》第十七条对此做了规定。

要约的撤销是指在要约发生法律效力后，要约人取消要约从而使要约归于消灭的行为。要约的撤销不同于要约的撤回，前者发生于生效后；后者发生于生效前。

有下列情形之一的，要约不得撤销：

1）要约人确定了承诺期限或者以其他方式明示要约不可撤销。

2）受要约人有理由认为要约是不可撤销的，并且已经为履行合同做了准备工作。

（4）要约的失效　要约的失效即要约丧失法律约束力。依《合同法》第二十条规定，要约失效的事由有以下几种：

1）拒绝要约的通知到达要约人。

2）要约人依法撤销要约。

3）承诺期限届满，受要约人未做出承诺。

4）受要约人对要约的内容做出实质性变更。

（5）承诺　《合同法》第二十一条规定："承诺是受要约人同意要约的意思表示。"承诺必须在合理期限内由受要约人向要约人发出。承诺应当在要约确定的期限内到达要约人；没有确定承诺期限的，应当在合理期限内到达要约人。承诺到达要约人时生效，对于诺成性合同，此时合同也即成立。

承诺的内容必须与要约的内容相一致。《合同法》第三十条规定："承诺的内容应当与要约的内容一致。受要约人对要约的内容做出实质性变更的，为新要约。有关合同标的、数量、质量、价款或者报酬、履行期限、履行地点和方式、违约责任和解决争议方法等的变更，是对要约内容的实质性变更。"

（6）承诺的撤回和迟延　承诺的撤回是指受要约人在其做出的承诺生效之前将其撤回的行为。承诺一经撤回，则不发生承诺的效力，也就阻止了合同的成立。

承诺的迟延又称迟到的承诺，是指受要约人未在承诺期限内发出的承诺。对此，我国《合同法》第二十八条、第二十九条做了以下规定：

1）除要约人及时通知受要约人该承诺有效的以外，迟到的承诺不发生承诺的效力，但因其符合要约的条件，故可视为新要约。

2）受要约人在承诺期限内发出承诺，按照通常情形能够及时到达要约人，但因其他原因承诺到达要约人时超过承诺期限的，除要约人及时通知受要约人因承诺超过期限不接受该承诺的以外，该承诺有效。

2．合同成立的时间和地点

（1）合同的成立时间　《合同法》第二十五条规定："承诺生效时合同成立。"当事人采用合同书形式订立合同的，自双方当事人签字或者盖章时合同成立。当事人采用信件、数据电文形式订立合同的，可以在合同成立之前要求签订确认书，签订确认书时合同成立。法律法规规定或者当事人约定采用书面形式订立合同，当事人未采用书面形式但一方已经履行主要义务，对方接受的，该合同成立。

（2）合同的成立地点 我国《合同法》第三十四条规定：“承诺生效的地点为合同成立的地点。”采用数据电文形式订立合同的，收件人的主营业地为合同成立的地点；没有主营业地的，其经常居住地为合同成立的地点。当事人另有约定的，按照其约定。当事人采用合同书形式订立合同的，双方当事人签字或者盖章的地点为合同成立的地点。

二、买卖合同的概念和特征

1．买卖合同的概念

买卖合同，依《合同法》第一百三十条的规定：“买卖合同是指出卖人转移标的物的所有权于买受人，由买受人支付价款的合同。”在买卖合同中，以决定转移标的物所有权的一方为出卖人，支付价款取得标的物所有权的一方为买受人。出卖的标的物应属于出卖人所有或者出卖人有权处分。

2．买卖合同的特征

（1）买卖合同是转移标的物所有权的合同 所谓转移标的物的所有权，是指出卖人在收取一定价款后失去对标的物的占有、使用、处分的权利，而买受人在支付一定的价款后取得对标的物的占有、使用、处分的权利。

（2）买卖合同是双务合同 买卖合同中，买卖合同的出卖人须承担转移标的物所有权的义务，买受人须承担支付标的物价款的义务。

（3）买卖合同是诺成合同 除法律另有规定或当事人另有约定外，买卖合同自双方当事人意思表示一致时成立，并不以一方当事人标的物交付或合同义务的履行为合同成立条件。

（4）买卖合同是不要式合同 买卖合同除当事人另有约定外，既可以采用书面形式，也可以采用口头形式。但基于交易的安全，标的额较大的买卖合同宜采用书面形式。

3．买卖合同的内容

（1）标的 买卖合同的标的就是出卖人出售的特定之物。合同中应清楚地写明标的物的名称、规格等内容，并应尽可能写得详细。同时，标的物不得为法律法规禁止转让的物品，否则，该买卖合同无效。

（2）质量和数量 标的物的质量和数量是确定买卖合同标的物的具体条款，应做明确规定，使用准确的计量单位。

（3）履行期限、地点和方式 合同对履行期限、地点、方式应有十分明确的规定，以便于双方当事人履行。

（4）价款 价款是买受人取得标的物所应支付的代价。

（5）违约责任　合同当事人可在法律允许的范围内约定违约责任。

（6）争议解决的方式　当事人可在合同中约定解决争议的方法，如协商、调解、仲裁、诉讼等。具体采用何种方式解决争议，当事人可视情况确定。

三、买卖合同当事人的义务

1. 出卖人的主要义务

（1）交付标的物　出卖人在交付标的物时，应当按合同规定的数量、质量、期限、方式和时间交付。交付标的物时应一并交付与标的物有关的文件，有从物的一并交付。交付标的物时应注意以下事项：

1）交付的时间。出卖人应当按照约定的期限交付标的物。当事人没有约定或约定不明确的，债务人可随时履行，债权人也可随时要求履行，但应给对方必要的准备时间。

2）交付的地点。出卖人应当按照约定的地点交付标的物。履行地点不明确时，给付货币的，在接受货物一方所在地履行；交付不动产的，在不动产所在地履行；其他标的，在履行义务一方所在地履行。此外，标的物需要运输的，出卖人应当将标的物交付给第一承运人；标的物不需要运输的，订立合同时知道标的物在某一地点的，出卖人应当在该地点交付标的物；不知道标的物在某一地点的，应当在出卖人订立合同时的营业地交付。

（2）转移标的物的所有权　除法律另有规定或者当事人另有约定外，标的物的所有权自标的物交付时起转移。标的物在订立合同之前已为买受人占有的，合同生效的时间为交付时间。

（3）标的物的瑕疵担保责任　标的物的瑕疵担保责任包括：

1）权利瑕疵担保责任。权利瑕疵担保是指出卖人应保证将交付的标的物的所有权完全转移给买受人，第三人不能对该物主张任何权利。

我国合同法第一百五十条规定："出卖人就交付的标的物负有保证第三人不向买受人主张任何权利的义务，但法律另有规定的除外。"这条是关于出卖人对标的物的权利瑕疵担保义务的规定。如果出卖人对于出卖的标的物没有所有权或处分权，或者没有完全的所有权或处分权，或者其处分涉及第三人的物权、知识产权等权益，则谓之标的物上存在权利瑕疵，出卖人应当承担权利瑕疵担保责任。

权利瑕疵担保责任的构成要件有：

① 权利瑕疵需在买卖契约订立时已经存在，如定约时并无瑕疵，则为违约责任与危险负担的问题。出卖人的担保责任为由双务契约产生的特殊责任，与违约责任不同，不以出卖人的故意或过失为必要。

② 买受人不知有权利的瑕疵。我国《合同法》第一百五十一条规定：“买受人订立合同时知道或者应当知道第三人对买卖的标的物享有权利的，出卖人不承担本法第一百五十条规定的义务。”同时，由于权利瑕疵的隐蔽性较物之瑕疵要强，所以其要求买受人对此不知无重大过失。

③ 如果权利瑕疵在买卖成立时存在，但事后业已除去，则意味着出卖人取得完整的权利，可以对抗任何第三人，那么，出卖人将标的物转移于买受人，第三人对标的物也就不再享有任何权利，出卖人自然不必再负权利瑕疵担保责任。

《合同法》第一百五十条是关于出卖人对标的物的权反规定的法律后果，第一百五十一条规定是有关出卖人的免责条款，举证责任由出卖人承担。《合同法》对权利瑕疵担保责任的规定仅有两条，过于简单。这是权利瑕疵担保责任存在的缺陷的关键所在。

2）品质瑕疵担保责任。品质瑕疵担保是指出卖人就其所交付的标的物承担质量保证责任。出卖人应当按照约定的质量要求交付标的物。出卖人提供有关标的物质量说明的，交付的标的物应当符合该说明的质量要求。质量要求不明确的，按照国家标准、行业标准履行；没有国家、行业标准的，按照通常标准或者符合合同目的的特定标准履行。

2．买受人的主要义务

（1）支付价款　价款是买受人获取标的物所有权的代价，买受人应当依照合同的约定向出卖人支付价款，这是买受人的主要义务。买受人应当按照合同约定的时间、地点、数额支付价款。合同没有约定或者约定不明确的，应当依照法律规定或者参照交易习惯确定。

（2）受领标的物　对于出卖人交付的标的物及其有关权利和凭证，买受人有受领义务。

（3）对标的物的检查通知义务　买受人受领标的物后，应当在当事人约定或者法定期限内依照通常程序尽快检查标的物。如果发现应当由出卖人承担责任的事由时，应当妥善保管并且迅速通知出卖人。

四、买卖合同中关于支付价款的规定

支付买卖合同约定的价款，是买受人最基本、也是最主要的义务。《合同法》对买卖合同中支付价款做了如下的规定：

（1）支付价款数量的规定　买受人应当按照约定的数额支付价款。对价款没有约定或者约定不明确的，按以下方式处置：①协议补充，不能达成协议补充的，按照合同的有关条款或者交易习惯确定；②价款或者报酬不明确的，按照合同订立时履行地市场价格履行，依法执行政府定价或者政府指导价的，按照规定履行。

（2）支付价款地点的规定　买受人应当按照约定的地点支付价款。对支付地点没有明确约定或者约定不明确的，按下列方式处置：①协议补充，不能达成协议补充的，按照合同的有关条款或者交易习惯确定；②买受人应当在出卖人营业地点支付；③有约定支付价款以交付标的物或者交付提取标的物单证为条件的，在交付标的物或者交付提取标的物单证的所在地支付。

（3）支付价款时间的规定　买受人应当按照约定的时间支付价款。对支付价款时间没有约定或约定不明确的，按以下方法处置：①协议补充，不能达成协议补充的，按照合同的有关条款或者交易习惯确定；②买受人应当在收到标的物或者提取标的物单证的同时支付。

五、标的物毁损、灭失的风险承担

标的物的风险责任承担是指买卖过程中发生标的物意外毁、损灭失的风险由哪一方当事人承担。按照《合同法》第一百四十二条规定：“标的物毁损、灭失的风险，在标的物交付之前由出卖人承担，交付之后由买受人承担，但法律另有规定或者当事人另有约定的除外。”对于不同的交付方式，按照以下原则分配风险：

1）买方自提标的物的，出卖人将标的物置于约定或法定地点起，风险由买受人承担。

2）出售运输中的标的物的，自合同成立时起，风险转移给买方。

3）对需要运输的标的物，没有约定交付地或者约定不明确的，自出卖人将标的物交付给第一承运人起，风险由买方承担。

4）买方受领迟延，自迟延时起，承担标的物意外灭失的风险。

第二节　招标投标法

引导案例 2-2：

华融房屋拆迁有限公司法定代表人许某等 11 名被告人，于 2015 年 5、6 月间，分别在由某市政府招标办组织对外公开招标的该市毛巾厂厂房拆除项目、光华玻璃厂厂房拆除项目以及滨江大道拆迁工程六标段拆迁项目的招投标过程中，采取“垄标”手段，以达到垄断该市拆迁工程招投标市场，获取非法利益的目的。在市毛巾厂厂房拆除项目公开招标时，许某等人将参与该拆迁项目报名的其余拆迁公司约到特定地点，指明这个工程由自己来安排，让其他公司不要参与投标，并给这些公司每家一定数额的损失费。之后，许某指定几家拆迁公司参与陪标。当年5月30日，被指定的这几家公司的代表与许某参与了投标，在许某的授意下，其中一家拆迁公司中标。之后，许某交给该拆迁公司1万元管理费，将该工程卖给他人并从中获利12万元，再进行内部分赃。

你认为法院会以何种罪名对此案做出判决？

资料来源：安徽商报

一、招标投标法概述

1．招标投标的概念

招标是由招标人（采购方或工程业主）发出招标通告，说明需要采购的商品或发包工程项目的具体内容，邀请投标人（卖方或工程承包商）在规定的时间和地点投标，并与所提条件对招标人最为有利的投标人订约的一种行为。

投标是投标人（卖方或工程承包商）应招标人的邀请，根据招标人规定的条件，在规定的时间和地点向招标人递盘以争取成交的行为。

招标和投标（Invitation to Tender & Submission of Tender）是一种贸易方式的两个方面。这种贸易方式既适用于采购物资设备，也适用于发包工程项目。相关的法律是1999年8月30日通过的《中华人民共和国招标投标法》（以下简称《招标投标法》）。凡在中华人民共和国境内进行招标投标活动，均适用该法。

2．强制招标范围

我国实行强制招标和自愿招标相结合的制度。强制招标范围由法律做出明确规定，该范围之外的项目可以由当事人自行决定是否采取招标方式进行。

我国《招标投标法》第三条、第四条规定，在中华人民共和国境内进行下列工程建设项目包括项目的勘察、设计、施工、监理以及与工程建设有关的重要设备、材料等的采购，必须进行招标：

1）大型基础设施、公用事业等关系社会公共利益、公众安全的项目。

2）全部或者部分使用国有资金投资或者国家融资的项目。

3）使用国际组织或者外国政府贷款、援助资金的项目。

以上所列项目的具体范围和规模标准，由国务院发展计划部门会同国务院有关部门制定，报国务院批准。法律或者国务院对必须进行招标的其他项目的范围有规定的，依照其规定。任何单位和个人不得将依法必须进行招标的项目化整为零或者以其他任何方式规避招标。

二、招标投标活动当事人

1. 招标人

（1）招标人　招标人是指依照《招标投标法》的规定提出招标项目、进行招标的法人或者其他组织。招标人不得为自然人。

（2）招标人条件　招标人作为招标投标活动的当事人，应当具备下列进行招标的必要条件：

1）招标人应当有进行招标项目的相应资金或者资金来源已经落实，并应当在招标文件中如实载明。

2）招标人提出的招标项目按照国家有关规定需要履行项目审批手续的，应当先履行审批手续，取得批准。

2. 招标代理机构

（1）招标代理机构的概念和资格认定　招标代理机构是指依法设立、从事招标代理业务并提供相关服务的社会中介组织。从事工程建设项目招标代理业务的招标代理机构，其资格由国务院或者省一级人民政府的建设行政主管部门认定；从事其他招标代理业务的招标代理机构，其资格认定的主管部门由国务院规定。

（2）招标人的自由选择权　招标人有权决定自行办理招标事宜或者委托招标代理机构代为办理；委托办理的，招标人有权自行选择招标代理机构。

3. 投标人

（1）投标人的概念　投标人是指响应招标、参加投标竞争的法人或者其他组织。对于自然人，法律做出不同于招标人的特殊规定，即依法招标的科研项目允许个人参加投标的，投标的个人适用《招标投标法》有关投标人的规定。

（2）投标人的资格　《招标投标法》规定：投标人应当具备承担招标项目的能力，国家有关规定对投标人资格条件或者招标文件对投标人资格条件有规定的，投标人应当具备规定的资格条件。

三、招标和投标的程序

1. 招标方式

招标方式分为公开招标和邀请招标两种。

（1）公开招标　这是指招标人以招标公告的方式邀请不特定的法人或者其他组织投标。其特点是能保证其竞争的充分性，具体体现在：

1）招标人以招标公告的方式邀请投标。

2）邀请投标的对象为不特定的法人或者其他组织。

（2）邀请招标　这是指招标人以投标邀请书的方式邀请特定的法人或者其他组织投标。其特征为：

1）招标人向 3 个以上具备承担招标项目能力、资信良好的特定法人或者其他组织发出投标邀请。

2）邀请投标的对象是特定的法人或者其他组织。

公开招标与邀请招标相比较，前者更有利于充分竞争的开展，因而《招标投标法》规定，国务院发展计划部门确定的国家重点项目和省级人民政府确定的地方重点项目不适宜公开招标的，要经国务院发展计划部门或者省级人民政府批准，才可以进行邀请招标。

2．招标程序

（1）招标公告与投标邀请书　公开招标的，应当通过国家指定的报刊、信息网络或者其他媒介发布招标公告。邀请招标的，应向 3 个以上具备承担招标项目能力、资信良好的特定的法人或者其他组织发出投标邀请书。

（2）编制招标文件　招标人应当根据招标项目的特点、需要，编制招标文件。法律规定招标文件必须包括下列内容：招标项目的技术要求、投标人资格审查的标准、投标报价要求和评标标准等所有实质性要求和条件以及拟签订合同的主要条款。招标文件不得要求或者标明特定的生产供应商，不得含有排斥潜在投标人的内容。招标人不得向他人透露已获得招标文件的潜在投标人的信息，招标人设有标底的，标底必须保密。

3．投标程序

（1）编制投标文件　投标文件是投标人向招标人发出的要约，反映投标人希望和招标人订立招标投标合同的愿望和具体条件。投标人应当按照招标文件的要求编制投标文件。

（2）联合体投标　联合体投标是指两个以上的法人或者其他组织，共同组成一个非法人的联合体，以该联合体的名义，作为一个投标人，参加投标竞争，就中标项目，联合体各方对招标人承担连带责任。招标人不得强制投标人联合共同投标。联合体的各方均应当具备承担招标项目的相应能力；法律或者招标文件对投标人资格条件有规定的，联合体各方应当具备相应的资格条件。由同一专业的单位组成的联合体，按照资质等级较低的单位确定资质等级。

四、开标、评标和中标

1．开标

开标是指由招标人主持，所有投标人参加，招标人将所有的投标文件揭晓。

开标应当在标书文件确定的提交投标文件截止时间的同一时间公开进行，开标地点应当是招标文件预先确定的地点。在此之前，投标文件由招标人签收保存，不得开启。

2. 评标

评标是指由招标人依法组建的评标委员会负责对投标文件，按照规定的标准和方法进行评审，选出最佳投标人。评标是招标投标活动中最重要的环节。

3. 中标

中标人确定后，招标人应当向中标人发出中标通知书，并同时将中标结果通知所有未中标的投标人。中标通知书对招标人和中标人具有法律效力。中标通知书发出后，招标人改变中标结果的，或者中标人放弃中标项目的，应当依法承担法律责任。自中标通知书发出之日起 30 日内，招标人和中标人订立招标合同。招标合同必须采用书面形式。

第三节　联合国国际货物销售合同公约（CISG）

引导案例 2-3：

A 公司出口棉布一批，交货后进口商寄来一件上衣，声称该上衣系 A 公司出口合同项下所交染色棉布经其转销给某制衣厂制成成衣样品，该上衣两袖的色泽有明显的不同，以此证明 A 公司提供货物品质有严重色差，不能使用。进口商要求将全部已缝制的成衣退回，并重新按合同规定的品质和数量交货。A 公司应该如何处理？

A 公司不承担将全部已缝制的成衣退回、重新按合同规定的品质和数量交货的责任。

A 公司将出口棉布按合同规定交货进口商后，此批棉布的所有权及风险皆移转于进口商所有和承担。根据《联合国国际货物买卖合同公约》规定，对国际货物买卖合同的风险转移确定了以交货时确定风险转移原则，过失划分原则。

一、《公约》的适用范围

《联合国国际货物销售合同公约》（以下简称《公约》）自 1988 年 1 月 1 日起对我国生效。《公约》的适用范围为国际货物买卖合同。这是《公约》对其适用范围的概括性规定。《公约》的适用范围包括：

（1）公约适用的主体范围　公约适用于营业地在不同国家的当事人之间所订

立的货物买卖合同，但必须具备下列两个条件之一：①双方当事人营业地所在国都是缔约国；②虽然当事人营业地所在国不是缔约国，但根据国际司法规则导致应适用某一缔约国法律。

（2）公约适用的客体范围　公约适用的客体范围是“货物买卖”，但并非所有的国际货物买卖都属于公约的调整范围，公约排除了以下 7 种买卖：①以直接私人消费为目的的买卖；②拍卖；③依执法令状或法律授权的买卖；④公债、股票、投资证券、流通票据和货币的买卖；⑤船舶、气垫船和飞行器的买卖；⑥电力的买卖；⑦卖方绝大部分义务是提供劳务和服务的买卖。

二、《公约》的主要内容

买卖双方的义务是买卖合同的核心内容。《公约》在第三部分的第二章、第三章、第五章中，对买方和卖方的义务做了详细的规定。一般来说，只有当买卖合同对某些事项没有做出规定，而该合同又适用该公约时，才援引《公约》的有关规定来确定买卖双方当事人的权利和义务。

1．卖方的义务

根据《公约》的规定，卖方的主要义务有以下几项：

（1）交付货物　交付货物时应注意以下事项：

1）关于交货的地点。根据《公约》第三十一条的规定，卖方应按下述三种不同情况履行其交货义务：①如果合同没有规定具体的交货地点，而该合同又涉及货物的运输，则卖方的交货义务就是把货物交给第一承运人。②合同中没有涉及卖方应负责运输事宜，如果该合同的货物是特定物，或者是从某批存货中提取的货物，或者是尚待加工生产或制造的未经特定化的货物，而双方当事人在订立买卖合同时已经知道这些货物存放在某个地方，或者已经知道它们将在某个地方生产或制造，则卖方应在该地点把货物交给买方处理。③除上述情况外，在其他的情况下，卖方的交货地点是在其订立买卖合同时的营业地点把货物交给买方处理。

2）关于交货的时间。《公约》第三十三条对如何确定卖方交货的时间做了如下规定：①如果合同中规定了交货日期，或根据合同可以确定交货的日期，则卖方应在该日期交货。②如果合同中规定了一段交货期间，或根据合同可以确定一段交货期间，则除情况表明买方有权选定一个具体日期外，卖方有权决定在这段时间内的任何一天交货。③在其他情况下，卖方应在订立合同后的一段合理期间内交货。

（2）品质担保义务　《公约》对卖方的品质担保义务做了明确的规定。第三十五条规定，卖方交付的货物必须与合同所规定的数量、质量和规格相符，并必须按照合同所规定的方式装箱或包装。除双方当事人另有约定以外，卖方所交的货物应当符合下述要求，否则即认为其货物与合同不符。

1）货物应适用于统一规格货物通常使用的用途。

2）货物应适用于订立合同时买方曾明示或默示地通知卖方的任何特定用途，除非有情况表明买方并不依赖卖方的技能和判断力，或者这种依赖对卖方来说是不合理的。

3）货物的质量应与卖方向买方提供的货物的样品或样式相同。

4）货物应按同类货物通用的方式装入容器或包装；如无此种通用方式，则应按足以保全和保护货物的方式装入容器或包装。

以上四项，是在双方当事人没有其他约定的情况下，由《公约》加之于卖方身上的义务。

（3）权利担保义务　权利担保是指卖方应保证对其所售出的货物享有合法的权利，也没有侵犯任何第三人的权利，并且任何第三人都不会就该项货物向买方主张任何权利。权利担保义务主要包括三个方面的内容：①卖方保证对其出售的货物享有合法的权利；②卖方保证其出售的货物尚不存在任何未曾向买方透露的担保物权，如抵押权、留置权等；③卖方应保证其所出售的货物没有侵犯他人的权利，包括商标权、专利权等。

2．买方的义务

（1）支付货款　具体包括：

1）履行必要的付款手续。

2）支付货款的地点。如果买卖合同对付款地点没有做出具体的规定，买方应按《公约》第五十七条的规定，在下列地点向卖方支付货款：一是在卖方的营业地付款。如果卖方有一个以上的营业地点，则买方应在与该合同及合同的履行关系最为密切的那个营业地点向卖方支付货款。二是如果是凭已交货物或单据支付货款，则买方应在交货或单据的地点支付货款。

3）支付货款的时间。《公约》第五十八条的规定包括以下 3 项内容：①如果买卖合同没有约定，则买方应当在卖方按合同和《公约》的要求把货物或把装运单据如提单移交给买方处置时，支付货款。②如果合同涉及货物的运输，卖方可以在发货时订明条件，规定必须在买方支付货款时，卖方才可把货物或含权的装运单据交给买方。③买方在没有机会检验货物以前，没有义务支付货款，除非这种检验的机会与双方当事人约定的交货或支付程序相抵触。

（2）收取货物　买方的另一项基本义务是收取货物。根据《公约》第六十条的规定，买方收取货物义务主要包括以下两项内容：①采取一切理应采取的行动，以便卖方能交付货物。特别是在采用 FOB 条件成交时，买方的配合更是必不可少的。②接受货物。买方有义务在卖方交货时接收货物。

三、《公约》不涉及的若干问题

《公约》第四条规定："本公约只适用于买卖合同的订立和买方与卖方因此种合同而产生的权利和义务。特别是，本公约除非另有明文规定，与以下事项无关：①合同的效力，或其任何条款的效力，或其任何惯例的效力；②合同对所售货物所有权可能产生的影响。"第五条规定："本公约不适用于卖方因货物对任何人所造成的死亡或伤害的责任。"由此可见：

1）《公约》不调整国际货物买卖合同及其条款和惯例的有效性问题。

2）《公约》不调整国际货物买卖合同所引起的有关货物所有权的两个问题：①关于货物所有权转移的时间问题。②第三人对买卖标的物可能提出的权利和要求问题。《公约》对此未做规定而是仅规定卖方有义务将货物所有权转移给买方，并须向买方保证其所交付的货物应当是第三人不能提出任何权利和请求的货物，否则，卖方应对买方承担违约责任。

3）《公约》不调整产品责任问题。《公约》对卖方所交货物不符合合同或《公约》的品质要求应承担的责任做了具体规定，但对产品缺陷使消费者、使用者或者其他第三人的人身遭受伤害或导致死亡时，卖方应承担的责任即产品责任问题未做规定。其主要原因是各国对此有不同看法和做法，立法差异颇大，很难统一。另外，国内立法对此问题的规定大多属于强制性规范，当事人不得在买卖合同中加以排除，这与《公约》的自由选择适用很难协调，故《公约》只能采取回避的办法。

四、我国当事人在选择适用《公约》时应注意的若干问题

1．注意我国对《公约》的保留

《公约》第一条第一款规定："本公约适用于营业地在不同国家的当事人之间所订立的货物销售合同：（a）如果这些国家是缔约国；（b）如果国际私法规则导致适用某一缔约国的法律。"

《公约》第九十五条规定："任何国家在交存其批准书、接受书、核准书或加入书时，可声明它不受本公约第一条第一款（b）项的约束。"

《公约》第九十六条规定："本国法律规定销售合同必须以书面订立或书面证明的缔约国，可以随时按照第十二条的规定，声明本公约第十一条、第二十九条或第二部分准许销售合同或其更改或根据协议终止，或者任何发价、接受或其他意旨表示得以书面以外任何形式做出的任何规定不适用，如果任何一方当事人的营业地是在该缔约国内。"

根据《公约》第九十五条、第九十六条的规定，我国在核准《公约》时，提出了两项重要保留：

（1）关于适用范围的保留　我国认为《公约》的适用范围仅限于营业地处于不同的缔约国当事人之间所订立的货物买卖合同，而不适用于营业地均处于非缔约国的当事人之间或一方的营业地处于缔约国而另一方的营业地处于非缔约国的当事人之间所订立的货物买卖合同。《公约》规定“虽然当事人营业地所在国不是缔约国，但根据国际私法规则导致应适用某一缔约国法律”，这有悖于当事人的意思自治，限制了我国国内法的适用。同时，该项规定容易使《公约》的适用产生不确定性，故我国对此项规定提出保留。

（2）关于合同形式的保留　《公约》第十一条规定：“买卖合同无需以书面订立或书面证明，在形式方面也不受其他条件的限制。”我国对《公约》第十一条加以保留，这项规定不对我国发生法律效力。凡一方当事人的营业地在我国境内的，其所订立的国际货物买卖合同均需采用书面形式。

2. 注意自动适用《公约》的情况

自动适用是指分处两个缔约国的当事人签订合同时，如不做相反的法律选择，《公约》将自动适用该合同。所以，我方当事人如不愿适用《公约》的全部条款，就应在合同中明确做出约定。应该注意的是，如果当事人在合同中只是选择某一国际惯例（如 FOB、CIF 等）作为准据法，则不足以排除《公约》的自动适用。因为这些惯例主要是确定买卖双方在交货方面的责任、费用与风险划分，而不解决合同的成立、违约及对违约的补救措施等问题。

第四节　国际贸易术语

引导案例 2-4：

2014 年，我国福建省某进出口公司（卖方）与法国某有限公司（买方）签订合同。合同约定由卖方提供 20 000 箱芦笋罐头，每箱 15.50 美元，FOB 厦门，合同总值为 310 000 美元，收到信用证后 15 天内发货。买方致电卖方，要求代其以发票金额 110%将货物投保法国马赛的一切险。卖方收到买方开来的信用证及派船通知后，按买方要求代其向 A 保险公司投保，保险单的被保险人是买方，保险单上所载明的起运地为供货厂商所在地龙岩市，目的港为法国马赛。但是，三天后货物自龙岩市运往厦门港的途中，由于发生了意外，致使 10%的货物受损。事后，卖方以保险单中含有“仓至仓”条款为由，向 A 保险公司提出索赔要求，但遭到拒绝。后卖方又请买方以买方的名义凭保险单向 A 保险公司提出索赔，同样遭到拒绝。在此情况下，卖方以自己的名义向福建省中级人民法院提起诉讼，要求保险公司赔偿其损失。

你认为法院应如何判决？为什么？

一、国际贸易术语的特点与作用

1. 国际贸易术语的特点

国际贸易术语的特点表现为一组字母和简短概念的组合，用于划分买卖合同双方当事人之间的责任、风险、费用，并反映价格构成、交货条件，因此，贸易术语又被称为“价格术语”。贸易术语的使用大大简化了当事人的贸易谈判、合同订立的过程，同时又提供了确定买卖双方权利义务的准则。在国际货物买卖合同中都要使用贸易术语，它构成了合同条款的重要组成部分。

2. 国际贸易术语的作用具体表现在下列几个方面：

1）有利于买卖双方洽商交易和订立合同。

2）有利于买卖双方核算价格和成本。

3）有利于解决履行当中的争议。

目前，国际上广泛使用的《国际贸易术语解释通则》，自1936年首次制定后被广泛应用于国际贸易中，为适应不断变化的贸易形势，先后历经1953年、1967年、1976年、1980年、1990年、2000年、2010年多次重大修改和修订。

2010年9月27日，国际商会正式推出《国际贸易术语解释通则2010》（INCOTERMS 2010），与《国际贸易术语解释通则2000》（INCOTERMS 2010）并用，新版本于2011年1月1日正式生效。

二、《国际贸易术语解释通则2010》的变化

《国际贸易术语解释通则2010》考虑了无关税区的不断扩大，商业交易中电子信息使用的增加，货物运输中对安全问题的进一步关注以及运输方式的变化。《国际贸易术语解释通则2010》更新并整合与“交货”相关的规则，将术语总数由原来的13条减至11条，术语分类由原来的E、F、C、D四组分为两类，适用于各种运输方式和水运；并对所有规则做出更加简洁、明确的陈述。

1.《INCOTERMS 2010》与《INCOTERMS 2000》的主要变化

1）新增DAT和DAP两个术语。新版本增加了DAT和DAP两个全新的术语。DAT（Delivered at terminal）是指在指定目的地或目的港的集散站交货。DAP（Delivered at place）是指在指定目的地交货。两者的主要差异是DAT下卖方需要承担把货物由目的地（港）运输工具上卸下的费用，DAP下卖方只需在指定目的地把货物处于买方控制之下，而无须承担卸货费。此次修订是通过DAP取代了先前的DAF、DES和DDU三个术语，而DAT取代了先前的DEQ，且扩展至适

用于一切运输方式。

2）贸易术语分类的变化。《INCOTERMS 2000》中的13种术语按术语缩写首字母分成四组，即E组、F组、C组以及D组。这种分类反映了卖方对于买方的责任程度。然而《INCOTERMS 2010》将11种术语分成了截然不同的两类。第一类包括那些适用于任何运输方式，包括多式运输的7种术语，EXW、FCA、CPT、CIP、DAT、DAP和DDP。第二类实际上包含了比较传统的只适用于海运或内河运输的4种术语，FAS、FOB、CFR和CIF。

3）术语义务项目的调整。每种术语项下买卖双方各自的义务虽然仍列出十个项目，但与《INCOTERMS 2000》不同之处在于，卖方在每一项目中的具体义务不再"对应"买方在同一项目中相应的义务，而是改为分别描述，并且各项目内容也有所调整。《INCOTERMS 2010》中买卖双方的义务项目的修改主要包括：

A1/B1："提供符合合同规定的货物/支付价款"修改为"卖方/买方的一般义务"。

A2/B2："许可证、其他许可和其他手续"修改为"许可证、其他许可、安全清关和其他手续"。

A6/B6："费用划分"修改为"费用分摊"。

A8/B8："交货凭证，运输单据或有同等作用的电子信息"修改为"交货单据/运输证明"。

A10/B10："其他义务"修改为"信息协助和相关费用"。

4）术语义务内容的调整。

A1/B1：电子单据的变化。《国际贸易术语解释通则》的早期版本已经对需要的单据做出了规定，这些单据在有关各方同意的前提下可被电子数据交换信息替代，通常只适用于发票。不过《INCOTERMS 2010》赋予电子通讯方式完全等同的功效，只要各方当事人达成一致或者按照惯例执行。

A2/B2和A10/B10：新增安全条款。如今对货物在转移过程中的安全关注度很高，因而要求检查货物确定不会因除其自身属性外的原因而对生命财产造成威胁。因此，在各种术语的A2/B2和A10/B10条款内容中包含了买卖双方取得或提供帮助取得安全核准的义务。

A3/B3：保险责任的变化。《INCOTERMS 2010》是自协会货物保险条款修改以来的第一个版本，这个最新版本充分考虑了保险条款的变动。《INCOTERMS 2010》在涉及运输和保险合同的A3/A4条款中罗列了有关保险责任的内容，原本它们属于内容比较泛化的"其他义务"的A10/B10款。为了阐明当事人的义务，对A3/A4款中涉及保险的内容做出修改，新增了保险责任自交货点起到目的地止，买卖双方互通信息的内容。

A4/B4：连环销售的增加。与工业制成品的销售不同，农矿产品在销售链运转的过程中常常被频繁地销售好几次，这种交易叫作连环销售（string sales）。在这种情况下，在一连串销售中间的销售商并不将货物“装船”，因为它们已经由处于这一销售串中的起点销售商装船。因此，连环销售的中间销售商对其买方应承担的义务不是将货物装船，而是“设法获取”已装船货物。《INCOTERMS 2010》的相关术语中同时规定了“设法获取已装船货物”和“将货物装船”的义务。

A5/B5：“船舷”的变化。《INCOTERMS 2000》针对传统的适用于水上运输的主要贸易术语如FOB、CFR和CIF，均强调以船舷为界来划分风险。这种划分风险的方式长期以来饱受争议。而实际上“船舷”只是买卖双方活动领域之间假想的界限，长期以来已不能反映各国港口的习惯做法。此次修订最终删除了“船舷”的规定，强调在FOB、CFR和CIF下买卖双方的风险以货物在装运港口被装上船时为界，而不再规定一个明确的风险临界点。

A6/B6：码头装卸费的明确。码头装卸费指的是承运人在码头收取的装卸费用。以C组术语为例，卖方必须负责将货物运输至约定目的地，卖方已把这部分费用包含在最初的货物价格中，最终由买方承担。卖方核算的运输成本有时包括货物在港口内的装卸，或者集装箱码头设施费用，但是承运人或码头运营方也可能向买方收取这些费用。在这种情况下，买方就可能为一次服务付两次费。

《INCOTERMS 2010》在相关术语的A6/B6条款中对这种费用的分配做出了详细规定，如在C组术语中，规定卖方承担到目的港运费，但不承担目的港的卸船费用、目的港水域驳运费用以及转运环节费用，不过同时仍然建议双方在合同中明确规定码头装卸费的承担。

5）完善了术语介绍和使用指南。《INCOTERMS 2010》中的每种术语在其条款前面都有一个使用指南。指南解释了每种术语的基本原理：何种情况应使用此术语；风险转移点是什么；费用在买卖双方是如何分配的。这些指南并不是术语正式规则的一部分，它们是用来帮助和引导使用者准确有效地为特定交易选择合适的术语。

2.《INCOTERMS 2010》的适用性

1）《INCOTERMS 2010》的约束性。虽然《INCOTERMS 2010》于2011年1月1日正式生效，但是《INCOTERMS 2010》实施之后并非《INCOTERMS 2000》就自动作废。因为国际贸易惯例本身不是法律，对国际贸易当事人不产生必然的强制性约束力。国际贸易惯例在适用的时间效力上并不存在“新法取代旧法”的说法，即《INCOTERMS 2010》实施之后并非《INCOTERMS 2000》就自动废止，当事人在订立贸易合同时仍然可以选择适用《INCOTERMS 2000》甚至《INCOTERMS 1990》。

2）《INCOTERMS 2010》也适用于国内和区域内贸易。《国际贸易术语解释通则》主要适用于跨境（关境）贸易，此次修订试图往国内（区域内）贸易渗透。一方面，很多交易者将《国际贸易术语解释通则》普遍运用于纯粹的内贸合同。在美国，人们更愿意选择《国际贸易术语解释通则》而不是《统一商法典》的装运和交货条款运用于国内贸易。另一方面，考虑到对于一些大的区域贸易集团，如欧洲单一市场而言，国与国之间的边界手续已不那么重要了，新版本首次正式明确这些术语不仅适用于国际销售合同，也适用于国内销售合同。

3．六种主要贸易术语的异同点比较

（1）FOB、CFR、CIF 的异同点

1）相同点：

① 交货方式相同：FOB、CFR、CIF 合同均属于象征性交货，即单据买卖。

② 运输方式相同：水上运输，包括海运及内河水运。

③ 交货地点相同：装运港船上交货。

④ 风险界点相同：装运港船舷为界，卖方承担货物越过装运港船舷之前的风险，买方承担货物越过装运港船舷之后的风险。

⑤ 卖方的权利和义务相同：提供货物及商业发票；将货物交至船上并及时通知买方；办理出口手续。

⑥ 买方的权利和义务相同：付款、接单、提货；办理进口手续。

2）不同点：

① 办理运输的责任不同，CFR 合同和 CIF 合同下由卖方办理运输，FOB 合同下由买方办理。

② 办理保险的责任不同， CIF 合同下由卖方办理保险，FOB 合同和 CFR 合同下由买方办理保险。

③ 术语后跟的地点不同，FOB 后为指定装运港，CFR 和 CIF 后为指定目的港。

④ 价格构成不同，CFR=FOB+F（运费）；CIF=CFR+I（保险费）。

（2）FCA、CPT、CIP 的异同点

1）相同点：

① 交货方式相同：FCA、CPT、CIP 合同均属于象征性交货，即单据买卖。

② 运输方式相同：任何方式（水上运输、航空运输、铁路运输、公路运输），包括多式联运。

③ 交货地点相同：因运输方式不同时的情况而定。

④ 风险界点相同：货交第一承运人为界，卖方承担货物交到承运人之前的风险，买方承担货交承运人之后的风险。

⑤ 卖方的权利和义务相同：提供货物及商业发票；将货物交至承运人；办理出口手续。

⑥ 买方的权利和义务相同：付款、接单、提货；办理进口手续。

2）不同点：

① 办理运输的责任的规定不同：CPT 合同和 CIP 合同下由卖方办理运输，FCA 合同下由买方办理。

② 办理保险的责任不同：CIP 合同下由卖方办理保险，FCA 合同和 CPT 合同下由买方办理保险。

③ 术语后跟的地点不同：FCA 后为指定地点，CPT 和 CIP 后为指定目的地，因运输方式不同，视情况而定。

④ 价格构成不同，CPT=FCA+F；CIP=CPT+I。

（3）FOB 和 FCA、CFR 和 CPT、CIF 和 CIP 的异同点

1）FOB 和 FCA 的异同点：

① 相同点。在交货方式、办理运输和保险的责任归属、货物在运输途中的风险划分、货价构成、按术语签订的合同类型方面都相同。

② 不同点。适用的运输方式不同：FOB 仅适合水上运输，因此交货地点只能在装运港；而 FCA 则适用于包括多式联运方式在内的任何运输方式，交货地点依运输方式的不同由双方加以约定。在风险及费用划分的具体界限方面也存在差距，FOB 是以越过装运港船舷为界，FCA 是以货交承运人为界。

2）CFR 和 CPT 的异同点：

① 相同点。都是由买方负责安排运输、将货物运往指定目的地，货物在运输过程中的风险都由买方承担、货价构成因素中都包括运费；它们都属于装运地交货的术语，签订的合同都属于装运合同，卖方只需保证按时交货，并不保证按时到货。

② 不同点。适用的运输方式不同：CFR 仅适合水上运输，因此交货地点只能在装运港；而 CPT 则适用于包括多式联运方式在内的任何运输方式，交货地点依运输方式的不同由双方加以约定。在风险及费用划分的具体界限方面也存在差距，CFR 是以越过装运港船舷为界，CPT 是以货交承运人为界。

3）CIF 和 CIP 的异同点：

① 相同点。价格构成中都包含了运费及保险费，故卖方都应承担安排运输、保险的责任并支付有关的费用；这两种术语成交都属于装运地交货，签订的是装运合同，风险转移和费用、责任分担问题一样，风险转移在先，费用转移在后。

② 不同点。适用范围不同：CIF 仅适合水上运输，因此交货地点只能在装运港；而 CIP 则适用于包括多式联运方式在内的任何运输方式；在交货和风险转移的具体界限上也存在一些差距。

三、使用《INCOTERMS 2010》应注意的问题

（1）选择适当的贸易术语　贸易术语的选择是把双刃剑，所选术语不仅要适合于合同标的、运输方式，更重要的是要适合于各方当事人是否有意将更多的责任赋予对方，如哪方安排运输、办理保险等责任。因此，在选用贸易术语时，除了考虑经济利益以外，还应考虑当事人自身其他方面条件，如是否能租到合适的船等。

（2）《INCOTERMS 2010》并不包含一整套合同条款　《INCOTERMS 2010》仅仅是对贸易术语做了相关规定，如卖方或买方应承担何种费用、办理何种进出口手续等。其并未涉及有关货物价格和所有权问题，或者违反合同规定的后果等内容，这些问题通常是要通过合同中的相关明示条款或者有关法律来解决。同时，进出口当事人应清醒地意识到，有关法律较包括所选术语在内的合同中的任何规定都具有优先权。

（3）制定精确的交货地点或港口　只有各方当事人指定了地点或港口，贸易术语才是有效的，而且指定的地点或港口越精确越有利于合同的履行。

复习思考题

一、填空题

1. 投标人是指响应招标、参加______的法人或者其他组织。
2. 买卖合同中出卖人的主要义务有______义务、______义务、______义务。
3. CIF 术语属于 C 组，______方不仅要支付主要运费，还要支付保险费。

二、简答题

1. 简述买卖合同中买卖双方的权利与义务。
2. 简述承诺生效的条件与时间。
3. 简述 FOB、CIF 两个术语的不同之处。
4. 根据《公约》的规定，卖方交付货物时应注意哪些事项？

三、案例分析题

中国某化工进出口公司与美国加利福尼亚化学制品公司按照 FOB 上海条件

签订了一笔化工原料的买卖合同。中国某化工进出口公司在规定的装运期届满前三天将货物装上美国加利福尼亚化学制品公司指派的中国香港某船公司的海轮上，且装船前检验时，货物的品质良好，符合合同的规定。货到目的港旧金山，美国加利福尼亚化学制品公司提货后经目的港商检机构检验发现部分货物结块，品质发生变化。经调查确认原因是货物包装不良，在运输途中吸收空气中的水分导致原颗粒状的原料结成硬块。于是，美国加利福尼亚化学制品公司委托中国律师向我国某化工进出口公司提起索赔。

问题：哪方应承担货物损失的责任？

3 第三章 仓储与配送法律法规

学习目的

通过本章的学习，重点掌握：仓储合同的概念；仓单的概念、性质和内容；仓储合同当事人的权利和义务；保税仓库的概念；了解配送合同的含义、类型，熟悉配送服务合同与销售配送合同的内容，明确物流企业在配送中的义务和责任。

第一节 仓储法律法规

引导案例 3-1：

2014 年 6 月 3 日，某市盛达粮油进出口有限责任公司（下称盛达公司）与该市东方储运公司签订一份仓储保管合同。合同主要约定：由东方储运公司为盛达公司储存保管小麦 60 万公斤，保管期限自 2014 年 7 月 10 日至 11 月 10 日，储存费用为 50 000 元，任何一方违约，均按储存费用的 20%支付违约金。合同签订后，东方储运公司即开始清理其仓库，并拒绝其他有关部门在这三个仓库存货的要求。同年 7 月 8 日，盛达公司书面通知东方储运公司：因收购的小麦尚不足 10 万公斤，故不需存放贵公司仓库，双方于 6 月 3 日所签订的仓储合同终止履行，请谅解。东方储运公司接到盛达公司书面通知后，遂电告盛达公司：同意仓储合同终止履行，但贵公司应当按合同约定支付违约金 10 000 元。盛达公司拒绝支付违约金，双方因此而形成纠纷，东方储运公司于 2014 年 11 月 21 日向人民法院提起诉讼，请求判令盛达公司支付违约金 10 000 元。

在上述案例中，盛达公司尚未向东方储运公司交付仓储物的情况下，是否应承担违约金 10 000 元，关键是要看仓储合同的性质。本文结合《合同法》的有关规定和上述案例，对仓储合同的几个一般性问题予阐述。

一、仓储合同的概念和特征

我国《合同法》第三百八十一条规定：仓储合同是保管人储存存货人交付的

仓储物，存货人支付仓储费的合同。仓储合同又称仓储保管合同。

仓储合同源自一般的保管合同，具有保管合同的一般特性；同时，仓储合同又有别于一般的保管合同，它具有以下法律特征：

1）仓储合同的保管方必须是仓储营业人。仓储合同的保管方必须是仓储企业或个体营业者。在仓储合同中，保管人必须是经工商行政管理机关核准，依法专门从事仓储保管业务的法人、其他组织或个人。从事仓储经营的企业应具备以下基本条件：

① 拥有工商行政管理机关颁发的营业执照。

② 具有自建或租用的仓库及相关设施。

③ 具有与所经营的服务项目相适应的设施设备。

④ 建立与其业务需求相符的规章制度和操作规程。

⑤ 具有从事相应业务的专业技术人员。

从事危险化学品仓储、保税仓储等相关业务需取得行政许可的，从其相关规定。

仓储经营者违反合同相关规定的，商务主管部门有权责令其改正，拒不改正的，处 1～3 万元罚款，造成重大安全事故的，提请相关部门处理。

2）仓储合同是双务有偿合同、不要式合同。保管方提供仓储服务，存货方给付报酬和其他费用。同时法律对仓储合同的签订形式和程序没有做出特别规定，所以仓储合同为不要式合同。虽然，保管人在接受存货人交付的仓储物时要开具仓单，但仓单并非合同成立要件。

3）仓储合同是诺成合同。即仓储合同一旦达成，即使尚未交付仓储标的物，合同也是成立生效的，它区别于一般保管的实践合同。

4）仓储合同中货物的交付与归还以仓单作为凭证。

《合同法》第三百八十五条规定，存货人交付仓储物时，保管人应当给付仓单。第三百八十七条又规定，仓单是提取仓储物的凭证。可见，在仓储合同中，仓储物的交付与归还均须以仓单作为凭证。而在一股保管合同中，法律没有对保管物交付与归还的凭证做出规定，在实践中则由当事人自行约定。

仓单是提取仓储物的凭证，是保管人验收仓储物后向发货人签发的、标明已收到一定数量仓储物的法律文书。仓单记载的事项直接体现当事人的权利与义务，是仓储合同存在及合同内容的证明。仓单经存货人或仓单持有人背书并经保管人签字或盖章，可以转让。仓单持有人享有与存货人相同的权利。

5）仓储合同所保管的物品是特定物。仓储合同所保管的物品，一般情况下是作为生产资料的动产，不包括不动产和一般零星生活用品。存储期限届满，仓单持有人应当凭仓单提取仓储物。由此可以看出，仓储合同的标的物都是特定的。而一般保管合同的保管物，既可以是动产，也可以是不动产，只要双方当事人协商一致，金钱、有价证券及其他权利凭证，均可以作为保管物。

6）仓储合同一般是格式合同。经营公共仓库的保管人为了与多数存货人订立仓储合同，通常事先拟定并印制了大部分条款，如存货单、入库单、仓单等。在实际订立仓储合同时，由双方把通过协商议定的内容填进去从而形成仓储合同，而不另行签订独立的仓储合同。

二、仓储合同的订立与内容

1．仓储合同的订立

仓储合同的订立也要经过要约和承诺两个阶段。仓储合同的要约既可以由保管人根据自己的仓储能力来发出，也可以由存货人根据自己的委托存储计划发出。由于仓储合同是诺成合同，因而一方发出的要约，经双方协商，对方当事人承诺后，仓储合同即告成立。

目前，我国尚未对仓储合同的形式做出明确规定，双方当事人可以订立书面的仓储合同，也可以订立口头的或其他形式的仓储合同。在实践中，仓储合同一般都是采用书面形式。无论当事人采用什么样的形式订立仓储合同，当事人填写的入库单、仓单、出库单等，均可以作为仓储合同的证明。如果当事人采用书面形式订立仓储合同，通常情况下，自保管人和存货人签字或盖章时合同才告成立。但如果存货人在此之前就将仓储物交付给保管人，而保管人又接受该仓储物入库存储的，仓储合同自仓储物入库时成立。

2．仓储合同的内容

仓储合同应当包含以下主要条款，以明确保管人和存货人双方的权利和义务：

1）保管人、存货人的姓名或名称及住所。

2）仓储物的品名、品种、规格。

3）仓储物的数量、质量、包装、件数和标记。在仓储合同中，应明确规定仓储物的计量单位、数量和仓储物质量，以保证顺利履行合同。

4）仓储物验收的项目、标准、方法、期限和相关资料。对仓储物的验收主要是指保管人按照约定对入库仓储物进行验收，以确定仓储物入库时的状态。仓储物验收的具体项目、标准、方法、期限等应由双方当事人根据具体情况在仓储合同中事先做出约定。保管人为顺利验收而需要存货人提供货物相关资料的，仓储合同还应就资料的种类、份数做出约定。

5）仓储物的储存期间、保管要求和保管条件。存储期间即仓储物在仓库的存放时间。存放期满，存货人或仓单持有人应及时提取货物。保管要求和保管条件是针对仓储物的特性，为保持其完好所要求的具体条件和标准。

6）仓储物进出库手续、时间、地点和运输方式。

7）仓储物的损耗标准和损耗处理。仓储物在储存、运输、搬运过程中，由于自然条件影响、货物本身的性质、度量衡的误差等原因，不可避免地要发生一定数量的减少、破损或计量误差。对此，当事人应当约定一个损耗的标准，并约定损耗发生时的处理方法。当事人对损耗标准没有约定的，应当参照国家有关主管部门规定的相应标准执行。

8）计费项目、标准和结算方式。

9）违约责任条款，即对当事人违反合同义务时应如何承担违约责任，承担违约责任的方式等进行的约定。违约责任的承担方式包括继续履行、支付违约金、赔偿损失等。

除此之外，双方当事人还可以就变更、解除的程序以及解决争议的方式等做出约定。在主要条款协商一致后，由双方法定代表人或授权的经办人签字、盖章后，合同即刻生效。

3. 仓储合同的法理适用

我国调整仓储合同的法律主要是《合同法》，2004 年 2 月 1 日起实施的《中华人民共和国海关对保税仓库及所存货物的管理规定》和 2016 年 1 月 1 日起实施的《中华人民共和国海关对出口监管仓库及所存货物的管理办法》也是调整相关仓储业务活动的行政规章。

三、仓单

1. 仓单及其法律特征

仓单是存货人在交付仓储物时，由保管人签发给存货人表明一定数量的仓储物已经交付仓储保管的有价证券。仓单的内容，直接体现当事人的权利和义务，是仓储合同存在的证明，不是合同的本身。

仓单的法律特征：

1）仓单是一种物权凭证。这意味着谁享有仓单谁就享有这批仓储物的所有权，仓单的转移即对仓储物所有权的转移。

2）仓单为要式证券。仓单必须具有法律规定记载的内容，而且一定要有保管人的签字或盖章才具有法律效力。没有法定的完备形式，保管人出具的仓单是无效的。

3）仓单是提货凭证。仓储保管人是见单给货，也就是说，在提取仓储物时，提货人必须向保管人出示仓单，并在提货后提货人将仓单交给保管人注销。没有仓单保管人不会交付仓储物。存货人或者仓单持有人在仓单上背书并经保管人签字或者盖章的，可以转让提取仓储物的权利。

4）仓单是仓储合同的证明。仓单本身不是仓储合同，仓单上的权利，不因仓单的签发而产生，而是以仓储合同关系的有效存在而产生。仓单作为仓储合同的书面证明，证明合同关系的存在。

2. 仓单的内容

仓单的内容如下：

1）存货人的名称或者姓名和住所。存货人为法人或者其他社会组织的，应当填写其完整名称；存货人为自然人的，应写明其姓名。

2）仓储物的品种、数量、质量、包装、件数和标记。这些内容经过保管人验收确认后再填写在仓单上。需要注意的是，保管人和存货人订立仓储合同时，对仓储物的上述情况的约定，不能作为填写仓单的依据。

3）仓储物的损耗标准。仓储物的损耗标准有国家规定或行业规定的按规定执行，无规定的由双方当事人约定损耗标准。制定损耗标准后，保管人在归还仓储物时，对仓储物在损耗标准内的减量、损耗等变化不予以赔偿。当仓储合同约定的标准与仓单上所记载的标准不一致时，一般以仓单的记载为准。

4）储存场所。储存场所表明仓储物所在的具体地点，也是发生仓储合同纠纷时的合同履行地司法管辖的判断依据。

5）储存期间。储存期间即保管人在约定的时间内对仓储物承担保管责任，也是计算仓储费的依据。

6）仓储费。仓储费即存货人向保管人支付的报酬。

7）仓储物已经办理保险的，其保险金额、期间以及保险人的名称。一般存货人为了降低风险，通常对仓储物进行投保。在仓单上记载保险资料，有利于发生事故时及时处理，通知保险公司进行赔偿。

8）填发人、填发地和填发日期。填发人就是仓储合同的保管人；填发地一般是仓储物的入库地，也是属地管辖的依据；填发日期是仓单开始发生效力的时间依据。

仓单持有人需要转让仓储物时，可以通过背书转让的方式进行仓储物转让。仓单转让生效要件为：背书过程完成，并经保管人签署。

四、仓储合同当事人的权利和义务

1. 仓储保管人的权利

在仓储合同关系中，保管人的主要权利有：

1）按照约定收取仓储费，这是保管人的主要权利。

2）有在紧急情况下对仓储物的处置权利，一般情况下仓储保管人不能随意转移、处置仓储物，但当仓储物发生变质、损坏危及其他货物时，保管人可采取紧急处置措施。

3）有权要求存货人按照合同约定交付仓储物，这也是保管人履行自己保管义务的首要前提，只有仓储物交付，保管人才能履行真正保管义务。

4）有权要求客户就所交付的危险货物或易变质货物的性质进行说明并提供相关资料。

5）对入库货物进行验收时，有权要求客户配合并提供验收资料。

6）存货人没有按照约定支付仓储费的，保管人有权行使留置权。根据《担保法》规定，留置是指债权人按照合同约定占有债务人的动产，债务人不按照合同约定的期限履行债务的，债权人有权依照《担保法》的规定留置该财产，以该财产折价或者以拍卖、变卖该财产的价款优先受偿。

7）有权提存客户逾期未提取的货物。根据《合同法》规定，提存是指债务人将无法清偿的标的物提交有关公证机关保存以消灭合同关系的行为。储存期届满，存货人或者仓单持有人不提取仓储物的，保管人可以催告其在合理期限内提取；逾期不提取的，保管人可以提存仓储物。

8）客户逾期提取货物的，保管方有权加收仓储费。

2．仓储保管人的义务

1）及时接收仓储物并验收入库的义务。《合同法》第三百八十四条规定："保管人应当按照约定对入库仓储物进行验收。保管人验收时发现入库仓储物与约定不符合的，应当及时通知存货人。保管人验收后，发生仓储物的品种、数量、质量不符合约定的，保管人应当承担损害赔偿责任。"验收仓储物按照合同约定的标准和方法进行，没有约定的按照习惯、合理的方法进行。

2）开具仓单的义务。存货人交付仓储物的，保管人应根据实际收取的货物情况填写仓单，并在仓单上签字或者盖章后给付存货人。如果仓单与仓储物的实际状况不相符，保管人则应承担相应法律责任。

3）妥善保管仓储物的义务。仓储保管人应当按照约定提供保管条件，使用适合于仓储物保管的仓储设施和设备，对仓储物进行妥善保管。《合同法》第三百八十三条第三款规定，保管人储存危险物品的，应当具备相应的保管条件。

4）接受存货人检查仓储物的义务。《合同法》第三百八十八条规定："保管人根据存货人或者仓单持有人的要求，应当同意其检查仓储物或者提取样品。"这一条规定有利于存货人或者仓单持有人及时了解、知悉货物的有关情况，并在发现问题后及时采取措施。

5）通知及紧急处置的义务。保管人对入库仓储物发现有变质或者其他损坏的，应当及时通知存货人或者仓单持有人。保管人对入库仓储物发现有变质或者其他损坏，危及其他仓储物的安全和正常保管的，应当催告存货人或者仓单持有人做出必要的处置。因情况紧急，保管人可以做出必要的处置，但事后应当将该情况及时通知存货人或者仓单持有人。

保管人采取的紧急处置措施必须符合下列条件：

① 必须是情况紧急，即保管人无法通知存货人、仓单持有人的情况；保管人虽然可以通知，但可能会延误时机的情况。

② 处置措施必须是有必要的，即货物已经发生变质或其他损坏，并危及其他货物的安全和正常保管。

③ 所采取的措施应以必要的范围为限，即以能够保证其他货物的安全和正常保管为限。

6）返还仓储物的义务。保管人应在约定的时间和地点向存货人或仓单持有人返还约定的仓储物。如果保管期限未到，存货人要求返还仓储物的，保管人应及时办理交货手续。当事人对储存期间没有约定或者约定不明确的，存货人或者仓单持有人可以随时提取仓储物，保管人也可以随时要求存货人或者仓单持有人提取仓储物，但应当给予必要的准备时间。

7）赔偿责任。储存期间，因保管人保管不善造成仓储物毁损、灭失的，保管人应当承担损害赔偿责任。保管人对仓储物的保管承担严格责任。在储存期间，保管人应按国家有关规定和合同的约定进行保管及必要的仓库储存、堆码、装卸与操作。

因仓储物的性质、包装不符合约定或者超过有效储存期造成仓储物变质、损坏的，保管人不承担损害赔偿责任。如果当事人约定货物入库前是由保管人包装的，则相应的责任由保管人承担。

3．存货人的权利

存货人的基本权利与保管人的基本义务相对应，其权利有以下几项：

1）存货人有权按照约定提取仓储物。

2）有权背书转让仓单。

3）有权要求保管人给付仓单。

4）有权要求保管人对入库货物进行检查并提取样品。

5）当事人对储存期间没有约定或者约定不明确的，存货人有权随时提取仓储物；保管人也可以随时要求存货人或者仓单持有人提取仓储物，但应当给予必要的准备时间。

6）对保管人未尽妥善储存、保管货物的义务造成的损失，有权要求保管人赔偿。

4．存货人的义务

存货人的主要义务有以下几项：

1）按时交付仓储物的义务。存货人应在合同约定的时间向保管人交付仓储物并提供入库验收资料。存货人未按照约定交付仓储物要承担违约责任。交付仓储物不是仓储合同生效的条件，而是存货人履行合同的义务。存货人应根据仓储物的性质进行分类、妥善包装，使仓储物适合仓储作业和保管。存货人应按照国家标准或专业标准进行包装；没有国家或专业标准的，按双方约定的标准包装。

2）告知义务。存货人交付货物有瑕疵或者按货物的性质需要采取特殊保管措施的，应当告知保管人。储存易燃、易爆、有毒、有腐蚀性、有放射性等危险物品或者易变质物品时，存货人应当说明该物品的性质，并提供有关资料给保管人。因存货人未告知仓储物的性质、状态造成的保管人验收错误、作业损害、保管损坏由存货人承担责任。

3）支付仓储费和其他必要费用的义务仓储合同属于有偿合同，支付仓储费属于存货人或仓单持有人最核心的义务。“其他必要费用”是在仓储合同中产生的仓储费之外的必要费用，如运费、修缮费、保险费、转仓费、紧急情况下处置仓储物所产生的费用等。

依《合同法》第三百九十二条的规定：“储存期间届满，存货人或者仓单持有人应当凭仓单提取仓储物。存货人或者仓单持有人逾期提取的，应当加收仓储费；提前提取的，不减收仓储费。”

存货人在提取货物时应按照约定向保管人支付保管费，为保障《合同法》第三百九十二条规定的落实，存货人逾期不支付仓储费的，保管人可以对仓储物行使留置权。

4）及时提取仓储物的义务。储存期届满，存货人或者仓单持有人应当凭仓单提取仓储物。因存货人的原因不能如期出库时，存货人应当承担违约责任。因为，保管人根据合同的约定安排仓库的使用计划，如果存货人未将仓储物按时提取，会使得保管人已签订的下一个仓储合同无法履行。

五、保税仓库法律法规

1．保税货物和保税仓库的概念

1）保税货物是指经过海关批准未办理纳税手续进境，在境内储存、加工、装配后复运出境的货物。

2）保税仓库是经海关核准的专门存放保税货物的专用仓库。进境存入保税仓库的货物可暂时免纳进口税款，免领进口许可证及其他进口批件。

3）保税仓库的功能主要是货物的保税储存，一般不进行加工制造和其他贸易服务。货物存入保税仓库，仍被看作处于境外。

4）保税仓库的类型。

① 保税仓库按使用对象不同可以分为自用型保税仓库和公用型保税仓库。

A．自用型保税仓库。企业经海关批准后自己建立的自营性质的保税仓库，以储存本企业经营的保税货物。

B．公用型保税仓库。公用型保税仓库由主营仓储业务的中国境内独立企业法人经营，专门向社会提供保税仓储服务。

② 保税仓库按存储对象不同分为专用型保税仓库和普通型保税仓库。

A．专用型保税仓库。专用型保税仓库是专门用来存储具有特定用途或特殊种类商品的仓库，包括液体危险品保税仓库、备料保税仓库、寄售维修保税仓库和其他专用型保税仓库。

液体危险品保税仓库是指符合国家关于危险化学品仓储规定的，专门提供石油、成品油或者其他散装液体危险化学品保税仓储服务的保税仓库。

备料保税仓库是指加工贸易企业存储为加工复出口产品所进口的原材料、设备及其零部件的保税仓库，所存保税货物仅限于供应本企业。

寄售维修保税仓库是专门存储为维修外国产品所进口寄售零配件的保税仓库。

B．普通型保税仓库。普通型保税仓库主要存放没有特殊保管条件要求的一般货物。

2．保税仓库的设立条件

设立保税仓库应当具备下列条件：

1）符合海关对保税仓库布局的要求。

2）具备符合海关监管要求的安全隔离设施、监管设施和办理业务必需的其他设施。

3）具备符合海关监管要求的保税仓库计算机管理系统并与海关联网。

4）具备符合海关监管要求的保税仓库管理制度、符合会计法要求的会计制度。

5）符合国家土地管理、规划、交通、消防、安全、质检、环保等方面法律、行政法规及有关规定。

6）公用保税仓库面积最低为 2 000 平方米。

7）液体危险品保税仓库容积最低为 5 000 立方米。

8）寄售维修保税仓库面积最低为 2 000 平方米。

9）法律、行政法规、海关规章规定的其他条件。

企业申请设立保税仓库的，应当向仓库所在地主管海关提交书面申请，保税仓库由直属海关审批，报海关总署备案。

3．保税货物的进出口

经海关批准暂时进口或暂时出口的货物，以及特准进口的保税货物，在收货人或发货人向海关缴纳相当于税款的保证金或者提供担保后，暂时免缴关税，海关根据货物的进口或出口情况，再决定征税或免税。因此进入保税仓库的货物需要进行申报。

加工贸易进口货物、转口货物，供应国际航行船舶和航空器的油料、物料和维修用零部件，供维修外国产品所进口寄售的零配件，外商暂存货物，未办结海关手续的一般贸易货物，经海关批准可以存入保税仓库。

（1）保税仓库货物的进口（或入库）

1）在保税仓库所在地海关入境。货主或其代理人应当填写进口货物报关单一式三份，加盖“保税仓库货物”印章，并注明此货物将要存入的保税仓库，向海关申报，经海关查验放行后，一份由海关留存，另两份随货交保税仓库。

2）在非保税仓库所在地海关入境。货主在保税仓库所在地以外的其他口岸进口货物，应按海关对转关运输货物的规定办理转关运输手续。货物运抵后再按上述规定办理入库手续。

3）自用的生产、管理设备的进口。保税仓库经营单位进口供仓库自己使用的设备、装置和用品，如货架，搬运、包装设备，运输车辆，办公用品及其他管理用具，均不属于保税货物，进口时应按一般贸易办理进口手续并缴纳进口税款。

保税仓储货物入库时，收发货人或其代理人持有关单证向海关办理货物报关入库手续，海关根据核定的保税仓库存放货物范围和商品种类对报关入库货物的品种、数量、金额进行审核，并对入库货物进行核准登记。

（2）保税仓库货物的储存

1）储存期限。保税仓库所存货物储存期限为一年。如因特殊情况可向海关申请延期，但延期最长不得超过一年。保税储存期满仍未转为进口也不复运出境的，由海关将货物变卖，所得价款在扣除运输、装卸、储存等费用和税款后，尚有余款的，自货物变卖之日起一年内，经收货人申请，予以发还；逾期无人申请的，上缴国库。

2）储存行为。保税仓储货物可以进行包装、分级分类、分拆、拼装等简单加工，但不得进行实质性加工。保税仓储货物，未经海关批准，不得擅自出售、转让、抵押、质押、留置、移作他用或者进行其他处置。

3）储存责任。保税仓储货物在储存期间发生损毁或者灭失的，除不可抗力外，保税仓库应当依法向海关缴纳损毁、灭失货物的税款，并承担相应的法律责任。

4）储存监管。海关可随时派员进入保税仓库检查货物储存情况，查阅有关仓库账册，必要时可派员驻库监管，保税仓库经营者应给予协作配合并提供便利。

（3）保税货物的出库

保税仓库货物的出库分以下几种情况：

1）原货物复运出口。存入保税仓库的货物在规定期限内复运出境时，货物所有人或其代理人应向保税仓库所在地的主管海关申报，填写出口货物报关单，并提交货物进口时经海关签章确认的进口报关单。

2）用于加工贸易的货物。从保税仓库提取货物用于进料加工、来料加工项目的，经营加工贸易的单位应首先按照进料加工和来料加工的程序办理审批。

3）保税货物经海关核准转为国内市场销售时，由货主或其代理人向海关递交进口货物许可证、进口货物报关单和海关需要的其他单证，并缴纳关税和产品税或工商统一税后，由海关签印放行，将原进口货物报关单注销。

4）运往境内保税区、出口加工区或者调拨到其他保税仓库继续实施保税监管的。

5）海关规定的其他情形。

保税仓储货物出库运往境内其他地方的，收发货人或其代理人应当填写进口报关单，并随附出库单据等相关单证向海关申报，保税仓库向海关办理出库手续并凭海关签印放行的报关单发运货物。

从异地提取保税仓储货物出库的，可以在保税仓库主管海关报关，也可以按照海关规定办理转关手续。

出库保税仓储货物批量少、批次频繁的，经海关批准可以办理集中报关手续。

保税仓储货物出库复运往境外的，发货人或其代理人应当填写出口报关单，并随附出库单据等相关单证向海关申报，保税仓库向海关办理出库手续并凭海关签印放行的报关单发运货物。

出境货物出境口岸不在保税仓库主管海关的，经海关批准，可以在口岸海关办理相关手续，也可以按照海关规定办理转关手续。

（4）海关对保税仓库的监管

保税仓储货物在存储期间发生损毁或者灭失的，除不可抗力外，保税仓库应当依法向海关缴纳损毁、灭失货物的税款，并承担相应的法律责任。

保税仓储货物在保税仓库内存储期满，未及时向海关申请延期或者延长期限届满后既不复运出境也不转为进口的，海关应当按照《中华人民共和国海关关于超期未报关进口货物、误卸或者溢卸的进境货物和放弃进口货物的处理办法》第五条的规定处理。

海关在保税仓库设立、变更、注销后，发现原申请材料不完整或者不准确的，应当责令经营企业限期补正，发现企业有隐瞒真实情况、提供虚假资料等违法情形的，依法予以处罚。

保税仓库经营企业有下列行为之一的，海关责令其改正，可以给予警告，或者处 1 万元以下的罚款；有违法所得的，处违法所得 3 倍以下的罚款，但最高不得超过 3 万元：

1）未经海关批准，在保税仓库擅自存放非保税货物的。

2）私自设立保税仓库分库的。

3）保税货物管理混乱，账目不清的。

4）经营事项发生变更，未按规定办理海关手续的。

第二节　配送法律法规

引导案例3-2：

某贸易公司把一批易自燃物品委托某汽车运输公司从甲地运往乙地，在途中此货物自燃，引起汽车和其他货物燃烧，损失达30万元。经调查发现，此货物的自燃点是8℃，托运人某贸易公司在托运单中未说明，汽车运输公司在运输过程中没有进行降温处理。

该损失应由谁赔偿？为什么？

一、配送合同的概念和种类

1. 配送合同的概念

配送合同是配送人根据用户需要为用户配送商品，用户支付配送费的合同。用户是配送活动的需求者，配送人是配送活动的提供者。

作为配送活动需求者的用户，既可能是销售合同中的卖方，也可能是买方，甚至可能是与卖方和买方签订了综合物流服务合同的物流企业。这类综合物流企业与卖方和买方签订综合物流服务合同后，由于自身不拥有配送中心，需要将配送业务外包给其他具有配送中心的物流企业，因而成为配送的需求者，即用户。

作为配送活动的提供者的配送人，既可能是销售合同中的卖方，也可能是独立于买卖双方的第三方物流企业。自身不拥有配送中心的综合物流企业，虽然相对于与之签订配送合同为其提供配送服务的其他拥有配送中心的物流企业而言，是配送服务的需求者；但相对于与之签订综合物流服务合同的买方和卖方而言，为配送服务的提供者。

配送费是配送人向用户配送商品而取得的对价。根据配送的具体方式的不同，配送费可能包括商品价款和配送服务费两个部分。如果配送人为用户提供的是综合型的物流服务，配送服务费也可能包括在用户支付的物流服务费中。

2. 配送合同的特征

1）配送合同在一定情况下包含买卖合同的某些特点，但配送合同并不是单纯的买卖合同。在销售配送合同中，配送人出售商品的同时，还为用户提供配货、加工、送货等专门的配送服务，因此在配送人所收取的配送费用中，不仅仅包括商品的价款，而且还包括因提供配送服务而收取的配送服务费。

2）配送合同具有仓储合同的某些特点，但配送合同不是单纯的仓储合同。

仓储和保管的内容仅仅是配送合同中的一部分，仓储和保管的内容必须与其他合同的内容相结合，才能构成配送合同。因此，配送合同也不是单纯的仓储合同。

3）配送合同具有货物运输合同的某些特点，但是配送合同不是单纯的货物运输合同。运输仅仅是这一系列活动中的一个环节，而不是所有内容，即使运输在配送中占有极为重要的位置，但其仍不能包括配送的全过程。因此，不能简单地将配送合同定性为运输合同。

4）配送合同具有承揽合同的某些特点，但不是单纯的承揽合同。出于增加货物的附加值等目的，配送合同中常约定由配送人在货物送达用户指定地点之前对所配送的货物按照用户的要求进行一定的加工。由此可见，配送合同具有承揽合同的某些特点，但是配送过程中存在所有权的转移，而在承揽合同中标的物的所有权是不发生转移的。因此，配送合同并不是单纯的承揽合同。

5）配送合同在一定情形下具有委托合同的某些特点，但配送合同不是单纯的委托合同。配送合同是以为用户处理物品配送事务为目的的合同，用户可能会在一定程度上授权配送人为其处理一定事物，如按用户要求代为进行货物采购等，在这种情形下，配送合同具有委托合同的某些特点。但是，由于配送包括一系列的活动，因此用户并不会授权配送人处理所有的事物，配送合同也不允许配送人仅为代理事务而完全不提供配送服务。因此，配送合同不是单纯的委托合同。

虽然配送合同不是上述合同中的任何一种，但是却兼备了上述合同的某些特点，并将这些合同的特点紧密地结合起来，从而形成了一个有机整体。单个的配送合同可能并不同时具备上述特点，但是配送合同中所包含的特点对它而言都是必要的，缺少任何一个环节，合同的履行就很可能出现困难，甚至可能造成使合同的目的无法实现的严重后果。

3．配送合同的种类

（1）配送服务合同　配送服务合同是指配送人接收用户的货物，予以保管，并按用户的要求对货物进行拣选、加工、包装、分割、组配作业后，最后在指定时间送至用户指定地点，由用户支付配送服务费的合同。

配送服务合同是一种单纯的提供配送服务的合同，双方当事人仅就货物的交接、配货、运送的事项规定各自的权利与义务，不涉及货物所有权。在配送服务实施过程中，货物所有权不发生转移，自始至终均属于用户所有，只发生货物物理位置的转移和物理形态的变化。配送人不能获得商品销售的收入，仅因提供了存储、加工、运送等服务而获得服务费收益。

（2）销售配送合同　销售配送合同是指配送人在将货物所有权转移给用户的同时，为用户提供配送服务，由用户支付配送费（包括标的物价款和配送服务费）

的合同。

1）销售企业与买受人签订的销售配送合同。在销售配送及销售—供应一体化配送中，销售企业与买受人签订的合同就是销售配送合同。销售企业出于促销目的，在向用户出售商品的同时又向买受人承诺提供配送服务。

在这种配送中，用户就是商品购买者，销售企业为用户提供配送服务的承诺已构成销售合同的一部分，不存在独立的配送合同。这种配送，实际上就是销售商品加送货上门。

在这种配送合同中，销售企业向用户收取配送费时，可能只收取商品的价款金额，而不另收配送服务费，如为促销而进行的一次性配送服务；也可能在商品价款之外，再收取一定数额的配送服务费，如销售—供应一体化配送形式。

2）物流企业与用户签订的销售配送合同。这是一种商流合一的配送服务形式。在物流企业与用户签订的配送合同中，除约定物流企业的配货、送货等流通服务义务外，还约定物流企业应负责订货、购货。具体地说，就是由用户将自己需要的产品型号、种类、各部件的要求、规格、颜色、数量等信息提供给物流企业，由物流企业负责按此订货、购货（包括原材料、零部件等）、配货及送货。

在这种方式中，物流企业与用户签订的配送合同，除约定配送人向用户提供配送服务外，还会就特定货物的交易条件达成一致，实质是买卖合同与配送服务合同紧密结合的有机体。在这一合同中，商流与物流紧密结合。在订货、购货阶段，货物的所有权一直属于物流企业，货物的所有权何时转移至用户，由物流企业与用户在配送合同中约定。

物流企业向用户收取的配送费中，既包括了提供配送服务而应获得的配送服务费，还包括因出售商品而应收取的商品价款。

二、配送合同的内容

不管配送合同的种类如何繁多，配送合同的主要内容都是大致不变的。配送合同的内容是合同双方当事人约定明确配送人和客户权利义务关系的主要依据。

1）双方当事人。配送人与客户的名称或姓名、营业地或住所、联系方式，是所有合同都必须明确的事项。

2）配送物的确定。配送物我们也可以把它称为合同的标的物，在合同中必须明确配送物的名称、数量、包装、重量、尺寸体积、性质等。配送物必须是动产。

3）配送服务项目。这是当事人对履行配送服务的详细约定，包括是否要加工，怎样包装，用什么方式运输，送货的地点和时间等。

4）当事人的权利和义务。在合同中应明确双方当事人的权利和义务，这样既可以有效实现当事人的权利，又可确保义务的履行。

5）配送费。配送费是配送人订立合同的目的，合同中应明确计费标准、计费方法，以及费用的支付方法。

6）合同的期限。合同中应明确合同的起止时间，以及合同是否会延续。

7）不可抗力和免责条款。不可抗力是指当事人不能预见、不能避免并不能克服的客观情况，如自然灾害、政府行为、社会异常事件等。当出现不可抗力的情况时违反约定的一方可以不用承担责任。免责条款是双方当事人在合同中约定一定的事由或条件，当违约符合约定的事由或条件时，可免除违约方的违约责任。

8）违约责任。违约责任是当事人违反合同约定时应承担的责任，在配送合同中可以明确违约金的数额或具体的补救措施。

9）合同解除的条款。在合同中约定当发生什么事项的时候双方自行解除合同。

10）纠纷处理。双方当事人发生纠纷时，解决的办法有协商、调解、诉讼或仲裁，双方当事人可以在合同中约定仲裁及仲裁机构。

11）其他特别约定。

三、配送合同当事人的权利和义务

1. 配送人的主要权利

1）收取配送费。配送人有权要求客户支付配送费，这是配送人在合同中最主要的权利，也是订立配送合同的目的所在。

2）有权要求客户提供配送货物的权利。在配送服务合同中，客户要求配送人配送的货物都是由客户提供时，配送人有权要求客户按约定提供原始货物，如果客户没有按约定提供，以至于配送人没有按期送货的，配送人无需承担责任。

3）要求客户按时收货的权利。配送人按约定将配送物送达地点时，客户应及时接收货物并办理货物交接手续。客户迟延接收货物造成配送人受损时，应承担赔偿责任。

4）要求客户告知的权利。客户应及时告知配送人配送货物的性质、是否是危险品等信息，这样配送人就可采用适当的工具和办法去处理所配送货物。由于客户没有及时通知货物性质的，造成损失时配送人不用承担责任。

2. 配送人的义务

1）配送人应选择合适的配送方式。配送人应采用合适的运输工具、搬运工具、作业工具，并根据客户的要求提出合适的配送方案，减少客户的成本，并保证配送活动过程的安全和及时。

2）配送人应按客户的要求提供服务。配送是把货物按客户希望并要求的形态送达指定地点。因此，配送人应保证物品的色彩、大小、形状、重量以及包装等都应符合客户的要求，否则，给客户造成损失的，应承担责任。

3）配送人应提供配送单证。配送人在送货时应向收货人提供配送单证。配送单证应一式两联，详细列明配送物品的信息，收货人签署后配送人和收货人各持一联。

4）告知义务。配送人在履行配送活动过程中，应将物品的情况定期向客户汇报，并对可能影响客户利益的情况及时告知客户，以便及时采取适当的措施防止或减少损失的发生。

3．客户的权利和义务

客户的权利和义务与配送人的义务和权利相对应。

1）客户的主要义务：①支付配送费，及时向配送人提供所需配送的货物的义务；②及时收取配送物品的义务；③告知物品性质的义务。

2）客户的权利：①享有安全、及时配送服务的权利；②签收配送单证的权利；③对物品现状知情的权利。

复习思考题

一、填空题

1．仓储合同是保管人储存存货人交付的______，存货人支付______的合同。

2．仓单是存货人在交付仓储物时，由______签发给______表明一定数量的仓储物已经交付仓储保管的有价证券。

3．保税仓库是指经______批准设立的专门存放______及其他未办结海关手续货物的仓库。

4．配送费是______向______配送商品而取得的对价。

5．配送单证应一式两联，详细列明配送物品的信息，收货人签署后______和______各持一联。

二、简答题

1．简述仓储合同当事人的权利与义务。

2．简述仓单的法律性质和内容。

3．简述配送合同的概念、种类和主要内容。

4．简述物流企业在配送服务合同中的权利和义务。

三、案例分析

1. 上海某公司到湖南收购了一批干辣椒，价值 8 万元，准备用于出口。因收购时没有组织好运输，故在当地与湖南某储运公司签订了一份仓储合同，约定上海公司将该批干辣椒在湖南公司仓库存放 7 天（5 月 10 日至 16 日），待上海公司派车来运。公司支付了仓储费后即回去组织车辆来运。没想到从 5 月 11 日开始，湖南连下暴雨，由于仓库年久失修，暴雨形成的积水将库存货物严重浸湿，等上海公司前来提货时，辣椒已变质。湖南仓库以遭受不可抗力为由拒绝进行赔偿。

问题：本案中的暴雨是否构成不可抗力？请说明理由。

2. 某食品公司与某物流配送公司签订了一份长期食品配送合同。一日，配送公司接到食品公司的指示，将一批食品送往超市，配送公司用自有车队运输，在运输的途中突然汽车起火，将部分食品烧毁。事后调查，起火原因是因为汽车的问题出现自燃。食品公司于是向配送公司要求赔偿损失。

问题：配送公司是否应该赔偿食品公司的经济损失？为什么？

4 第四章 物流包装法律法规

学习目的

通过本章的学习，了解包装在物流中的作用，掌握普通货物包装的基本要求，特别是危险货物包装的基本要求，掌握《国际海运危险货物规则》中对于危险货物包装的基本要求。

第一节　物流包装概述

引导案例 4-1：

哈药集团三精制药股份有限公司诉黑龙江康麦斯药业有限公司、张××侵犯知名商品特有包装、装潢纠纷案，原告请求被告康麦斯药业立即停止侵权，销毁包装物，赔偿经济损失。

原告诉称：原告自 1990 年开始生产和销售“三精”牌头孢氨苄片，因质量可靠，畅销全国，已成为知名商品。被告张××经营的方正县高楞中心药店销售被告康麦斯药业生产的头孢氨苄片，该药品的包装与原告知名商品的包装近似，导致市场混淆、购买者误认，给原告造成经济损失。

被告康麦斯药业辩称：被告的药品名称为“头孢氨苄甲氧苄啶片”，与原告药品的名称“头孢氨苄片”不同,字数不同；原、被告的商标标识明显不同；原告产品包装上有先锋Ⅳ的字样，被告没有；被告药品包装上有不同于原告的企业标识“KMS”；以白色为基本色是多数药品包装的共同选择，原、被告的产品包装颜色相同不属于侵权；原、被告产品均是处方药，消费者需凭医生的处方购买，而不是根据包装购买，不会导致混淆。法院应驳回原告的诉讼请求。

被告张××辩称：我方是合法进货，不存在侵权行为；现已停止销售，不同意赔偿原告损失。

经过黑龙江省哈尔滨市中级人民法院审理，根据《中华人民共和国反不正当竞争法》第五条规定：“经营者不得采用下列不正当手段从事市场交易，损害竞争对手：擅自使用知名商品特有的名称、包装、装潢，或者使用与知名商品近似的名称、包装、装潢，造成和他人的知名商品相混淆，使购买者误认为是该知名商品。”及原告的“三精”牌头孢氨苄片多次获得著名商标等荣誉和国家工商行政管理总局商标局认定原告的“三精”注册商标为驰名商标等事实，法院认定原告的“三精”牌产品是知名商品，所使用的“三精”牌注册商标是驰名商标，其包装属知名商品的特有包装，受法律保护。

请进一步分析被告康麦斯药业公司、被告张××经营的方正县高楞中心药店是否构成不正当竞争？是否承担相应的民事责任？

物流过程中能否实现商品的使用价值与包装的功能密切相关。包装作为生产的最后一道工序，标志着生产的完成，因此必须满足生产的要求。包装作为物流的始点，产品包装完成后应具有物流的能力，在整个物流过程中，要发挥对产品的保护作用。包装与物流的关系比与生产的关系更密切，作为物流始点的意义比作为生产终点的意义更重要。

一、包装概述

1. 包装的含义

包装是指在物流过程中为保护产品、便于储运、促进销售，按照一定技术方法以及相关规定采用容器、材料及辅助物等物品包封并予以适当装潢和添加标志的工作总称。简言之，包装是包装物及包装操作的总称。

2. 包装的种类

在商品流通过程中，有些商品如煤炭、矿砂等，通常不需要包装，称之为散装货。有些商品如钢材、木材等，难于包装而不加包装或略加捆扎，称之为裸装货。除散装货和裸装货外，其他商品通常都必须进行包装。包装货的包装按照其作用可分为运输包装和销售包装两种。

（1）运输包装　运输包装又称为工业包装，主要是为了保护商品在流通过程中不受外力的作用或环境影响而损坏，同时便于运输与储存时的交接计数、堆码、搬运以及合理积载。运输包装可以是单件包装，也可以是集合包装。

1）单件包装。在运输的过程中，单件包装是指可以作为一个计件单位的商品包装，常见的有箱、桶、袋等。

2）集合包装。即若干单件组合成一件大包装，常见的有集装箱、托盘。还有一种集装袋，适用于装运水泥、化肥、食糖、粮食等，既可保护货物，又可极大地提高装卸速度。国际上通用的金属集装箱有统一的规格，分通用型和专用型两类，前者用于运输一般货物，后者则用于装运液体货物、冷藏货物、牲畜、水果、车辆等。

（2）销售包装　销售包装通常称为内包装，也称为商业包装，它不仅可以保护商品，更重要的是起着美化、宣传、介绍、完善商品的作用。销售包装还可分为中包装和小包装两种。中包装又称为批发包装，多按国际市场的习惯或需要而定。小包装又称为零售包装，要求便于陈列、展销、选购和使用。

3．包装的标志

包装的标志是用来指明被包装物资的性质和为了物流活动安全以及理货分拣的需要进行的文字和图像的说明。

（1）指示标志　指示标志用来指示运输、装卸、保管人员在作业时需注意的事项，以保证物资的安全。这种标志主要表示物资的性质，物资堆放、开启、吊运等的方法。

（2）危险品标志　危险品标志是用来表示危险品的物理、化学性质以及危险程度的标志。它可提醒人们在运输、储存、保管、搬运等活动中注意严格按照要求进行作业。

二、现代物流对包装的要求

（1）包装智能化　物流信息化发展和管理的一个基础条件就是包装的智能化。也就是说，如果包装上信息量不足或错误，将会直接影响物流管理中各项活动的进行。随着物流信息化程度提高，包装上除了表明内装物的数量、重量、品名、生产厂家、保质期及搬运储存所需条件等信息外，还应粘贴商品条形码、流通条码等，以便实现电子数据交换（EDI）。智能化的信息包装，是形成物流信息管理的有力媒介。

（2）包装绿色化　从整个物流过程看，唯有包装这一环节如此依赖于资源和如此影响着人类生态环境，所以包装应绿色化。包装绿色化可从两个方面来考虑：一方面资源的索取应尽量降低短缺和贵重资源的消耗；另一方面包装的废弃物对环境污染最少或可回收和使之再生成为有用材料。

（3）包装标准化　包装标准化包括包装的规格尺寸标准化、包装工业的产品标准化和包装强度的标准化三个方面内容。

（4）包装合理化　合理包装就是指能适应和克服流通过程中的各种障碍，适应市场经济发展而不断优化，取得最优化的社会经济效益，充分发挥包装实体有用功能。

三、包装中所涉及的知识产权

知识产权是指民事主体对其创造性的智力劳动成果依法享有的专有权利。它可以分为工业产权和著作权（版权）两大部分。其中，工业产权包括专利权和商标权。包装中所涉及的知识产权主要为商标权和专利权。

1．商标权

商标权又称商标专用权，是指商标权所有人在法律规定的有效期限内，对其经商标主管机关核准的商标享有的独占的、排他的使用和处分的权利。商标通常印刷在包装特别是销售包装上，成为包装的一部分。它作为知识产权，也受到法律的保护，在进行包装设计时要特别注意不要造成对他人商标权的侵害。

根据《中华人民共和国商标法》（以下简称《商标法》），以下行为属于侵害商标权的行为：

1）未经商标注册人的许可，在同一种商品或者类似商品上使用与其注册商标相同或者相近似的商标。

2）销售侵犯注册商标专用权的商品。

3）伪造、擅自制造他人注册商标标识或者销售伪造、擅自制造的注册商标标识。

4）未经商标注册人同意，更换其注册商标并将该更换商标的商品又投入市 场。

5）给他人的注册商标专用权造成其他损害。

2．专利权

专利权是指专利主管机关依照专利法授予专利的所有人或持有人或者他们的继受人在一定期限内依法享有的对该专利制造、使用或者销售的专有权。根据我国《中华人民共和国专利法》（以下简称《专利法》）的规定，专利包括发明专利、实用新型专利和外观设计专利。

1）发明是指对产品、方法或者其改进所提出的新的技术方案。新的包装材料的发明可以申请发明专利。

2）实用新型是指对产品的形状、构造或者其结合所提出的适于实用的新的技术方案。新的包装形状可以申请实用新型专利。

3）外观设计是指对产品的形状、图案、色彩或其结合所做出的具有美感并适用于工业上应用的新设计。新的包装图案设计可以申请外观设计专利。

专利权是一种无形资产。此外，按出版、印刷方面法律的规定，有些文字、图案等在包装物上的使用也要受到限制。

四、与包装有关的法律规范

目前，我国关于包装的法律规范以分散的形态分布于各个相关法律规范中，如《中华人民共和国商标法》《合同法》《中华人民共和国知识产权法》《中华人民共和国产品质量法》和《中华人民共和国反不正当竞争法》；还有相关政府部门的通知、办法等；缺乏体系性，现存的一些行业标准和规范缺乏强制力和执行力。

完善物流法律规范有利于规避物流包装过程中可能出现的风险，保障执法环节有法可依、有据可循；及时预测风险，从而进行有利的控制和防范；同时保障了物流环节有一个良好的开端，以便接下来的各个物流环节能够顺畅进行。

我国对一般货物运输包装要求适用《一般货物运输包装通用技术条件》，运输包装标志要求符合“包装储运图标标志、运输包装收发货标志、对辐射能敏感的感光材料图标标志”标准。对危险货物运输包装要求符合国家强制性标准《危险货物运输包装通用技术条件》，运输包装标志符合“危险货物包装标志、包装储运图标标志”。

第二节　普通货物包装法律法规

引导案例 4-2：

某外贸公司向某国出口一批粮食，合同中规定包装方法为散装。卖方在装船时，业务员忽视了这一条款，误用麻袋装运。当买方收到货物后，即来电声明，来货包装与合同规定不符，提出保留追偿权。接着买方又来信指出，由于卖方未按合同装运，致使买方在装卸时无法使用输送机，只能改用起重机，这样既多支付了卸货费用，延长了卸货时间，又不便于粮食加工，另外还得支付麻袋处理费用。因此，要求卖方予以补偿。

又如机电公司与某工厂于 2012 年 2 月签订了一份鼓风机买卖合同，合同对产品品质、规格、数量及交货期限、违约责任做出了详细规定，在合同一条款中，双方约定“由卖方负责，应确保产品安全”。同年 4 月底，机电公司依约将鼓风机交付该工厂，经验收合格，在结算价款时，机电公司要求将包装费用与价款同时支付，该工厂对货款没有争议，但对包装费用，该工厂以合同明确约定由卖方负责为由拒绝支付，引起纠纷。该合同包装条款既没有明确怎样包装，使用什么包装物等具体要求，也未明确包装费用由谁负责，是一条有很大缺陷的条款。

资料来源：进出口网

普通货物是指除危险货物、鲜活易腐货物以外的一切货物。与危险货物相比，普通货物的危险性大大小于危险货物，因而对包装的要求相对较低。

物流企业在对普通货物进行包装时，有国家强制性的包装标准时，应当按照该标准包装；在没有强制性规定时，应从适于仓储、运输和搬运，及商品适销性的角度考虑，按照对普通货物包装的原则，妥善地进行包装。我国没有关于包装的专门法律，但是与货物销售、运输、仓储有关的法律、行政法规、部门规章、国际公约中都包含了对包装的规定，如我国的《合同法》《海商法》《中华人民共和国食品安全法》《铁路零担货物运输包装管理办法》《水路运输规则》，以及《联合国国际货物买卖合同公约》《国际海运危险货物规则》等。

一、物流包装的一般要求

（1）包装应符合货物性能的要求　由于各类货物的外形、内在性质不同，要求采用不同的包装方式和包装材料。例如：对于腐蚀性强的货物应采用抗腐蚀能力强的包装材料；怕震动、易碎的货物应采用富有弹性的、内加松软衬垫的包装材料；对于液体货物，需采用密闭、牢固的包装材料。

（2）包装应满足物流各个环节的要求　货物在流通过程中往往要经过多次的搬运、堆码和装卸，因此货物的包装应适应这些环节的操作要求和条件。例如：货物的包装应使装卸、搬运设备的效能得到充分的发挥，使库场和运输工具的容量得到充分的利用，并能满足装卸、搬运对货物包装强度的要求。

（3）包装应符合国际市场销售和消费的习惯　随着我国国际贸易的不断增长，货物的出口量将进一步增加，在这种情况下，货物的包装应符合国外经销商和消费者的习惯，如货物包装上的说明应采用进口国的文字，图案能吸引当地的消费者等。

（4）包装应符合人们对“物美价廉”的要求　作为商品的货物包装，其包装成本不能过高，人们追求的是，既要包装美观，又要商品的价格便宜。因此，包装设计（包括包装材料的选用、图案设计等）已经成为一门重要的学科。

（5）包装应符合科技发展的要求　随着科技的发展，包装的材料、设计理念以及对货物包装加工的方法也在不断改进。

二、运输包装的基本要求

1．一般货物运输包装通用技术条件

一般货物的包装主要是要符合国家强制性标准《一般货物运输包装通用技术条件》。该标准规定了对一般货物运输包装的总要求、类型、技术要求和鉴定检查的性能试验。它适用于铁路、公路、水运、航空所承运的一般货物的运输包装，不包括特殊货物的运输包装。货物运输包装材料、辅助材料和容器，均应符合国内有关标准的规定，无标准的材料和容器须经试验，验证其性能是否可以满足流通环境条件的要求。运输包装如不符合该标准规定的各项技术要求，运输过程中一旦造成货损或对其他关系方的人身、财产造成损害，均由包装责任人承担赔偿

责任。对包装不符合要求的货物，运输部门可以拒收。

2．部分特殊货物的包装要求

1）液体货物。容器内部必须留5%～10%的空隙，封盖必须平密，不得溢漏。用玻璃容器盛装的液体，每一容器的容量不得超过500毫升。单件货物毛重以不超过25千克为宜。箱内应使用衬垫和吸附材料填实，防止晃动或液体渗出。

2）粉状货物。用袋盛装的，最外层应使用塑料涂膜编织袋作外包装，保证粉末不致漏出，单件货物毛重不得超过50千克。用硬纸桶、木桶、胶合板桶盛装的，要求接缝严密、桶盖密封、桶箍坚固结实。用玻璃瓶装的，每瓶内装物的重量不得超过1千克。用铁制或木制材料作外包装的，箱内须用衬垫材料填实，单件货物毛重以不超过25千克为宜。

3）精密易损、质脆易碎货物。单件货物毛重以不超过25千克为宜，可以采用层次包装、吊式包装、防倒置包装或玻璃器皿包装。

4）裸装货物、不怕碰压的货物。可以不用包装，如轮胎等。不易清点件数、形状不规则、外形与运输设备相似或容易损坏运输工具的货物，应使用绳、麻布包扎或外加包装。

5）大型货物。体积或重量较大的货物底部应有便于叉车操作的枕木或底托。

三、销售包装的基本要求

销售包装通常称之为内包装，也称为商业包装，是指直接接触商品并随商品进入零售网点与消费者直接见面的包装。它不仅可以保护商品，更重要的是起着美化、宣传、介绍、完善商品的作用。该包装的特点是外形美观，有必要的装潢，包装单位适于顾客的购买量以及商店陈设的要求。

销售包装通常情况下由商品的生产者提供，但是，如果物流合同规定由物流企业为商品提供销售包装，则物流企业即需要承担商品的销售包装义务。因此，物流企业在进行销售包装时需要按照销售包装的基本要求进行操作。在销售包装上，一般会附有装潢图画和文字说明，选择合适的装潢和说明将会促进商品的销售。销售包装的基本要求主要涉及以下几个方面：

（1）图案设计　图案是包装设计的三大要素之一，它包括商标图案、产品形象、使用场合、产地景色、象征性标识等内容。

（2）文字说明　在销售包装上应该附一定的文字说明，表明商品的品牌、名称、产地、数量、成分、用途、使用说明等。在制作文字说明时一定要注意各国的管理规定。

（3）条形码　商品包装上的条形码是指按一定编码规则排列的条空符号，它由表示有一定意义的字母、数字及符号组成，通过光电扫描阅读设备，可以作为计算机输入数据的特殊代码语言。目前，世界上许多国家的商品都使用条形码，各国的超级市场都使用条形码进行结算。如果没有条形码，即使是名优商品也不能进入超级市场。有些国家还规定，如果商品包装上没有条形码，则不予进口。

四、包装条款需注意的事项

作为合同的重要组成部分之一，包装条款在订立时应该明确具体，在实际履行中更要严格按照包装条款来对货物进行包装，注意细节上的处理。包装条款主要包括包装材料、包装方式、包装规格、包装的文字说明和包装费用的负担等内容。在实际操作中，任何一点都不能忽视，尤其是包装材料、包装方式和包装的文字说明，在国际贸易中往往因为这三项而引起纠纷。为了订好包装条款，以利合同的履行，在签订包装条款时，需要注意下列事项：

1）要考虑商品特点和不同运输方式的要求。

2）对包装的规定要明确具体，一般不宜采用“海运包装”和“习惯包装”之类的术语。

3）明确包装由谁提供和包装费用由谁负担。包装由谁提供，通常有下列三种做法：

① 由卖方提供包装，包装连同商品一块交付买方。

② 由卖方提供包装，交货后，卖方将原包装收回，但将原包装返回给卖方的运费由何方负担，应做具体规定。

③ 由买方提供包装或包装物料。采用此种做法时，应明确规定买方提供包装或包装物料的时间，以及由于包装或包装物料未能及时提供而影响发运时买卖双方所负的责任。

包装费用一般包括在货价之中，不另计收，但也有不计在货价之内而规定由买方另行支付的，究竟由何方负担，应在包装条款中做出明确的规定，以利合同的履行。

实例 4-1 包装设计不当，货物损坏价值达 180 万美元

2005 年 5 月某气象局 XB 气象站通过中国 YQ 进出口公司从法国某公司进口 KTH332 型电影经纬仪 1 套／33 箱，总值 800 万美元。

所到货物经双方代表按合同、发票和装箱单开箱检验，4 台经纬仪转塔的内运输架因上部挂钩大部断裂或拉直，与外运输架脱开，造成货物严重损坏，另外还短少 139 件工具及附件，损失价值达 180 万美元。

经商检局复检，认为货物外包装箱均完好，上述货物残损系到货运输架上部挂钩强度不够，数量短少系发货前少装，于 7 月 21 日向外商出具索赔证书。

由于索赔额大，卖方以挂钩疲劳试验无问题为理由不予认赔，经我方多次

据理力争，卖方终于7月31日来信表示认赔，内容包括：①4台经纬仪退回卖方，由卖方负责修理所发生的修理费；②4台经纬仪由北京至巴黎往返的空运费；③4台经纬仪的保险费；④法方技术人员赴现场安装的交通费和生活费；⑤自收到4台经纬仪起8个月内交付货物；⑥短少的139件工具及附件，9月30日以前交齐。

第三节　特殊货物包装法律法规

引导案例4-3：

1997年8月15日，东方公司接受土畜产公司的订舱，开具了一份已装船正本提单，托运人为土畜产公司。1997年8月19日晚，当东方公司的“鳄鱼坚强”轮停泊在上海港时，船员发现二舱冒烟。经上海市浦东新区环境监测站到场检查，认定是OOLU3360121集装箱内装载的货物二氧化硫脲自燃。该货物的货主系中化公司。事故发生后，东方公司即委托了上海中衡咨询有限公司于1997年8月26日和1998年8月28日对出事的集装箱进行检验，后一次检验东方公司还委托了中国香港专家和新加坡专家一同参加，几份检验报告的一致意见是货物是由于装载不当引起自燃的。

东方公司遂诉至法院，请求中化公司和土畜产公司赔偿其各项损失。

上海海事法院经审理认为，土畜产公司作为涉案海上货物运输合同的托运人，违反了《海商法》关于托运人应将货物妥善包装并装箱的规定，应对由于其过失而给承运人造成的损失负赔偿责任。中化公司仅是实际的货主，与东方公司之间并无海上货物运输合同关系。其与土畜产公司之间的外贸代理协议，不能对抗承运人。同时东方公司对其诉讼请求应当负举证责任，应提供证据证明其费用发生和对外赔偿的必要性与合理性。对于完成举证责任的部分诉讼请求，法院可依法予以支持。遂判决土畜产公司赔偿东方公司因货物自燃造成的损失，对东方公司的其他诉讼请求未予支持。一审判决后，双方均未上诉。

一、特殊货物的含义

特殊货物主要包括危险货物、鲜活易腐货物和单件超重的货物。由于这些货物的特殊性质，所以对这类货物的包装必须做出特殊的规定。危险货物的运输包装一般是根据危险货物的特殊性质，按照国家以及国际公约的有关规定，专门设计制造的。这类包装一般都具有专用性，只适用于特殊种类的货物。很多国际组织都对危险货物的运输包装做出规定，如国际海事组织制定的《国际海运危险货物规则》、国际航空运输协会制定的《危险货物规则》等，都有关于危险货物运输包装的内容。

根据中华人民共和国 GB 6944—2012《危险货物分类和品名编号》和中华人民共和国 GB 12268—2012《危险货物品名表》等有关国家标准，将危险货物划分为以下 9 类：

第 1 类　爆炸品

第 2 类　压缩气体和液化气体

第 3 类　易燃液体

第 4 类　易燃固体、自燃物品和遇湿易燃物品

第 5 类　氧化剂和有机过氧化物

第 6 类　毒害品和感染性物品

第 7 类　放射性物品

第 8 类　腐蚀品

第 9 类　杂类

二、危险货物包装的基本要求

除爆炸品、压缩气体、液化气体、感染性物品和放射性物品的包装外，危险货物的包装按其防护性能分为：

Ⅰ类包装　适用于盛装高度危险性的货物。

Ⅱ类包装　适用于盛装中度危险性的货物。

Ⅲ类包装　适用于盛装低度危险性的货物。

1）根据《危险货物道路运输管理规定》，包装必须坚固、完整、严密不漏、外表面清洁，不得黏附有害的危险物质，并应符合如下要求：

① 包装的材质、规格、型式、方法和单件质量（重量）应与所装危险货物的性质相适应，并应便于装卸和运输。

② 危险货物的包装（压力容器和放射性物品的包装另有规定）应按相关规则的规定进行性能试验，具有足够的强度，其构造和封闭装置应能承受正常运输条件和装卸作业要求，并能经受一定范围的气候变化。申报和托运危险货物应持有交通运输部认可的包装检验机构出具的“危险货物包装检验证明书”，符合要求后，方可使用。

③ 包装的封口和衬垫材料应与所装货物不溶解、无抵触，具有充分的吸收、缓冲、支撑固定和保护作用。

④ 有些危险货物的包装上必须有通气孔，通气孔的设计和安装应能防止所装货物泄漏或杂质进入，排出的气体不得造成危险或污染。

⑤ 容器灌装液体时，应留有足够的膨胀余量（预留容积应不少于总容积的5%）；液体危险货物要做到液密封口；对可产生有害蒸气及易潮解或遇酸雾能发生危险反应的应做到气密封口。对必须装有通气孔的容器，其设计和安装应能防止货物流出或进入杂质水分，排出的气体不致造成危险或污染。其他危险货物的包装应做到密封不漏。

⑥ 危险性质或消防方法相抵触的货物，不得混装在同一包装内。危险货物成组包装必须具有能经受多次搬运的强度，并适宜于机械装卸。

2）放射性货物运输包装应符合国家《放射性物质安全运输规定》的要求。危险货物标志应标贴在包装件的明显部位上，集装箱和罐体应在显著部位标有相应加大的危险货物包装标志。

3）盛装危险货物的压力容器和放射性物品的包装应符合国家主管部门的规定，压力容器应持有商检机构或锅炉压力容器检测机构出具的检验合格证书；放射性物品应持有卫生检疫部门出具的“放射性物品包装件辐射水平检查证明书”。

4）国外进口危险货物的包装，如果完整无损，符合安全运输要求，则应在运单上注明“进口原包装”字样，可按原包装运输。

5）凡重复使用的包装，除应符合 1）所述规定外，还必须符合下列要求：

① 所装货物必须与原装货物无抵触。

② 所装货物与原装货物的品名或性质不同时，必须将原包装的标记、标志覆盖，并重新标贴。

6）具有两种或两种以上危险性的货物，除按其主要危险性标贴主标志外，还应标贴危险货物明细表中规定的副标志（副标志无类别号）。

7）按以上规定属于危险货物，但国际运输时不属于危险货物，外贸出口时，在国内运输区段，包装件上可不标贴危险货物标志，由托运人和作业委托人分别在货物运单和作业委托单特约事项栏内注明“外贸出口，免贴标志”；外贸进口时，在国内运输区段，按危险货物办理。

国际运输属于危险货物，但按《危险货物道路运输管理规定》不属于危险货物，外贸出口时，国内运输区段，托运人和作业委托人应按外贸要求标贴危险货物标志，并应在货物运单和作业委托单特约事项栏内注明“外贸出口属于危险货物”；外贸进口时，在国内运输区段，托运人和作业委托人应按进口原包装办理国内运输，并应在货物运单和作业委托单特约事项栏内注明“外贸进口属于危险货物”。

8）当包装发生争议时，应当由国家授权的检验部门进行检验，合格的出具证明，并经有关省、自治区、直辖市交通运输主管部门认可后才可以使用，并报交通运输部备案。

第四节　国际物流中的包装法律法规

引导案例 4-4：

A 公司出口一单大豆，合同规定以旧、修补麻袋包装。信用证对于包装条件却规定："Packed in gunny bags."（麻袋包装）A 公司按合同规定，货物以旧、修补麻袋包装，提单按信用证规定"麻袋包装"缮制。承运人在签发提单时发现货物包装是旧袋且有修补，要求在提单上加注。A 公司认为合同既然规定允许货物以旧、修补麻袋包装，买方不会有异议，所以改制单据为货物以旧、修补麻袋包装。单据交议付行议付时，议付行也疏忽未发现问题，单据到开证行却被拒付，其理由是：信用证规定为"Packed in gunny bags."（麻袋包装）而发票与提单却表示为"Packed in used and repaired gunny bags."（旧、修补麻袋包装）故单证不符。A 公司几经交涉无果，结果以削价处理才结案。

一、国际物流中包装的特点

国际物流是相对于国内物流而言的，它是国内物流的延伸和发展，同样包括运输、包装、流通加工等若干环节。相对于国内物流的包装来说，国际物流中的包装具有以下特点：

1）国际物流对包装强度的要求较高。国际物流的过程与国内物流相比，时间 长、工序多。因此在国际物流中，一种运输方式往往难以完成物流的全过程，经常采取多种运输方式联运，与此同时就增加了搬运装卸的次数及存储的时间。在这种情况下，只有增加包装的强度，才能保证商品的安全。

2）国际物流的标准化要求较高。这也是由国际物流过程的复杂性所决定的。为了提高国际物流的效率，减少不必要的环节，国际物流过程中对包装的标准化程度要求越来越高，以便于商品顺利地流通。

3）国际物流涉及两个或两个以上不同的国家，法律制度存在着差异，同时又存在着若干规范包装的国际公约，所以国际物流中与包装有关的法律适用更加复杂。

二、国际物流中的包装法律

1．国际物流所涉及的国内法

国际物流是商品在不同国家的流动，所以其包装应该遵守相关国家的法律规定。这里的相关国家指的是物流过程的各个环节所涉及的国家，如运输起始地所在国、仓储地所在国、流通加工地所在国。

国际物流中的包装必须遵守参与国际物流国家的关于包装的强制法，对于任意性的法律规定及当事人可以选择适用的法律，可以由当事人自行决定。

2．相关的国际公约

目前，世界上并没有专门规定商品包装的国际公约，但是在国际贸易以及国际运输领域的公约中包含着对商品包装的规定，如《汉堡规则》《联合国国际货物买卖公约》等。

三、《国际海运危险货物规则》中对于危险货物包装的基本要求

国际海事组织（IMO）于第 78 届海上安全委员会会议（2004 年 5 月）通过了强制性的《国际海运危险货物规则》（IMDG Code）第 32 套修正案，本套修正案于 2006 年 1 月 1 日生效且无过渡期。基本要求有以下几点：

1）包装的材质、种类应与所包装危险货物的性质相适应。危险货物的种类不同，性质也有所差异，所以对包装的要求也不相同，这一点在一些化学制品上表现得十分明显。包装应该具备一定的强度，以保证在正常的海运条件下，包装内的货物不会散漏和受到污染。越危险的货物对包装的要求也越高。危险的货物单件包装重量越大，对包装的要求也越高。同时，包装的强度也应该与运输的长度成正比。包装应该保证在环境发生变化的情况下，包装内的货物不发生损坏。

2）包装的封口应该符合所装危险货物的性质。在通常情况下，危险货物的包装封口应严密，特别是对易挥发、腐蚀性强的货物。但是，有些货物由于温度上升或其他原因会散发气体，使容器内的压力逐渐加大，导致危险的发生，对于这种货物，封口不能密封。所以采用什么样的封口应该由所装的危险货物的性质来决定。封口分为气密封口、液密封口。

3）内外包装之间应该有合适的衬垫。为防止内包装发生破裂、渗漏和戳破时，货物进入外包装，在内外包装之间应该采用适当的减震衬垫材料。衬垫不能削弱外包装的强度，而且衬垫的材料还必须与所装的危险货物的性能相适应，以避免危险的发生。

4）包装应该能经受一定范围内温度和湿度的变化。在物流过程中，包装除应具有一定的防潮衬垫外，本身还要具有一定的防水、抗水性能。

5）包装的质量、规格和形式应便于装卸、运输和储存。每件包装的最大容积为 450 升，最大净重为 400 千克。包装的外形尺寸与船舱的容积、载重量、装卸机具的功能应该相适应，以方便装卸、搬运和储存。

复习思考题

一、填空题

1. 货物的包装按照其作用可分为______包装和_____包装两种。
2. 根据我国《专利法》的规定，专利包括______、______和_______。
3. 销售包装的基本要求主要有______、______、_______三个方面。

二、简答题

1. 简述普通货物包装的规定。
2. 简述运输包装的基本要求。
3. 简述危险货物的种类。
4. 简述对危险货物包装的基本要求。
5. 简述《国际海运危险货物规则》中对危险货物包装的基本要求。

三、案例分析

2002年世界杯期间，日本一进口商为了促销运动饮料，向中国出口商订购T恤衫，要求以红色为底色，并印制“韩日世界杯”字样，此外不需印制任何标识，拟在世界杯期间作为促销手段随饮料销售赠送给现场球迷，合同规定2002年5月20日为最后装运期。我方组织生产后于5月15日将货物按质按量装运出港，并备齐所有单据向银行议付货款。然而货到时由于日本队止步于16强，日方估计到可能的积压损失，以单证不符为由拒绝赎单。在多次协商无效的情况下，我方只能将货物运回以在国内销售减少损失，但是在货物途径海关时，海关认为由于“韩日世界杯”字样及英文标识的知识产权为国际足联所持有，而我方外贸公司不能出具真实有效的商业使用权证明文件，因此海关以侵犯知识产权为由扣留并销毁了这一批T恤衫。

问题：请分析海关的处理是否正确。

5 第五章 货物装卸搬运法律法规

学习目的

通过本章的学习，了解货物搬运装卸的概念和特点，了解物流企业在搬运装卸中的法律地位，熟悉公路、铁路、港口货物搬运装卸作业中的法律规定，掌握各方当事人的权利和义务。

第一节 货物装卸搬运概述

引导案例 5-1：

物流公司甲与茶叶供应商乙签订了产品的分销配送合同，约定由甲公司运输茶叶供应商乙的茶叶。在合同履行期间，由于甲公司同时还承担其他货物的运输工作，在一次茶叶运输工作完成之后，收货人向茶叶供应商乙打来投诉电话，称收到的茶叶变味，无法正常销售。茶叶供应商乙对此展开调查，茶叶出厂经过质量检验，为一等品，交付运输时包装良好。于是茶叶供应商乙把调查的方向转向了物流公司甲。经调查得知，由于为同一家超市送货，为了节省时间，甲公司在装完茶叶之后，又前往某食品加工厂装了半车的干货类海产品。但事后甲公司否认茶叶的变味与之有关。

乙公司的损失应由谁来承担？为什么？

一、装卸搬运的概念

装卸搬运活动是物流各项活动中出现频率最高的一项作业活动。装卸和搬运从某种意义上说是两个不同的概念。这里要说明的一点是搬运的“运”与运输的“运”是有所区别的：搬运是物体在较小距离之内发生的位移，而运输则是物体在较大距离内发生的位移。因为物资在多数情况下是装卸和搬运两者的复合，所以我们将在同一区域范围内进行的，以改变物资的存放状态和空间位置为主要目的的活动，称为装卸搬运。

根据《中华人民共和国国家物流标准术语》的解释，搬运是指在同一场所内，对物品进行水平移动为主的物流作业；装卸是指物品在指定地点以人力或机械装入运输设备或卸下。

资料卡

装卸搬运是衔接运输、保管、包装、流通加工、配送等各个物流环节必不可少的活动，从原材料供应到商品送至消费者手里，乃至废弃物回收、再生利用等整个循环过程中，装卸搬运出现的频度最多、作业技巧最复杂、科技含量最高、时间和空间移动最短，但费用比例最大。就我国情况而言，铁路运输的始发和到达的装卸搬运费占运费的 20%，轮船运输的装卸搬运费要占 40%之多。机械工厂每生产一吨产品，需进行 252 吨次的装卸搬运，其成本占加工成本的 15.5%。装卸搬运在整个物流领域中占有十分重要的地位。

二、装卸搬运的分类

装卸搬运作业可以按照不同的标志进行不同的分类，诸如作业场所、装卸搬运物品的属性和作业特点等。

1．按作业场所不同进行分类

1）铁路装卸搬运。铁路装卸是指在铁路车站进行的装卸搬运作业。

2）港口装卸搬运。港口装卸是指在港口进行的各种装卸搬运作业。

3）汽车站点装卸搬运。汽车站点装卸一般是指一次装卸批量不大，直接利用装卸作业达到车与物流设施之间的货物过渡的目的。

4）仓库装卸搬运。仓库装卸即铁路车辆和汽车在厂矿或储运业的仓库、理货场、集散点等处所进行的装卸搬运作业。

2．根据装卸搬运物品的属性进行分类

1）成件包装物品的装卸搬运。

2）超大超重物品的装卸搬运。例如，单件物品的重量超过 50 公斤，或单件物品体积超过 0.5 立方米，都可算作超大超重物品。

3）散装物品的装卸搬运。散装货物本身是在物流过程中处于无固定的形态，如煤炭、水泥、粮食等。

4）流体物品的装卸搬运。流体物品是指气态或液态物品。

5）危险品的装卸搬运。危险品是指化工产品、压缩气体、易燃易爆物品。对危险品的装卸搬运作业有特殊要求，要严格操作程序，确保装卸搬运作业的安全。

除此之外，装卸搬运作业还可按物流设施属性分为自用和公用物流设施的装卸搬运；按货物形态分为单个物品的装卸搬运、集装货物的装卸搬运和散装货物的装卸搬运；按输送设备的不同分为卡车装卸、货车装卸、船舶装卸和飞机运输装卸；按装卸机械分为传送带装卸、吊车装卸、叉车装卸和各种装载机装卸等。

3. 按装卸搬运的作业特点分类

1）连续装卸。主要是同种大批量散装或小件杂货通过连续输送机械，连续不断地进行作业，中间无停顿，货间无间隔。在装卸量较大、装卸对象固定、货物对象不易形成大包装的情况下适用采取这一方式。

2）间歇装卸。主要适用于货流不固定的各种货物，尤其适于包装货物、大件货物，散粒货物也可采取此种方式。

三、物流活动中装卸搬运主体的法律地位

装卸搬运作为物流所提供的服务之一，是现代物流的重要组成部分。明确不同的装卸搬运主体的法律地位，是确定该物流活动中所产生的法律责任的前提。我国没有单独的装卸搬运方面的法规，规范这一部分的法规广泛地分布在与规范装卸搬运有关活动的法律法规中。《民法通则》《合同法》的原则是适用于装卸搬运这类合同的。

1. 物流企业作为合同的当事人亲自完成搬运装卸活动

物流企业不可避免地会在物流过程中承担搬运装卸的活动，特别是具有装卸搬运能力的物流企业，即以自身的技术和能力完成物流过程中的装卸搬运环节。根据物流服务合同的要求亲自完成装卸搬运时，其在搬运装卸过程中处于搬运装卸经营人的地位，是物流服务合同的一方当事人，其权利义务由物流服务合同决定。在物流过程中，由于该企业的故意或过失所造成的对方当事人的损失，则由该物流企业作为责任主体承担赔偿责任。

2. 根据装卸搬运作业合同从事装卸搬运活动的企业

装卸搬运作业合同是指物流服务提供方与专门的装卸搬运企业签订的明确相互权利义务关系，以完成装卸搬运作业的协议。这里的物流服务提供方是指提供全面物流服务的物流企业，或者是提供某一环节物流服务的企业，如运输和仓储企业。此时，物流服务提供方同时成为两个合同的当事人。对物流服务合同而言，它是受托人，按照物流合同完成委托事项；对装卸搬运作业合同而言，它是委托人，有权要求劳务提供者按照约定的时间和相应的标准完成装卸搬运事项。

因此，在物流过程中，由于该专门的装卸搬运企业的故意或过失所造成物流服务接受方的损失，应由作为物流服务合同相对方的物流服务提供方先承担赔偿责

任，然后可根据装卸搬运作业合同向实际造成该损失的专门的装卸搬运企业追偿。

第二节 港站经营人的权利和义务

引导案例5-2：

2000年7月31日和8月7日，浙纺公司作为卖方与案外人签订了校服售货确认书。浙纺公司通过华海国际货运有限公司、鸿海国际船务货运公司、上海外联发国际货运有限公司和上海三星国际货运有限公司的依次代理，分批向承运人长荣公司订舱出运，并取得长荣公司代理人签发的21套正本海运提单。21套提单载明的托运人分别为三家国外公司。浙纺公司按规定支付了海运费，长荣公司也确认收到。货物出运后，浙纺公司通过银行托收货款，因无人赎单，全套贸易单证包括提单被银行退回。长荣公司确认在正本提单未收回的情况下将货物交付收货人。为此，浙纺公司以长荣公司无正本提单放货为由，向上海海事法院提起诉讼，请求判令长荣公司赔偿其货款等损失。

上海海事法院审理认为，浙纺公司依次通过各货运代理环节，向承运人长荣公司订舱，支付运费并交付货物出运；长荣公司接受了货物，收取了运费，并按照浙纺公司的要求出具了提单。尽管浙纺公司根据贸易合同的约定未将其名称在提单上载明，但浙纺公司和长荣公司履行海上货物运输的事实证明，浙纺公司是海上货物运输合同的缔约人和唯一交货人，浙纺公司作为涉案货物托运人的主体资格应当依法得以认定。长荣公司仅以提单托运人的记载内容认为浙纺公司已经转移了货物所有权，缺乏充分的事实和法律依据。浙纺公司系涉案提单签发以后的第一合法持有人，该提单未经贸易环节流转，且来自银行退单，其持单形式合法，有权据以向相对人主张提单项下的权利。综上所述，浙纺公司具有涉案货物托运人的资格，有权向长荣公司主张提单项下的权利。长荣公司作为承运人应当对托运人浙纺公司承担无单放货的赔偿责任。一审判决长荣公司赔偿浙纺公司货款损失2 602 562美元及利息和退税款损失人民币3 111 486.35元及利息。上海市高级人民法院于2003年9月4日做出二审判决，驳回长荣公司的上诉，维持原判。

请问本案的争议焦点是什么？本案的判决有什么典型意义？

一、港站经营人定义的内涵与外延

港站经营人又称港口经营人、运输港站经营人，是指接受货主、承运人或其他有关方的委托，在其控制或者有权使用的场地上，对海上运输的货物提供或安排堆存、仓储、搬运、装卸、积载、平仓和绑扎等与运输有关的服务的人，但不包括货物承运人和多式联运人。

随着市场经济和水路运输的发展，港口管理体制进行了改革，实行政企分开，确立了港站经营人独立主体的法律地位。为了更好地把握港站经营人的概念，我们有必要将其和一些相关概念区别。

1．港站经营人与承运人

一般而言，港站经营人与承运人彼此的法律地位是比较容易区分的。承运人是指本人或者委托他人以本人名义与托运人订立运输合同的人；而港站经营人仅仅是为船舶停靠、运送货物和旅客而向船舶、货主和旅客提供服务的当事人。

《联合国国际贸易运输港站经营人赔偿责任公约》规定："凡根据适用于运输的法律规则为承运人的人不得被视为港站经营人"。这一定义明确将承运人从港口经营人定义中予以排除。《中华人民共和国港口法》虽未做出上述明确规定，但其在对港站经营人的定义中指出港站经营人与委托人订立的是港站业务合同，从这一表述中也可推出应将承运人从港站经营人的定义中予以排除，承运人不得主张原本属于港站经营人的抗辩事由。

2．港站经营人与货运代理人

港站经营人与货运代理人的服务既有相似也有不同，在货运代理人提供与货物运输有关的特定服务时，将不可避免地造成货运代理人法律责任认定上的不确定性。

港站经营人与货运代理人的区别主要有：①港站经营人只能在港区内提供服务，而货运代理人则在法律允许的情况下不受地域限制地提供一切与运输有关的服务；②港站经营人提供的服务仅限于"与运输有关的服务"。

3．港站经营人与码头装卸工人

《联合国国际贸易运输港站经营人赔偿责任公约》在序言中声明："公约意欲为这类货物在由运输港站经营人接管而又不受源自适用于各种运输方式的公约的运输法律管辖时所发生的灭失、损坏或迟延交付而制定赔偿责任的统一规则……"这样当码头装卸工人作为承运人的雇员或代理人而为海运提单所管辖时，港站经营人公约不予适用，从而确保了码头装卸工人寻求承运人所享有的利益保护的自由选择权。

现如今，为船东提供服务的一般是港站经营人，而码头装卸工人一般都是作为港站经营人的雇员，所以港站经营人的概念应涵盖码头装卸工人。

二、港站经营人的法律地位

港站经营人处于什么样的法律地位？这个问题要从公约对此规定的历史发

展说起。

1．公约的规定

（1）《海牙规则》。由于《海牙规则》未规定承运人的代理人是货物运输合同的当事方，当货方以侵权为由提起诉讼时，则不能援引《海牙规则》中赋予承运人的抗辩理由和责任限制。正因为如此，承运人纷纷在提单上加上一个条款，规定承运人的受雇人、代理人（不包括独立合同人）也可以援引承运人的抗辩理由和责任限制。这就是有名的“喜马拉雅条款”，该条款的本质是确保承运人的正当权益不受损害。

（2）《海牙—维斯比规则》。《海牙—维斯比规则》将“喜马拉雅条款”第一次吸收到国际公约中来；该规则第三条第二项中规定：“如果这种诉讼是对承运人的受雇人或代理人（不包括独立合同人）提起的，该受雇人或代理人有权援引承运人的抗辩理由和责任限制”。

（3）《汉堡规则》。《汉堡规则》第七条第二款规定：“如果这种诉讼是对承运人的受雇人或代理人提起的，而该受雇人或代理人能够证明他是在受雇或代理的范围内行事的，则有权援引承运人根据本公约有权援引的抗辩和责任限制”。

可以看出，《汉堡规则》将《海牙—维斯比规则》第三条第二项括号内的内容取消了。对《汉堡规则》这一款规定，产生了两种不同理解：第一种理解为受雇人或代理人包括独立合同人；第二种理解为独立合同人属于实际承运人。

2．港站经营人是否是承运人的受雇人或代理人

在中国的法律语境下，“受雇人”与“雇主”是相对应的概念，它们属于雇佣合同的主体，而承运人与港站经营人之间订立的是“港口装卸作业合同”或“仓储合同”，在性质上肯定不属于雇佣合同，所以港站经营人不应该属于“受雇人”。

在港站经营人从事装卸、仓储等港口作业时，承运人与港站经营人之间一般并不具有代理法律关系，港站经营人也不应该属于“代理人”。

我们知道，“独立合同人”作为一个法律概念，乃系英美法所特有，在中国法下不存在相对应的法律概念。在中国的法律语境下，很难界定其准确含义，在理解上也容易产生歧义。况且，按照我们的理解，“独立合同人”与“受雇人”也根本不可能发生重合。因此，从立法技术的角度而言，《海商法》中没有出现这样的概念，完全在情理之中。

3．港站经营人是否属于实际承运人

（1）实际承运人的定义　我国《海商法》第四十二条第一款规定：“承运人是指本人或者委托他人以本人名义与托运人订立运输合同的当事人”，第四十二条第二款规定：“实际承运人是指接受承运人委托，从事货物运输或部分运输的人，包括接受转委托从事此项运输的其他人。”

从该定义看，构成实际承运人须满足三个条件：

1）他不是与托运人签订运输合同的合同承运人，与托运人之间不存在运输合同关系。

2）他必须从事货物运输或部分货物运输，这也正是法律设立实际承运人定义的本质所在，法律承认了这一运输事实的存在并相应规定了实际承运人的定义及其应承担的责任。

3）他实际从事货物运输必须与承运人之间有委托关系，包括转委托关系。

实际承运人主要出现在下述情况中：

1）在直达运输下，由于意外而安排转船时，转船运输人为实际承运人。

2）在租船运输中，如承租人与托运人订立海上运输合同，则出租人即为实际承运人。

3）在联运的情况下，二程船的承运人为实际承运人。

（2）对实际承运人定义的理解　对《海商法》第四十二条第二款的理解，目前尚存在争议，国内的大多数学者认为：实际承运人仅限于实际承担了货物运输或部分运输的船舶所有人或承租人。显然，这一观点将港站经营人排除在实际承运人的范畴之外。这是对实际承运人定义中的“货物运输”一词进行狭义的字面解释得出的结论，即“货物运输”一词的含义仅限于货物装在船舶上进行的海上运输，而不包括将货物装上或卸下船舶、装卸前后的仓储、保管行为。要探讨这种结论是否正确，就需要先从“货物运输”的定义着手，然后分析港站经营人和实际承运人之间的关系。

（3）货物运输的定义对实际承运人定义的影响　由于《海商法》并未对货物运输一词单独定义，在解释的时候需要运用“体系解释”的方法。从《海商法》第四十一条、第四十六条与第四十八条的规定以及这些条款的内在联系中，不难寻找到问题的答案。

《海商法》第四十一条规定：“海上货物运输合同，是指承运人收取运费，负责将托运人托运的货物经海路由一港运至另一港的合同。”从该定义中我们不难看出，《海商法》所调整的运输合同在地理上的区段是“港至港”。因此，若依据该定义的话，“货物运输”一词应包括两港的装卸与仓储等作业。但应当注意的是，《海商法》第四十六条关于责任期间的规定，又对该词的内涵进行了进一步的限定。《海商法》第四十六条规定：“承运人对集装箱装运的货物的责任期间，是指从装货港接受货物时起至卸货港交付货物时止，货物处于承运人掌管之下的全部期间。承运人对非集装箱装运的货物的责任期间，是指从货物装上船时起至卸下船时止，货物处于承运人掌管之下的全部期间。”简而言之，对于集装箱货物运输的责任期间，《海商法》采用的是“港至港”；而对于非集装箱货物运输的责任期间，《海商法》采用的是“钩至钩”。因此，对于集装箱货物运输，“货物运输”一词应包括两港的装卸与仓储等其他港口作业；而对于非集装箱货物运输，“货物运输”一词的内涵还需要进一步参考《海商法》第四十八条的规定。

《海商法》第四十八条规定：“承运人应当妥善地、谨慎地装载、搬移、积载、运输、保管、照料和卸载所运货物。”根据该条规定，“装载、卸载”是承运人在进行“货物运输”时必须履行的法定义务，因此在非集装箱货物运输方式下，“货物运输”一词将涵盖两港的装卸作业，但不包括仓储等其他港口作业。

（4）港站经营人是否属于实际承运人的结论　综上所述，港站经营人是否是实际承运人的问题，答案应当一分为二：

1）对于非集装箱货物运输，接受承运人委托从事装卸作业的港站经营人，由于其履行的装卸作业属于承运人的责任范围，而装卸作业又属于“货物运输”的一部分，港站经营人应具有实际承运人的法律地位，但如果港站经营人从事的是仓储等其他港口业务，则其不能被认定为是实际承运人。

2）对集装箱货物运输而言，无论港站经营人履行的是装卸作业还是仓储、港内运输等其他港口作业，只要他接受的是承运人的委托，其都将具备实际承运人的法律地位。

通过上面的分析可以看出，港站经营人已经成为一个可以为各类不同的物流主体提供专门或者综合服务的经营主体。由此所产生的法律关系也具有多样性的特征，它既可以和船公司、货主之间建立服务合同关系，也可以与船公司、货主之间建立代理关系，还可以为船公司、货主提供简单劳务，以船公司、货主的雇佣者的身份出现。除此之外，港站经营人还可能产生与第三方的侵权关系。在不同的法律关系中，港站经营人的法律地位不同，所产生的权利、义务以及责任也有所不同。可以概括地说，港站经营人是一个可以为不同主体提供不同服务并因此参与不同的法律关系、具有不同法律地位的法律主体。

三、港站经营人的业务范围

根据《联合国国际贸易运输港站经营人赔偿责任公约》对港站经营人的定义和对“与运输有关的服务”的解释，港站经营人的业务范围主要是接管国际运输的货物并对所接管的国际运输货物提供与运输有关的服务，这些与运输有关的服务包括堆存、仓储、装货、卸货、积载、平舱、隔垫和绑扎等服务。而根据我国《港口经营管理规定》的规定，港站经营是指港站经营人在港口区域内为船舶、旅客和货物提供港口设施或者服务的活动，主要包括下列各项：

1）为船舶提供码头、过驳锚地、浮筒等设施。

2）为旅客提供候船和上下船舶设施和服务。

3）为委托人提供货物装卸（含过驳）、仓储、港内驳运、集装箱堆放、拆拼箱以及对货物及其包装进行简单加工处理等。

4）为船舶进出港、靠离码头、移泊提供顶推、拖带等服务。

5）为委托人提供货物交接过程中的点数和检查货物表面状况的理货服务。

6）为船舶提供岸电、燃物料、生活品供应、船员接送及提供垃圾接收、压舱水（含残油、污水收集）处理、围油栏供应服务等船舶港口服务。

7）从事港口设施、设备和港口机械的租赁、维修业务。

从上述规定可以看出，港站经营人的服务项目很多，活动的内容也非常丰富，有些港站经营人向承运人、货物的托运人、收货人提供比较全面的港站服务，包括在他们拥有或有权使用的场所进行货物装卸作业，储存、包装或组装货物，集装箱货物的装拆箱及修理，以及短距离的货物搬运和货物的简单加工等。港站经营人业务范围的广泛性使得港站经营人服务的对象、服务的性质以及与有关当事人建立的法律关系等都较为复杂。

四、对港站经营人的法律地位及相关问题进行分析的案例

1．案例介绍

原告为A食品公司，被告为B集装箱班轮公司和C集装箱码头公司。2014年10月8日我国A食品公司与意大利某贸易公司签订买卖合同，约定由某贸易公司向原告出售10台制瓶机及相关设备。2015年3月20日，该贸易公司将10台机器交由B集装箱班轮公司运输。B集装箱班轮公司签发了以原告为收货人的记名提单。4月18日，船舶抵达国内港口，B集装箱班轮公司委托C集装箱码头公司负责卸货。卸货过程中，装有原告所买设备的集装箱从码头的龙门吊上坠落。经检验，货物毁损严重，且修理费用超过设备价值。原告与两被告发生海上货物运输合同货损赔偿纠纷，于2016年3月15日向广州海事法院提起诉讼。

2．分析

案例中，C集装箱码头公司受班轮公司的委托，为班轮公司的集装箱安排靠泊、装卸及相关作业，与B集装箱班轮公司之间存在装卸作业合同，货损发生在货物装卸过程中，属于港口内与货物运输有关的环节。故C集装箱码头公司实属港站经营人。

通过对港站经营人法律地位的分析，可以看出案例中C集装箱码头公司的地位。由此，货主A食品公司有三种选择：

1）货主可以向承运人提出赔偿请求。理由一，在集装箱运输方式下，承运人对于货物的责任期间为“从装货港接收货物时起到卸货港交付货物时止”，本案因装卸作业引起的货损在承运人责任期间内；理由二，货主与承运人之间存在

提单关系、运输合同关系，货主可以据此向承运人索赔。

2）货主可以向码头公司提出赔偿请求。显然，装有货物的集装箱在卸货过程中发生货损，码头公司是直接责任人。由于码头公司为港站经营人，具有独立的法律地位，故不享有承运人的责任限制权。

3）货主可以对保险人提出赔偿请求。

需注意，货主向码头公司提起请求赔偿之诉时，负有举证责任，即证明自身对受损货物具有所有权和港站经营人的不当装卸行为造成了货物损害。向保险公司主张保险赔偿时，货主同样需举证。

随着航运业的发展，实践经验的丰富，对港站经营人的法律定位必将更加准确，这有利于明确港站经营人在港口作业中造成货损时的责任承担问题。在发生违约和侵权责任时，这种独立的法律人格更有利于明确责任划分，规范航运市场。

第三节　道路危货运输装卸搬运中的法律法规

引导案例 5-3：

1999 年 7 月 27 日，云南省曲靖市燃料一厂用东风车运送 28.5 万发电雷管到重庆涪陵某企业。由于装车时，未对电雷管箱采取固定措施，车辆在运输途中经两次卸货，自由空间加大，加上途中长时间颠簸，雷管箱体散包，造成零星雷管在车内发生摩擦撞击，当日上午 9 时 50 分突然发生爆炸，车辆完全被毁，导致 15 人死亡，61 人受伤，众多民房被毁，直接经济损失 400 多万元。

从该次事故中，我们应该汲取哪些教训？

一、与道路危货装卸搬运作业有关的法规及其适用

道路危险货物搬运装卸所涉及的法规，包括《公路法》《中华人民共和国道路运输条例》《危险化学品安全管理条例（2013 年修改）》《道路危险货物运输管理规定》《交通运输部关于修改〈放射性物品道路运输管理规定〉的决定》。（已于 2016 年 8 月 31 日经第 19 次部务会议通过）、《交通运输部关于修改〈道路危险货物运输管理规定〉的决定》（已于 2016 年 4 月 11 日实施）、《道路运输从业人员管理规定》（2016 年修改）。《中华人民共和国道路运输从业人员从业资格证》和《中华人民共和国机动车驾驶培训教练员证》统称道路运输从业人员从业资格证件。这些证件适用于：经营性道路客货运输驾驶员、机动车驾驶培训教练员、道路危险货物运输从业人员、机动车维修技术人员、道路货物装卸搬运人员、道路运输企业经理人和其他道路运输从业人员。这些法律法规适用于从事危险货物装卸搬

运的企业及个人。

二、道路危货运输装卸管理人员的条件

根据《道路运输从业人员管理规定》第十二条规定，道路危险货物运输装卸管理人员应当符合下列条件：

1）年龄不超过 60 周岁。

2）初中以上学历。

3）接受相关法规、安全知识、专业技术和应急救援知识的培训，了解危险货物性质、危害特征、包装容器的使用特性和发生意外时的应急措施。

4）经考试合格，取得相应的从业资格证件。

申请参加道路危险货物运输装卸管理人员从业资格考试的，应当向其户籍地或者暂住地设区的市级交通运输主管部门提出申请，填写《道路危险货物运输从业人员从业资格考试申请表》，并提供下列材料：

1）身份证明及复印件。

2）学历证明及复印件。

3）相关培训证明及复印件。

道路危险货物运输装卸管理人员应当按照安全作业规程对道路危险货物装卸作业进行现场监督，确保装卸安全。

三、道路危货运输装卸搬运作业的注意事项

在危货运输装卸搬运中应注意以下 7 点：

1）装卸作业现场要远离热源，通风良好；电器设备应符合国家有关规定要求，严禁使用明火灯具照明，照明灯应具有防爆性能；易燃易爆货物的装卸场所要有防静电和避雷装置。

2）运输危险货物的车辆应按装卸作业的有关安全规定驶入装卸作业区，不准堵塞安全通道。停靠货垛时，应听从作业区业务管理人员的指挥，车辆与货垛之间要留有安全距离。

3）装卸作业前应对照运单，核对危险货物名称、规格、数量，并认真检查货物包装。货物的安全技术说明书、安全标志等与运单不符或包装破损、包装不符合有关规定的货物应拒绝装车。

4）装卸作业时应根据危险货物包装的类型、体积、重量、件数等情况和包装储运图示标志的要求，采取相应的措施，轻装轻卸，谨慎操作。

5）装卸危险货物的托盘、手推车应尽量专用。装卸前，要对装卸机具进行检查。装卸爆炸品、有机过氧化物、剧毒品时，装卸机具的最大装载量应小于其

额定负荷的 75%。

6）装卸危险品时，装卸工人应注意自身防护，穿戴必需的防护用具，严格遵守操作规程，严禁摔碰、撞击、滚翻、重压和倒置。怕潮湿的货物应用篷布遮盖，货物必须堆放整齐，捆扎牢固。不同性质的危险品不能同车混装，如雷管、炸药等切勿同装一车。

7）危险货物装卸完毕，作业现场应清扫干净。危险货物的撒漏物和污染物应送到当地环保部门指定地点集中处理。

第四节　铁路装卸搬运作业中的法律法规

引导案例 5-4：

原中铁十五局装卸工魏志忠以非法占有为目的，利用合同诈骗 38 万元，2005 年 9 月 26 日，四川省西昌铁路运输人民法院判处被告人魏志忠有期徒刑 10 年，并处罚金 10 万元。

2004 年 11 月 10 日，魏志忠以铁道部第十五工程局三处外委指挥部的名义，与云南省丽江市古城区新业建材门市部经理李某某签订旧钢轨购销协议。11 月 23 日，李某某从湖北襄樊市襄阳第二金属回收有限公司购进两车废旧钢轨，在部营火车站装车发往攀枝花火车站，后魏志忠以向单位要求拨款为由，要求李某某将取货手续传真给他。11 月 30 日，旧钢轨到达攀枝花火车站。12 月 1 日，魏志忠伙同他人用取货凭证和货票的传真件等手续，将 118.08 吨钢轨取走，共计价值 38 万余元。当天，二人将旧钢轨以低价进行销售，获赃款 31 万余元。之后，魏志忠将赃款转移后潜逃。

法院认为，被告人魏志忠以非法占有为目的，虚构事实，伙同他人在合同履行过程中，将对方的货物贱卖后逃匿，货物总价值 38 万余元，数额特别巨大，被告人的行为已构成合同诈骗罪。

一、与铁路装卸搬运作业有关的法律法规

同其他物流环节涉及的法规相同，铁路搬运装卸法规也散见于各个法规中。在法律层次上，《民法通则》《铁路法》《合同法》中的许多规定都适用于铁路搬运装卸。在部门规章中，铁道部颁布了《铁路货物运输管理规则》《铁路装卸作业安全技术管理规则》。《铁路货物运输管理规则》的第二章第四节专门规定了装车和卸车，《铁路装卸作业安全技术管理规则》规定了铁路搬运装卸中应该遵守的技术标准。除此之外还存在着各种国家标准，如《铁路装卸作业标准》等。

二、《铁路货物运输管理规则》关于装车和卸车的规定

《铁路货物运输管理规则》是原铁道部颁布的、于 2000 年 11 月 1 日起施行的明确铁路货物运输作业各环节基本内容和质量要求的内部规定，其中关于装车和卸车的规定如下：

1）装运货物要合理使用货车，车种要适合货种，除规定必须使用和应使用棚车装运的货物外，对怕湿或易于被盗、丢失的货物，也应使用棚车装运。

2）装车前，应认真检查货车的车体（包括透光检查）、车门、车窗、盖、阀是否完整。装载食品、药品、活动物的货车或有押运人乘坐时，还应检查车内有无恶臭异味。要认真核对待装货物的品名、件数，检查标志、标签和货物状态。对集装箱还应检查箱体、箱号和封印。

3）装车时，要做到不错装、不漏装、巧装满载，防止偏载、超载、集重、亏吨、倒塌、坠落和超限。对易磨损货件应采取防磨措施，怕湿和易燃货物应采取防湿或防火措施。装车过程中，要严格按照《铁路装卸作业安全技术管理规则》有关规定办理，对货物装载数量和质量要进行检查。

4）承运易腐货物时，车站要按照《铁路鲜活货物运输规则》的有关规定办理。易腐货物装车时，要检查装载方法是否符合规定要求。

5）装车后，应认真检查车门、车窗、盖、阀关闭状态和装载加固情况。需要填制货车装载清单的，应按规定填制。

6）铁路组织卸车时，车站应做到：卸车前，认真检查车辆、货物装载状态有无异状，施封是否完好。卸车时，应根据货物运单清点件数，核对标记，检查货物状态。对集装箱货物应检查箱体、核对箱号和封印。严格按照《铁路装卸作业安全技术管理规则》及有关规定作业，如发现货物有异状，要及时按章处理。

7）卸车后，要做好相关整理工作。对托运人自备的货车装备物品和加固材料，应妥善保管。对卸下的货物应登记“卸货簿”“集装箱到发登记簿”或具有相同内容的卸货卡片、集装箱号卡片。

三、《铁路装卸作业安全技术管理规则》关于装卸的法律规定

铁路装卸工作是铁路运输工作的重要组成部分，装卸作业安全是铁路运输安全正点畅通的条件之一。该规则适用于铁路运输的货物和行李包裹的装卸和搬运作业。该规则第二章第七节规定：装车时，由货运员核对车号和货物后，装卸工组才能作业，并要核对件数，做到不错装、不漏装、巧装满载，防止偏重、超重，必要时对易磨损货件要采取防磨措施，对怕污染的货物要采取有效隔离措施，棚车装载货件不要挤住车门，长大货物不堵车门，包装不合标准或破损不准装车；

卸车时必须由货运员启封或检查后才能开始作业，卸下的货物要件数清楚，码放稳妥，便于清点，发现破损件要通知货运员并单独码放。

第五节　港口装卸搬运作业中的法律法规

引导案例 5-5：

原告湛江港务局第五作业区诉称：被告遂溪县进出口公司从 2005 年开始委托原告进行港口作业，于 2011 年 8 月 23 日书面确认欠原告港口作业费 148 321.22 元。2013 年 4 月 11 日，遂溪县进出口公司租用“玫瑰”轮在原告港区作业，欠原告港口作业费 120 360 元。遂溪县进出口公司共欠原告港口作业费 268 681.22 元，已停止经营，原告多次向其追款无果。由于遂溪县进出口公司是经广东省人民政府批准于 1988 年 8 月 22 日在广东省工商行政管理局登记注册的全民所有制外贸企业，当时的主管部门是遂溪县对外经济贸易委员会，因此原告请求追加遂溪县政府为被告，连带偿付原告港口作业费及其利息。

请分析此港口作业纠纷案件中，两被告各承担什么法律责任？

一、港口货物作业合同

1．港口货物作业合同的概念

港口货物作业合同是指港口经营人在港口对水路运输货物进行装卸、驳运、储存、装拆集装箱等作业，作业委托人支付作业费用的合同。港口作业合同中包含了港口货物搬运装卸作业。

作为搬运装卸活动需求者的用户，既可能是物流服务合同的需求方，也可能是物流服务合同的提供方（物流企业）。这类物流企业签订了物流服务合同之后，由于自身不具有搬运装卸能力，需要将搬运装卸业务外包给其他具有搬运装卸能力的公司，因而成为搬运装卸服务的需求者。

作为港口搬运装卸活动的提供者，可能是港站经营人，也可能是物流服务合同的提供方。这类物流企业由于自身具有搬运装卸能力，可以亲自进行港口搬运装卸作业，因而成为搬运装卸服务的提供者。

2．港口货物作业合同的性质

（1）双务合同　港口货物作业合同双方当事人均享有权利并负有义务。例如，作业委托人负有支付费用的义务，享有收取完好货物，并当作业人造成货物损害时，进行索赔的权利。作业人享有收取费用的权利，负有搬运装卸货物的义务。

（2）有偿合同　作业方收取费用的权利，需以将货物完好地搬运装卸至运输工具上为代价。作业委托方完好地收取货物的权利以支付费用为代价。

（3）不要式合同　港口货物作业合同可以采用口头形式、书面形式或其他方式。虽然《港口货物作业规则》规定可以采用口头的方式订立合同，但是由于口头合同在操作性上的不便，在实践中应该尽量避免使用，以防止遭受不必要的损失或者产生不必要的纠纷。

（4）港口货物作业合同是无名合同　根据法律是否规定一定名称和相应的规范，可将合同分为有名合同和无名合同。有名合同又称典型合同，是法律规定了一定名称和调整规范的合同，如运输合同、仓储合同、买卖合同等，在我国《合同法》中均有明确规定。无名合同则是指法律未确定特定名称和特定规范的合同。从上面的分析不难看出，在我国目前的法律规定中，港口货物作业合同不属于任何一种有名合同。

二、港口装卸搬运作业安全操作规程

1）港口作业现场实行统一指挥，以防作业混乱而发生港口生产安全事故。港口作业现场装卸搬运人员和港口机械设备操作人员，应严格遵守安全生产方面的法律、法规，服从指挥。非装卸搬运人员，不得在作业现场逗留。对各种装卸设备，必须制定具体的安全操作规程，并由经过操作训练的专职人员操作。需持证上岗作业的，必须由取得相应的上岗资格证书的人员操作。

2）港口装卸搬运作业人员上岗时，必须穿戴工作服、安全帽、手套、防滑鞋等个人防护用品。上、下船搬运装卸作业时，还需在上、下船设施上加设防护网等安全防护设施，须穿着救生衣，并加强瞭望，防止因过往船舶或天气原因造成波浪冲击，影响船体稳定而发生人员落水事件。

3）装卸搬运作业前，要认真检查所使用的装卸机械设备和搬运工具，使之保持良好和完整，确保符合安全技术规范方可使用。

4）装卸搬运作业人员在患有影响港口作业安全的疾病期间，必须停止进行任何港口作业。在连续工作 3 小时后，必须休息，防止疲劳作业而引发港口安全事故。

5）搬运货物要小心轻放，绑扎货物要牢固，摆放货物要平稳。

6）作业人员严禁在放置不牢固、不平稳的设施上行走，防止人员跌落。

7）利用起重机装卸时，严禁用手扶起吊物或跟随起吊物行走，起重机挂钩下严禁站人。

8）利用起重机配合装卸、搬运时，要由有《特种作业人员操作证》的起重机司机负责操作起重机、指挥员负责指挥、司索（挂钩）员负责挂卸吊钩，严禁无证人员从事起重作业。

9）凡在港口作业现场进行“高空作业”（高空作业是指离坠落基准面2米以上的高处所进行的作业），必须采取相应的防坠落安全措施，才准许作业。从事高空作业者，要正确穿戴个人防护用品，以及采取系安全绳、加装安全栏、安全网等防坠落措施，并必须设专人监护。

10）禁止任何人员在货垛上休息。

三、港口装卸作业过程中容易产生的不安全行为及其预防

港口装卸作业具有流动分散、操作复杂、人机交叉、昼夜连续作业的特点。这些特点决定了港口安全生产具有操作工艺的复杂性、安全监督过程的多变性、安全管理方式的动态性、事故的多发性。由于这些港口生产的特殊性，构成了人的不安全行为和物的不安全状态是造成港口事故多发的两大主要因素。在这两大因素中，人和物的关系实际上是劳动者和劳动工具之间的关系，任何机器、设备无论多么复杂、精密，都是在人的操作和控制下起作用的。

分析诸多事故发生的原因，有80%以上是由于人的不安全行为所致。因此，在探讨如何进一步搞好安全管理的同时，认真研究在港口装卸生产过程中人的不安全行为的产生，并采取有效措施进行预防，搞好对事故的预控，这是安全管理所面临的一个重要课题。

1．港口装卸作业过程中，导致事故发生的主要因素

在港口装卸过程中，人的不安全操作行为即“人的失误”是构成所有伤害事故的基础。在作业人员的工作过程中，各种不安全因素会不断出现，如果作业人员操作正确，那么事故就不会发生，也不会发生伴随事故出现的伤害；反之，就会有发生事故的可能性，也就会有伴随事故而出现伤害的可能性。

2．港口装卸作业过程中，对事故成因的深入分析

首先是不懂安全操作知识的无意过失。在港口装卸生产中，近年来由于实行了装卸劳务的承包制，装卸工人的流动性加大。新进港的装卸工多来自农村，他们从未接触过港口生产这种多环节的立体交叉作业方式，且文化素质偏低，缺乏必要的科学知识。虽然上岗前进行了“三级”安全教育，但他们的技术和经验仍不能充分满足港口装卸作业的实际需要，出现了盲目作业和冒险作业。

其次是有意违反安全操作规章的故意行为。有些职工存在着喜舒适、图省劲、走捷径的心理，存在着“单纯的工时观点”，在向“钱”看的思想驱动下，一遇上工时高、又好干、又拿吨的货类，就容易产生侥幸心理，凭经验办事，在执行规章上投机取巧，故意违章。

最后是由不安全心理和情绪引起的过失行为。装卸作业劳动强度大，作业人员容易产生疲劳，再加上各种外界因素，就容易在心理上产生冒险侥幸心理、麻痹心理和由恼怒、烦躁、厌恶情绪引起的反常行为。

3．港口装卸作业事故的预防

港口装卸生产是一项多工种协作运转的操作过程，具有作业方式流动分散、操作形式复杂、劳动密集、露天作业、人机交叉、昼夜连续作业等特点，而在港口装卸生产中，作业人员的不安全行为直接影响港口生产的顺利进行，这就要求必须针对不安全行为的产生过程、起因和不安全行为的具体表现，采取科学的对症措施，来预防装卸事故的发生。

1）抓好港机司机与装卸工人的协作关系。在很多港口企业中，大多数港机司机不是装卸工人出身，感情上与装卸工人还存在一定的差距，或者相互之间不很熟悉、缺乏理解，工作中彼此埋怨、互相推诿，尤其是新进港的机械手更是表现得尤为突出。因此，加强港口这两个重要工种的沟通、协调工作是非常必要的 。

2）加强指挥手的培训，减少指挥手的失误 。指挥手的失误主要表现在：对吊运的货物把关不严，不重视严密监视和连续观察，擅自离开指挥岗位，判断失误，指挥信号不清楚，特别是在协调司机与工人作业中的相互安全避让方面，还不能够很好地发挥其重要作用。

3）强化作业过程中的安全检查。 对于港口生产的安全检查，要重点抓住三个环节，即：事前督促、工间巡查和违章严办，由此激发装卸人员重视安全工作的心理效果。

第六节　集装箱码头装卸搬运作业中的特殊法律法规

引导案例 5-6：

2015 年 9 月 12 日，福峡茶厂（原告）与福州港务管理局马尾港务公司（被告）签订了经上海中转至青岛运输 12 000 公斤茉莉花茶的水路联合运输合同，收货人是青岛市茶叶集团公司（简称茶叶公司）。该批茶叶分装于第三人所有的 5 个国产集装箱内，由原告自行检查箱体并装箱施封，被告办理了货物运输保险。

被告接收承运的货物后，原计划 9 月 15 日装船，由于受台风影响，延迟于 9 月 27 日才得以起运。这期间，起运地受到 3 次台风袭击，连降暴雨和大雨。集装箱按规定和惯例始终露天置放，被告未采取任何防护措施。起运时，箱体完好，铅封完整。该批货物由第三人所属“鸿新”轮承运，“鸿新”轮装船时未提出异议。抵达上海港后，在汇山码头又交由第三人所属“长力”轮承运，“长力”轮于 10 月 3 日抵达青岛港，次日卸箱。10 月 5 日，收货人茶叶公司将集装箱提走，5 个集装箱仍然箱体完好，铅封完整，茶叶公司也未向终点承运人提出异议。至此，承运人已将集装箱“清洁”交付收货人，联合运输合同履行完毕。

茶叶公司收货后，在仓库开箱时，发现 5 个集装箱底部均有不同程度的水湿，茶叶受潮霉变，于是电告原告，表示拒收货物。

原告因保险赔款不足以弥补损失，遂向厦门海事法院提起诉讼，请应用相关知识分析法院应如何做出判决。

一、集装箱运输概述

集装箱运输具有高效益、高效率、高投资、高协作的特点。所谓集装箱装卸区，是集装箱运输中箱或货装卸交换保管的具体经办部门。集装箱装卸区一般由专用码头、前沿、堆场、货运站、指挥塔、修理部门、大门和办公室组成。有时堆场或货运站等可延伸到市区内部 5～15 公里的中转站。

二、与集装箱码头搬运装卸作业有关的法律

集装箱码头搬运装卸作业所涉及的法规，在法律层面上包括《民法通则》《合同法》；在行政法规、部门规章的层面上包括原交通部 2002 年颁布的《中华人民共和国国际海运条例》和 2003 年颁布的《中华人民共和国国际海运条例实施细则》；国际公约包括《1972 年国际集装箱安全公约》（CSC），该公约是为了在集装箱的装卸、堆放和运输过程中，高度保障人身安全的需要而制定的。公约中正式提出有关集装箱结构上的要求，以保证在正常营运中集装箱的装卸、堆码和运输的安全。

三、集装箱码头装卸船作业的特殊规定

与普通码头搬运装卸相比，集装箱码头的装卸船作业有一些特殊的要求：

1）集装箱所有人和经营人应当做好集装箱的管理和维修工作，定期进行检验，以保证提供适宜于货物运输的集装箱。

2）应使装卸机械及工具、集装箱场站设施处于良好的技术状态，确保集装箱装卸、运输和堆放的安全。

3）委托他人进行港口集装箱码头搬运作业时，应填制“港口集装箱作业委托单”，委托人应保证货物的名称、性质、数量、重量、体积、包装、规格与委托作业单的记载相符。

4）使用集装箱运输和装卸危险货物，必须严格遵守《国际海上危险货物运输规则》和《集装箱装运包装危险货物监督管理规定》的规定。

四、引导案例的判决与评析

1．法院判决结果

法院认为：被告对第三人投放的集装箱疏于验收，经交托运人检箱装载茶叶，在台风暴雨袭击的情况下，又未采取相应的防护措施，故应对本案货损承担保管不善的责任。原告在处理茶叶残值中亦有一定过错，也应承担部分责任。

由于认定事实清楚，区分责任适当，三方当事人在法院的主持下，自愿达成如下协议：

1）被告补偿原告货物损失 50 000 元。

2）第三人补偿原告货物损失 450 000 元。

3）上述款项在调解书生效之日起十日内交付，逾期按《中国人民银行结算办法》中延期付款的规定处理。

据此，厦门海事法院于 2016 年 3 月 30 日制发了调解书。

2．对本案的评析

本案的基本事实是：原告自行装箱施封，交被告承运后，一直到收货人收货运至其仓库，都是凭箱体和铅封交接。在箱体完好、铅封完整、清洁交接的情况下，箱内货物发生灭失、短少、变质、污染、损坏，只能是依据“谁装箱谁负责”的原则，推定由装箱人负责。但是，这不等于说，发生任何货损，都应按此原则处理。在装箱人有充分证据证明货损是他人过错造成的情况下，或者说已发生的事实能充分说明箱内货物货损是装箱人以外的人造成的，那么就应根据过错原则处理，这才是公平合理的。所以，对所发生的货损，应当根据具体情况具体分析，不能一概而论。

经法院查明，本案茶叶霉变，系水湿所致。该批茶叶在装入集装箱前经检验合格，未受水湿。被告和第三人均举不出证据来证明水湿系托运茶叶本身的质量问题。因此，只能推定湿损发生在装箱之后。而集装箱离开被告堆场直至收货人仓库期间，箱体均无受湿的可能。而在被告滞运期间，集装箱为露天堆放，其间有 3 次台风暴雨袭击，被告又未采取任何防护措施。因此，集装箱体受湿，只能推定发生在被告滞运期间。这说明，被告是有一定过错的，应承担一定责任。

在正常情况下，集装箱即使受雨淋，也不会发生渗漏。但是，如果集装箱水密性能不符合要求，在受水时就会发生渗漏，致箱内货物水湿损坏。集装箱水密性能不符合要求属箱体本身潜在缺陷，是一般人用普通方法所不能发现的。

本案集装箱内的货物水湿受损，因排除了托运人（装箱人）的原因，且又有受到雨淋的事实，只能说明是集装箱的水密性能不符合要求所造成的。因此，根据相关规定，本案不适用“谁装箱谁负责”原则。由于集装箱属第三人所有，该货损就应由第三人负责。本案认定第三人提供的集装箱水密性能不好，缺少直接检验证据。因为在诉前，涉案集装箱已被放回港区周转使用，所以已经无法对其装载茶叶时的状况进行检验，只能运用排除法的逻辑推理进行推定。

复习思考题

一、填空题

1. 搬运是指在同一场所内，对物品进行______移动为主的物流作业。

2. 港口货物作业合同是指______在港口对水路运输货物进行装卸、驳运、储存等作业，作业______支付作业费用的合同。

3. 港口货物作业合同可采用______形式、______形式或其他方式。

4. 港站经营人只能在______提供服务，而货运代理人则在______提供一切与运输有关的服务。

二、简答题

1. 港口货物作业合同通常包括哪些条款？

2. 港站经营人具有哪些法律特征？

3. 港站经营人的权利和义务有哪些？

三、案例分析

某服装公司委托物流公司通过海运运送一批羽绒服，要求不准装在甲板上，应装在舱内。货运到达时，收货人在码头堆场提货时，对箱体外表状况、关封状况未提出任何异议，但拆箱时却发现有三个集装箱中部分羽绒服水浸系因海水所致。

问题：物流公司是否承担赔偿责任？

6 第六章 流通加工法律法规

学习目的

通过本章的学习，了解流通加工的概念与作用，以及流通加工的类型，掌握加工承揽合同的内容、合同当事人的权利义务。

第一节 流通加工概述

引导案例 6-1:

2015 年 6 月 9 日，金页公司与美福商行签订合同书一份，约定金页公司为美福商行制作汽车厢体广告 30 辆，以“双沟大曲”汽车厢体广告为质量标准，非人为破坏情况保证一年内不掉色、不脱落。交货时间为 2015 年 6 月 18 日，现场验收。酬金在合同签订日付 25%，7 月 18 日付 60%，9 月 18 日付清剩余 15%。另外，金页公司于同年 5 月 12 日至 6 月 12 日，先后与出租方签订车厢租赁合同 30 份，约定租赁期一年，出租方从 2015 年 5 月 18 日起至 2016 年 5 月 18 日止，将车厢给承租方发布“四特酒”广告用，年租金 1 500 元。以后，金页公司制作部分车厢广告，但该公司未在约定的交付时间通知美福商行现场验收，仅凭车厢广告照片和 30 份车厢广告租赁合同要求美福商行付款，美福商行以车厢广告数量不够，且未经验收为由拒付。遂纠纷成讼。

此案系加工承揽合同纠纷，分析各方当事人的权利义务。

流通加工是现代物流系统构架中的重要结构之一。流通加工在现代物流系统中主要担负的任务是提高物流系统对用户的服务水平。此外，流通加工对于物流系统而言还有提高物流效率和使物流活动增值的作用。

一、流通加工的定义

流通加工（Distribution Processing）是指物品在从生产地到使用地的过程中，

根据需要进行包装、分割、计量、分拣、刷标志、检标签、组装等简单作业的总称。

加工是通过改变物品的形态或性质来创造价值，属于生产活动；流通则是改变物品的空间状态，并不改变物品的形态或性质。而流通加工处于不易区分生产还是流通的中间领域，不改变商品的基本形态和功能，只是完善商品的使用功能，提高商品的附加价值，同时提高物流系统的效率。

流通加工在流通中和流通总体一样起“桥梁和纽带”作用。流通加工是在物品从生产领域向消费领域流动的过程中，为了促进销售、维护产品质量和提高物流效率，对物品进行加工，使物品发生物理、化学或形状的变化。

二、流通加工的地位

（1）流通加工有效地完善了流通　在物流中，运输和储存是主要功能要素，流通加工起着补充、完善、提高、增强的作用，它能起到运输、储存等其他功能要素无法起到的作用。

（2）流通加工是物流中的重要利润源　流通加工是一种低投入高产出的加工方式，往往以简单加工解决大问题。有的流通加工通过改变装潢使商品档次跃升而充分实现其价值，如内地的许多制成品（如洋娃娃玩具、时装、轻工纺织产品、工艺美术品等），在深圳进行加工，改变了产品的外观，就可以使产品售价提高20%以上。

（3）流通加工在国民经济中也是重要的加工形式　世界上许多国家和地区的物流中心或仓库经营中都大量存在着物资流通加工业务。在我国整个国民经济的组织和运行方面，流通加工也是其中的一种重要加工形式，对推动国民经济的发展，完善国民经济的产业结构和生产分工有一定的意义。

三、流通加工的类型

流通加工的种类很多，为了充分体现流通加工对物流服务功能的增强，我们可以把流通加工分为以下几种：

（1）延续性的流通加工　旨在完善生产加工，作为生产加工后续作业的流通加工即属于延续性的流通加工。延续性的流通加工是为了弥补生产领域内的加工作业不足而组织和安排的，从某种意义上说，它是生产加工的延续和深化。

（2）服务性的流通加工　为了提高生产效率和效益，满足需求多样化的要求，在工艺方面，尽量缩短生产流程，集中精力从事较复杂的技术性较强的劳动。在流通实践中，许多专业性的流通企业按照生产工艺要求加工生产资料，也有的流通企业从方便消费出发，则对粮、油、副食品等生活资料进行加工。像这类流通加工，带有明显的服务性质，属于服务性的流通加工。

（3）促进销售的流通加工　在商品流通实践中，加工产品的结果，或者起到保护流通对象的作用，或者起到加速实现流通对象的价值和使用价值的作用。这种立足于促进流通职能的实现，服务于流通自身的加工活动（或加工作业），属于促进销售的流通加工。

（4）为提高原材料利用率和加工效率的流通加工　流通加工以集中加工的形式，既能解决单个企业加工效率不高的弊病，使单个企业简化生产环节，提高生产水平。同时又能利用其综合性强、用户多的特点，采用合理规划、集中下料的办法，提高原材料的利用率。

（5）衔接不同运输方式，使物流合理化的流通加工　在干线运输及支线运输的结点设置流通加工环节，可以有效地解决大批量、低成本、长距离干线运输多品种、少批量、多批次末端运输和集货运输之间的衔接问题。

（6）生产—流通一体化的流通加工　依靠生产企业与流通企业的联合，或者生产企业涉足流通领域，或者流通企业向生产领域延伸，形成对生产与流通加工合理分工、合理规划、合理组织、统筹进行。生产与流通加工相结合的统一安排，是目前流通加工领域的新形式。

四、与流通加工相关的法律法规

关于流通加工的立法主要表现在加工承揽合同上。与其他物流法律一样，目前，我国还没有单独的流通加工的法律，流通加工企业只有综合利用现有法律为企业服务才是合理的解决之道。

（1）调整流通加工市场主体的法律　主要包括公司法律制度，如《公司法》《中华人民共和国公司法实施细则》以及国家工商总局对公司注册的部门规章等。

（2）调整流通加工市场行为的法律　调整流通加工市场行为的法律制度有《民法通则》《合同法》《中华人民共和国票据法》等。调整货物交通运输的法律规范主要有《中华人民共和国交通法》、交通运输部有关货物运输的规章等。

（3）管理流通加工市场秩序的法律　这部分主要包括经济法律法规以及部分行政法规，具体可以分为以下几个方面：①市场竞争法律规范主要有《中华人民共和国反不正当竞争法》《中华人民共和国广告法》；②运营管理法律规范主要有《公路法》《交通安全运营规范》等；③消费权益保护法律规范主要有《中华人民共和国消费者权益保护法》《中华人民共和国产品质量法》等。

第二节　加工承揽合同

引导案例6-2：

2013年10月9日，泰莱设备厂与瑞弛公司签订一份起重机买卖合同。内容为由泰莱设备厂向瑞弛公司出售一台起重机，该起重机相关数据由瑞弛公司提供，10月底于常州交货，运费由泰莱设备厂负担。起重机总造价138 000元，货到后现场付款130 000元，余款等设备使用一个月后全部付清。合同签订后，泰莱公司按对方技术要求于月底将起重机制作完成并送到指定交货地点。被告瑞弛公司在收货并验收合格后仅支付了60 000元现金，余款78 000元经原告泰莱设备厂多次催要，被告以种种理由拒不履行付款义务。原告于2014年7月1日诉至法院，要求法院判令被告支付货款并赔偿损失。被告瑞弛公司提出了案件管辖异议。

法庭经审查认为，原被告双方签订的起重机买卖合同其实质是加工承揽合同，案件事实清楚，权利义务关系明确，被告理应按合同的约定履行付款义务，遂判决被告支付剩余货款并赔偿因迟延履行合同给原告造成的损失。

一、加工承揽合同概述

1．加工承揽合同的概念

加工承揽合同是指承揽人按照定做人的要求完成工作并交付工作成果，定做人给付报酬的合同。在加工承揽合同中，完成工作并交付工作成果的一方当事人称为承揽人，接受该工作成果并支付报酬的一方当事人称为定做人。

2．加工承揽合同的特征

1）以承揽人完成约定工作为目的。定做人订立合同的目的，是取得承揽人按照约定完成的工作成果。换句话说，承揽工作本身并不是定做人所追求的目标，定做人追求的目标是承揽人所完成的工作成果。离开了工作成果，承揽工作就失去了意义。

2）标的具有特定性。承揽合同是以完成一定的工作为目的的合同，该工作是按照定做人的特定要求来设定的。可以说，定做人对完成工作的特定要求使合同标的特定化了，特定化的结果，使某一承揽行为与其他承揽行为具有不同的要求，某一承揽合同的标的物也不同于市场上的其他任何商品。

3）承揽人以自己的设备、技术和能力完成工作并承担工作中的风险。承揽合同的定做人通过承揽合同取得具有特定性的标的物，这种特定性的标的物以承揽人自己的设备、技术和能力来完成。因此，定做人将某项特定的工作委托给承揽人，是因为定做人相信承揽人有圆满完成该项工作的设备、技术和能力。承揽人接受定做人的委托，应当严格按照定做人的要求完成工作并按期交付工作成果，未经定做人许可，承揽人不得将接受的工作另行移转给他人完成。同时，承揽人在完成工作过程中，对自己占有和管理之下的物品所发生的意外风险应承担法律责任。

4）加工承揽合同是诺成、不要式、双务有偿合同。加工承揽合同自承揽人和定做人双方意思表示一致即成立并生效，不以实际交付标的物为合同成立和生效的条件。承揽合同可以采用书面形式也可以采用口头形式，法律对此没有限定。承揽合同一经成立，承揽人和定做人根据合同的约定享受权利和承担义务，这种权利和义务是对等的，即承揽人的权利就是定做人的义务，定做人的权利就是承揽人的义务。承揽人按照合同约定完成工作，交付工作成果，定做人有义务支付相应的报酬。

二、加工承揽合同的种类

加工承揽合同主要分为加工合同、定做合同、修缮合同、劳务合同、印刷合同、广告合同等。

1．加工合同

加工合同是承揽人按照定做人的要求，使用定做人提供的原材料为定做人加工特定产品，定做人接受工作成果并支付报酬的协议。加工合同是当前经济生活中适用比较广泛的合同，如来料加工合同、服装加工合同。

加工合同的特点表现为定做人提供全部或大部分原材料，承揽人完成加工行为并收取报酬。这里的报酬，实际上就是承揽人的加工费。

2．定做合同

定做合同是承揽人按照定做人的要求，利用自己的原材料为定做人加工特定的产品，定做人给付相应价款的协议，如食品加工合同等。

定做合同与加工合同的区别在于，加工合同中完成工作所需的原材料全部或大部分由定做人提供，而定做合同中，完成工作所需的原材料全部由承揽人提供。正因为如此，加工合同中的承揽人收取的只是加工费而没有材料费，而定做合同中的承揽人收取的既有加工费又有材料费。

3．修缮合同

修缮合同是指承揽方按照定做方的要求，为其修缮房屋、维修机器设备和其他修理工作，并向定做方收取相应报酬的协议。修缮合同的主要特点是：如果所需要的修缮材料是由定做方提供的，承揽方应收取相应酬金；如果所需修缮材料是由承揽方提供的，承揽方还应向定做方收取修缮材料的价款。

4．劳务合同

劳务合同是指承揽方根据定做方的委托而为其提供劳动服务，并向对方收取相应报酬的协议。承揽方提供的劳务既可以是脑力劳动服务，如设计、测试、测绘、翻译书刊资料等，也可以是体力劳动服务，如打扫卫生等。

5．印刷合同

印刷合同是印刷方按照出版方的要求，为其完成书刊印刷工作，并收取出版方相应报酬的协议。

6．广告合同

广告合同是广告专营单位或兼营单位为刊户完成一定的广告宣传工作，并取得刊户相应报酬的协议。

加工承揽合同除上述列举的合同以外，还有修理、测试、测绘、装配、包装、装修、印染、复制、化验、翻译、出版等合同，不再一一介绍。

三、加工承揽合同的主要内容

合同内容是指合同双方当事人协商一致的、在合同中加以确定的权利和义务的条款。根据我国《合同法》第二百五十二条的规定，加工承揽合同的主要内容包括合同的标的、数量、质量、报酬、履行期限、承揽方式、材料提供、验收标准和验收方法。

1．合同的标的条款

合同标的是合同法律关系的客体，是合同当事人权利和义务共同指向的对象。标的是合同成立的必要条件，没有标的，合同不能成立。标的条款必须清楚地写明标的名称，以使标的特定化，从而能够界定权利和义务。

2．数量条款

加工承揽合同中的数量，是在承揽合同中以数字和计量单位衡量定做物的尺度。承揽合同必须写明完成的定做物的数量要求，以及标准的计量单位。在经济生活中，定做物的数字通常是通用的、具有确定含义的。订立合同时，当事人应当使用规范的计量标准，即使使用了惯用的“打”“包”“堆”和“车”等，也要进一步具体明确每打、每包、每堆和每车的实际数量和单位，以避免发生不必要的纷争。

3．质量条款

加工承揽合同中，工作成果的质量是指在正常使用条件下，该工作成果能够满足合理使用用途所必须具备的物质、技术和其他社会特征和特性的总和。

对于定做物的质量，如果有国家、行业标准的，双方当事人应按相应的标准执行；没有国家、行业标准的，可按企业标准执行。上述标准都没有的，定做人应当提供样品、模型或者设计图样，由双方协商确定标准。属于非标准化的定做物，定做人也必须提出明确的技术要求或者提供图样资料和样品。对于样品，双方当事人应共同封存，并妥善保管，以作为将来承揽人交付定做物的品质依据。

4. 报酬条款

报酬条款是承揽合同的必备条款，因为承揽合同是有偿合同。报酬条款应当在合同中明确约定报酬的金额、货币种类、支付期限、支付方式等。报酬是指定做人按合同规定向承揽人支付的酬金。承揽合同中的价款是指原料费和加工费的总和，而酬金仅指加工费。在承揽合同中，定做合同、复制合同等通常以价款的形式支付报酬；加工合同、修理合同、测试合同等以酬金的形式支付报酬的居多。

5. 履行期限条款

履行期限条款包括定做人提供材料、技术资料、验收工作成果、接受工作成果和支付报酬的期限，也包括承揽人验收定做人提供的材料、交付工作成果的期限等。履行期限届满，没有完成履行义务的一方要承担违约责任。实际生活中，履行期限往往主要是指承揽人完成工作并交付工作成果的期限。

6. 承揽方式条款

承揽方式条款是加工承揽合同应当明确的内容。加工承揽合同的承揽方式就是指定做物的交付方式，表现为是一次性交付还是分期分批交付，是定做人自提还是承揽人送货等。

7. 材料提供条款

材料提供条款应该明确承揽业务中所需的原材料的全部或部分由哪一方提供，并明确提供材料的时间、地点、材料的数量和质量等。如果当事人未约定由哪一方提供材料或者约定不明的，当事人可以补充协议；不能达成补充协议的，按照合同有关条款或者交易习惯确定；仍不能确定的，一般由承揽人提供，承揽人根据定做人对工作的要求和合同性质，合理地按质按量选用材料，定做人应当支付材料费。在确定材料提供方的基础上，如果未明确材料提供的时间，由承揽人提供材料的，承揽人根据履行期限合理地准备材料；如果由定做人提供材料的，承揽人可以根据履行期限，要求定做人及时提供。交付材料地点不明确的，一般在承揽人工作地点交付。材料数量不明确的，由当事人根据承揽工作的要求合理提供。材料质量不明确的，由当事人根据承揽工作的性质确定。

8．验收标准和验收方法条款

验收标准和验收方法条款关系着承揽人完成的工作成果是否达到定做人的要求，也是衡量承揽人工作质量的标准。验收标准是用来确定承揽人交付的工作成果是否达到定做人所要求的质量技术水平，而验收方法则是进行验收的具体做法。验收标准和验收方法关系到工作成果的实用性与安全性，关系到风险责任的转移以及定做人合法权益的保护。因此，承揽合同必须明确规定交付工作成果的验收标准和验收方法，不得随意交付。

四、承揽人的主要权利和义务

1．承揽人的主要权利

在加工承揽合同中，承揽人的主要权利为收益权和留置权。按照合同的约定，承揽人有权向定做人收取加工报酬和有关原材料的费用。

加工承揽合同中，定做人往往是在承揽人交付工作成果时才支付报酬。如果定做人不支付报酬或者有关的费用，我国《合同法》规定了承揽人的留置权制度。

承揽人行使留置权时，用于留置的财产必须是承揽人基于承揽合同而合法占有的属于定做人的工作成果、材料以及其他财产。留置财产的前提是定做人不支付合同约定的报酬或者材料费等价款。留置的目的是促使定做人支付约定的上述款项。根据《中华人民共和国担保法》（以下简称《担保法》）第八十七条的规定，承揽人留置财产后，应当通知定做人履行支付约定款项的义务，定做人逾期仍不履行的，承揽人可以与定做人协议以留置物折价，或者以拍卖、变卖该财产的价款支付约定款项。如果变卖的价款仍不能弥补承揽人所受损失，承揽人有权向定做人追偿不足部分。但在当事人特别约定承揽人不得留置时，或者留置有悖于社会公德或者公共利益的，承揽人的留置权不能成立。此时，应由定做人赔偿承揽人的损失。

2．承揽人的主要义务

完成承揽合同规定的工作是承揽人的基本义务，也是承揽合同追求的交付工作成果这一目的的必要前提。

1）按照合同的约定完成主要工作的义务。承揽人应按合同的约定，按照定做人要求的时间、数量、质量和技术条件等完成承揽工作，而且不经定做人的同意不得擅自变更其承揽内容。根据我国《合同法》第二百五十三条规定，①承揽人应当以自己的设备、技术和劳力完成主要工作，这是承揽人基本的义务。但如果约定由定做人提供设备、技术的则适用当事人的另外约定。②承揽人不经过定做人同意，将其承揽的主要工作交给第三人完成的，属于违约行为，定做人有权利解除合同。③定做人不解除合同的，承揽人有义务就交由第三人完成的工作成果向定做人负责。因为这本是承揽人的义务。

2）承揽人应当亲自完成主要工作。我国《合同法》规定，承揽人应当以自己的设备、技术和劳力完成主要工作。“亲自完成”是承揽人的重要义务，可以是完成全部工作，也可以是完成主要工作。通常“主要工作”可以从两个方面界定：①完成了决定定做物质量部分的工作；②完成了大部分或者绝大部分数量的工作。换句话说，主要是从完成的工作质量和数量两方面进行考量的。主要工作以外的辅助工作，承揽人可以将其交给第三人来完成。但是承揽人将其工作的次要部分转让给第三人时，承揽人与定做人之间的关系并未改变，承揽人应当就该第三人完成的工作成果向定做人负责。在一般情况下，承揽人与接受次要工作的第三人之间成立一个新的承揽关系，即“次承揽”，也有的称为“转包”。承揽人与第三人之间的关系是否为承揽、是否有效，均不影响承揽人对定做人所负担的义务。承揽人与定做人之间的合同效力对于承揽人与第三人之间的合同效力也无影响。

3）承揽人应按时交付已完成的工作成果。交付工作成果是承揽人履行的义务，是承揽合同双方当事人的目的得以实现的基本条件。

交付工作成果是指对工作成果占有的转移以及伴随该占有转移而发生的所有权的转移。如果工作成果所需的材料主要或者完全由定做人提供，则工作成果的所有权自然归定做人享有，承揽人交付工作成果仅是完成对工作成果占有的转移；相反，工作成果的所有权归承揽人享有时，承揽人交付工作成果不仅是对工作成果占有的转移，同时也转移了工作成果的所有权。

4）承揽人在工作中应接受定做人的监督检查。为保证承揽人严格按照定做人提出的要求完成承揽工作，《合同法》第二百六十条规定，定做人可在承揽人工作期间进行必要的检查，以确定承揽人是否按合同规定和定做人的要求加工、修理定做物或完成承揽项目。如发现承揽人未按合同要求进行工作，定做人有权向其指出并要求改正。承揽人不得无故拒绝定做人的正当检查，不得侵犯定做人的检查权，不得为其检查设置障碍或采取隐瞒、逃避等行为。当然，定做人行使检查权以不妨碍承揽人的正常工作为限，如果超出此限，则应对所造成的损失负责，对此，当事人可在合同中对定做人检查的时间、方式、次数做出详细规定。

5）妥善保管定做人提供的材料及完成的工作成果。在承揽合同中完成工作成果的材料既可以由定做人提供也可以由承揽人提供。而完成的工作成果由承揽人负责，并交付给定做人。当完成工作成果的材料由定做人提供，以及当完成的工作成果尚未交付给定做人时，依据我国《合同法》第二百六十五条规定，在合同履行期间，承揽人对定做人提供的材料、设备、包装以及完成的工作成果等负有保管的义务。若由于保管不善，造成上述物品毁损，承揽人应偿付定做人因此造成的损失。

妥善保管要求承揽人在主观上尽到相当的谨慎注意程度，客观上按照被保管物的性能分别采取不同的保管方法，使其免受自然损害或灭失。保管方法是否妥当，应以能维护材料等的现状为标准。

妥善保管的标的物，主要包括定做人提供的材料以及承揽人所完成的工作成果。因保管不善造成材料毁损灭失的，承揽人应承担损害赔偿责任。因承揽人的过错造成工作成果毁损灭失的，承揽人应承担损害赔偿责任。

6）通知义务。通知义务的法律依据是我国《合同法》第二百五十六条、第二百五十七条规定，这些规定明确了承揽人在合同中应履行的通知义务有两项。

第一，承揽人应当履行检验、通知义务。这是指对定做人提供的材料的检验，如果发现不符合约定，承揽人应当及时通知定做人采取更换、补齐或者其他补救措施。可见，这里的通知义务，是对定做人所提供的材料的检验并对材料不合约定的通知义务，前提是合同约定由定做人提供材料，而定做人也确实提供了材料，且材料又不符合约定的情形。

第二，承揽人原则上应按定做人提供的图样或提出的技术要求来完成承揽工作。但如果承揽人在工作期间确有根据认为定做人提供的图样或技术要求不合理，如继续照此图样或技术要求定做可能会造成不必要的浪费和损失，则承揽人应立即通知定做人，要求其修改。如定做人未在规定期限内答复，承揽人不得擅自更改图样和技术要求，但有权停止承揽工作，并将情况通知定做人，因停工造成的损失，由定做人负责赔偿。

7）保密义务。承揽人在完成工作的过程中，因工作关系可能会接触定做人的一些秘密，依据《合同法》第二百六十六条，如果定做人根据加工承揽合同向承揽人提供一定的技术资料或图样，以利于承揽人按照其提出的技术要求完成工作，定做人可以要求承揽人承担保密义务，也可在合同中订立保密条款对此做出详细规定。承揽人在工作中应对这些技术资料严格保密，防止其内容的泄露与扩散。完成工作后，承揽人应将技术资料完整地返还定做人，未经定做人许可不得留存技术资料原件和复制品。承揽人违反保密义务，造成定做人的技术秘密失密，应承担违约责任。

五、定做人的主要权利和义务

定做人的权利是与承揽人的义务相对应的，定做人的权利主要有按合同约定受领工作成果的权利、对原材料及交付的工作成果按约定验收的权利和对承揽人进行必要监督的权利。

定做人的义务主要有：

1）按约定提供材料、设计图样或技术资料的义务。根据《合同法》第二百五十六条的规定，如果定做人隐瞒材料的缺陷而造成完成的工作成果存在质量问题的，定做人应当承担责任。如果承揽人在合同约定的期限没有收到定做人提供的材料，或者接到的材料质量有缺陷造成工作延期等后果时，定做人应承担相应的责任。

2）定做人的协助义务。承揽人在完成承揽工作的过程中，有时需要定做人的协助工作才得以完成。此时，定做人的协助就成为承揽人完成工作的必要条件。

① 根据承揽工作的性质，需要定做人协助的，定做人有协助的义务。例如，根据承揽的工作性质应由定做人提供原材料的，定做人应按照约定的标准提供；应由定做人提供设计图样或者技术要求、技术资料的，定做人应按照约定的期限提供；应由定做人提供样品的，定做人应按照约定提供所需的样品；应由定做人提供工作场所、工作环境的，定做人应当提供。

② 定做人不履行协助义务，会拖延承揽工作的进行，承揽人有权利催告定做人在合理期限内履行协助义务，并且可以使履行期限随之顺延。如果定做人逾期不履行协助义务，会严重影响承揽工作的顺利进行，属于违约行为，承揽人可因此而解除合同。

3）支付报酬的义务。支付报酬是定做人最主要的义务，也是承揽人最主要的权利。依据我国《合同法》第二百六十三条规定，定做人须支付的报酬标准，合同中有约定的，按照约定；没有约定或者约定不明确的，可以协议补充；不能达成补充协议的，按照合同有关条款或者交易习惯确定；依照《合同法》第六十一条的规定仍不能确定的，定做人须在交付工作成果的同时支付报酬。如果承揽人部分交付工作成果，则定做人应按照交付的部分相应支付报酬。定做人支付的报酬，一般应为货币，但当事人另有约定的除外。

4）定做人的验收义务。定做人应在承揽人交付工作成果后及时验收，如在合同规定的验收期限内未对定做物或项目的质量提出异议，视为定做人已接受合格的定做物或项目。

六、加工承揽合同的违约责任

1．承揽人的违约责任

1）承揽人交付的工作成果不符合质量要求的，定做人可以要求承揽人承担修理、重做、减少报酬、赔偿损失等违约责任。

2）承揽人交付的定做物或者完成工作的数量不足合同约定的，承揽人应当按约定的数量补足，逾期补足的部分按逾期交货处理。

3）未按合同规定包装定做物，需返修或重新包装的，承揽人应当负责返修或重新包装，并承担因此而支付的费用。

4）逾期交付定做物，应当按照合同规定，向定做方偿付违约金；如合同中没做具体规定的，应当比照中国人民银行有关延期付款的规定，按逾期交付部分的价款总额计算，向定做方偿付违约金；以酬金计算的，每逾期一天，按逾期交付部分的酬金总额的千分之一偿付违约金。

5）除上述四个违约责任外，定做人可以根据合同约定要求承揽人承担其他的违约责任，如合同中约定的违约金，承揽人应当支付违约金。承揽人按约定向定做人支付定金的，工作成果不符合质量标准的，定做人有权不返还定金。定做人向承揽人支付定金的，工作成果不符合质量标准的，定做人有权要求承揽人双倍返还所付的定金。

2. 定做人的违约责任

1）解除合同的责任。定做人在承揽合同履行完毕之前的任何时候，都可以解除合同，但造成承揽人损失的必须赔偿损失。

2）逾期付款的责任。定做人未向承揽人支付报酬或者材料等价款的，承揽人对完成的工作成果享有留置权。如果定做人没有在合理期限内支付报酬或价款，承揽人可以变卖工作成果，用所得价款扣除其应得的报酬或价款。定做人还应比照中国人民银行有关延期付款的规定向承揽人偿付违约金；以酬金计算的，每逾期一天，按酬金总额的1‰偿付违约金。

3）中途变更工作要求的责任。定做人中途变更承揽工作的要求，给承揽人造成损失的，应当赔偿损失。定做人中途变更承揽工作的要求包括数量、规格、质量或设计等。同时，定做人变更合同约定的工作成果交付地点或接收单位，并因此使承揽人多支出费用的，应由定做人承担。

4）未按合同约定提供材料的责任。由定做人提供材料的，定做人应当按照约定提供材料。如果定做人所提供的材料不符合合同约定的，定做人应当负责更换、补齐或者采取补救措施，并应赔偿因此给承揽人造成的损失。

5）未如期接受工作成果的责任。定做人应按照合同约定的时间接受工作成果，否则，就应承担相应的责任。定做人除应当按照中国人民银行有关延期付款规定偿付违约金外，还应当承担承揽人对该工作成果所实际支付的保管费、保养费。如果该项工作成果是由运输部门代运的，定做人还应当赔偿承揽人由此产生的损失和运输部门的罚款。

七、加工承揽合同的终止

加工承揽合同的终止是指承揽合同中所规定的权利义务关系的消灭。承揽合同的终止依据我国《合同法》的有关规定，可以归纳为以下原因：

1）因合同解除而终止。具体包括：

① 定做人的任意解除权。定做人可以随时解除承揽合同，造成承揽人损失的，应当赔偿损失。

② 承揽合同因当事人一方严重违约而解除。具体情况有：①承揽人未依约按时完成合同工作义务而使其工作于定做人已无意义的；②承揽人未经定做人同意将承揽合同主要工作转由第三人完成的；③定做人在检验监督中发现承揽人工作中存在问题，经向承揽人提出，而承揽人拒不更改的；④定做人未尽到协助义务，经承揽人通知仍不履行的。以上各种情况出现时，当事人均可行使合同解除权，有损害存在的可同时请求损害赔偿。

2）因承揽人死亡或丧失完成工作的能力而终止。

3）因定做人死亡且其继承人不需要该项工作成果而终止。如定做人死亡后，定做人的继承人仍需要承揽人从事承揽工作并要求交付工作成果的，则承揽人应继续完成约定的承揽工作并负责交付工作成果。

4）因承揽人或定做人被宣告破产而终止。这一终止条件是指承揽人和定做人是法人的情形。终止承揽合同的履行，未受破产宣告的一方当事人可以通过申报债权或登记债务来参与破产财产的分配与清偿，从而保护其合法权益不受侵害。

复习思考题

一、填空题

1．加工承揽合同是指______按照______的要求完成工作并交付工作成果，定做人给付报酬的合同。

2．承揽人行使留置权，用于留置的财产必须是承揽人基于______而合法占有的属于______的工作成果、材料以及其他财产。

3．对定做人提供材料的检验，如发现不符合约定，承揽人应履行______义务。

4．______可以随时解除承揽合同，造成对方损失的，应当赔偿损失。

二、简答题

1．简述流通加工在物流中的作用。

2．简述加工承揽合同的主要内容。

3．简述加工承揽合同中承揽人的权利和义务有哪些。

三、案例分析

2016 年 4 月 25 日，申请人张某和被申请人上海某家具厂签订了一份《合作协议书》。协议约定，申请人委托被申请人加工生产柚木家具共 X 套，每套单价为 a 元，合同总价为 A 元。双方约定，被申请人先生产一套样品，样品按照被申请人提供的家具尺寸、结构、工艺等要求双方协定修改来生产，家具样品应该在2016 年 5 月 10 日前向申请人交付，并由申请人验收后下达样品确认书，被申请人根据样品确认书的标准进行生产。双方还约定，签订《合作协议书》时，申请人支付给被申请人预付款 B 元，用于样品生产。家具样品完成主体框架后，申请人支付样品剩余货款 C 元。家具样品确认书下达后三个工作日内，申请人支付货款 D 元，余款在被申请人完成家具生产后，送货的前一天支付。另外，双方约定如有一方违约，另一方可以提出解约，终止合同，违约方应当赔偿对方的损失。在没有造成损失的情况下，违约方应支付合同金额 20%的违约金。

《合作协议书》签订后，申请人支付了样品生产的预付款 B 元，被申请人按照双方的约定进行家具样品的生产。2016 年 4 月 30 日、5 月 9 日，申请人先后两次到被申请人的家具样品生产场地对家具样品进行查验，并对床、床头柜、电视柜、大衣柜的质量，提出了整改意见，被申请人也承诺同意按照要求进行更改。2016 年 5 月 22 日，申请人向被申请人发出解约函，要求解除双方签订的《合作协议书》，并要求被申请人返还预付款 B 元，并支付违约金 E 元。

被申请人委托了律师积极应诉并提起了反诉请求，要求对方承担违约责任并赔偿自己的损失。

问题：请分析此案例，并做出裁决。

7

第七章 货物运输法律法规

学习目的

通过本章的学习，了解物流环节中货物运输的相关法律制度，熟悉货物运输合同，掌握货物运输合同双方当事人的权利与义务，熟悉《国际铁路货物联运协定》（以下简称《国际货协》）中的相关规定，掌握海上货物运输承运人的权利与义务、提单的内容及多式联运合同的特点。

第一节　货物运输概述

引导案例 7-1：

甲物流综合服务公司下设 6 大部门，包括包装部、运输部、装卸部等。2016 年 6 月，该公司运输部在进行运输服务时与某货站取得业务联系，该货站许诺从 2016 年 7 月起其所有运输业务都委托给该运输部承做，双方还签有简单协议。该运输部为确保无误，特别使用了其随带的部门印章，该货站也表示同意。但是，2016 年 9 月，甲物流综合服务公司运输部发现其承接该货站的运输只是其中很小的一部分，同时还有另两家货运公司在承做。于是，问及该货站，该货站否认，进而否认双方协议的效力，认为该运输部不是单位法人，其部门印章的使用不具有法律效力，于是起了纠纷。

运输部与货站签订的合同是否有效？

一、我国运输业的立法现状

新中国成立以来，我国运输业的立法和实践经历了计划经济体制阶段、十一届三中全会后至 1988 年的初步改革开放阶段以及 1988 年以后的快速发展阶段。经过数十年的探索和发展，我国已建立了包括公路运输、铁路运输、航空运输、水路运输、货运代理等方面的运输业的法律规范体系。

1．公路运输法律法规

在我国目前的物流基础设施中，公路的使用率是相对较高的，在短途物流配送中，公路运输的作用显得尤为重要。由于公路运输是我国较为传统的运输方式之一，发展速度也相对较快，因此，调整公路运输的法律也比较全面，除了《中华人民共和国公路法》之外，还有《高速公路交通管理办法》《道路货物运输及站场管理规定》等一系列法律规范。从上述法律规范中可以发现，我国目前颁布实施的公路运输法中主要是行政法规或者部门规章。

2．铁路运输法律法规

铁路运输在我国是仅次于公路运输的一种运输方式，其优点在于运输量大，运输时间稳定，且抗风险能力较强。除了《中华人民共和国铁路法》以外，我国在铁路运输方面的法规主要有《铁路货运事故处理规则》《铁路零担货物运输组织规则》《铁路货物运输杂费管理办法》《铁路货物运输规程》《铁路货物运输管理规则》等。

3．航空运输法律法规

在现有的运输方式中，航空运输是速度最快、效率最高的，但费用也最高。关于航空运输的国内立法，除《中华人民共和国民用航空法》外，还有《航空货物运输合同实施细则》《国务院关于开办民用航空运输企业审批权限的暂行规定》《中国民用航空货物国内运输规则》《中国民用航空货物国际运输规则》等规范。在国际方面，我国先后签署、批准加入了《华沙公约》《海牙议定书》等20多个国际公约和议定书，并与80余个国家签订了双边航空运输协定，形成了我国的民用航空运输法律体系。

4．水路运输法律法规

水路运输的优点在于运价低、运量大，缺点是速度较慢、风险较高。我国在水路运输方面的法律规范主要有《中华人民共和国海商法》《中华人民共和国水路运输管理条例》《中华人民共和国海上交通安全法》以及《中华人民共和国国际海运条例》等。

5．货运代理法律法规

货运代理是现代运输物流的普遍形态。关于货运代理的法律规范主要有国家商务部颁布的《中华人民共和国国际货物运输代理业管理规定》及其实施细则，商务部、国家工商总局2005年2月16日联合发布的《关于国际货物运输代理企业登记和管理有关问题的通知》等。

二、有关货物运输的相关国际公约

调整国际海上货物运输的主要国际公约是《1924年统一提单的若干法律规则的国际公约》（《海牙规则》）和《联合国海上货物运输公约》（《汉堡规则》）。《海牙规则》侧重于保护船东利益，《汉堡规则》加重了承运人责任，我们应通过比较，了解《汉堡规则》对《海牙规则》的革新。《海牙规则》是最早、最有影响的规定承运人最低限度责任的国际公约。调整国际航空运输的国际公约主要是《华沙公约》和《海牙议定书》。调整国际铁路运输的国际公约有《国际铁路货物运送公约》（以下简称《国际货约》）与《国际货协》，中国参加了《国际货协》。

第二节　货物运输合同法律法规

引导案例 7-2：

原告强英公司是专业经营电石和其他化学危险品的公司，被告李某系个体货运车主，其车上户在被告三友公司名下，李某及三友公司均无承运危险物品的资质，且三友公司并没有开展货运业务。2014年5月5日，强英公司负责人打电话与李某联系，约定由李某拉运电石一车，运价按每吨500元计算。5月9日，强英公司经工商银行向李某异地汇款8 000元作为预付运费，同日李某装载了包装为编织袋的散包装电石24.27吨拉往南通(另有一车也受雇于原告运载电石同行)。

路上遭逢阴雨天气，李某对承运的电石采取了苫布遮盖等措施。5月12日凌晨，李某发现有气体从车厢冒出，即上车检查。检查过程中，电石突然爆炸并起火自燃，将李某掀下车，致脚骨骨折。李某打电话报警，消防队到达后，因交通堵塞，灭火用的砂石等无法运达，以致无法扑灭火情。

原、被告双方口头约定及承运时均通过电话联系，并未见过面。强英公司未对李某及三友公司有无承运危险物品的资质进行审核，也未将承运电石妥善包装、做出危险品标志和标签，未向被告提交有关电石性质和防范措施的书面材料。现原告起诉要求被告赔偿全部电石损失及返还已付运费。

根据《合同法》第三百零七条规定，我国对危险化学品经营销售实行许可制度，经营企业主管人员和业务人员必须经过专业培训。强英公司在与承运人李某签订运输合同时，却未审核承运人的承运资质，未按规定告知货物性质及运输中的注意事项，未按照国家有关危险物品运输的规定对危险物品妥善包装，其过错是重大的。

李某在缔约及履约过程中有没有过错？

资料来源：中国法律网

一、货物运输合同概述

货物运输合同是指承运人按照托运人的要求将货物从起运地运到目的地，托运人或者收货人支付运费的合同，还可以称作物流运输合同。我国关于调整货物运输合同双方权利与义务关系的法律有《合同法》《铁路法》《海商法》《民用航空法》等，相关的行政法规和行政规章有《铁路货物运输合同实施细则》《公路货物运输合同实施细则》《水路货物运输合同实施细则》等。

1．货物运输合同的主要特征

1）货物运输合同的标的是运送货物的行为，也就是将一定数量的货物按期运送到指定地点的劳务活动，是双务有偿合同。

2）货物运输合同的主体不仅包括托运方和承运方，在许多情况下，它还包括第三方，即收货方。当然，在少数情况下，托运方与收货方也可能是同一当事人。当托运方与收货方不是同一个人时，收货方虽然没有直接参加订立合同，但他的权利和义务已根据有关法律、法规的规定明确地包含在合同中。

3）货物运输合同一般均具有标准合同的性质，所以签订这类合同应采用国家及有关部门发布的标准合同格式。另外对运费，如国家有统一规定的，也应按照国家的定价执行。

2．货物运输合同的主体

（1）承运人　承运人是指本人或委托他人以本人名义与托运人订立货物运输合同的人，多为法人，也可以是自然人或其他组织。

（2）托运人　托运人是指与承运人订立货物运输合同的人，包括自然人、法人和其他组织。

（3）收货人　收货人是指货物运输合同中托运人指定提取货物的单位或个人。收货人与托运人可以是同一人，但多为第三人。当第三人为收货人时，收货人就是货物运输合同的关系人，此时货物运输合同就是为第三人的利益而进行。

二、货物运输合同当事人的权利与义务

1．托运方的主要权利

按照《合同法》第三百零八条规定：“在承运人将货物交付收货人之前，托运人可以要求承运人中止运输、返还货物、变更到达地或者将货物交给其他收货人，但应当赔偿承运人因此受到的损失。”托运人变更或解除运输合同无需提出理由或征得承运人的同意。托运人因变更或撤销运输合同赔偿承运人的损失应当

包括装货、卸货和其他有关费用。但收货人变更或解除运输合同，须在货物交付收货人之前，由此给承运人造成的损失，收货人应予以赔偿。

2．托运方的主要义务

托运方的主要义务包括：

1）如实申报货物内容。

2）向承运人提交有关手续文件。

3）妥善包装。

4）托运危险品的告知义务。托运人如托运易燃、易爆、有毒、有腐蚀性、有放射性的货物，应将有关危险物品的名称、性质和防范措施的书面材料提交承运人。托运人未尽此项义务，承运人有权拒绝运输，也有权采取相应措施以避免损失的发生，因此产生的费用由托运人承担。

5）支付承运费用。

3．承运方的主要权利

1）承运人的留置权。《合同法》第三百一十五条规定："托运人或者收货人不支付运费、保管费及其他运输费用的，承运人对相应的运输货物享有留置权，但当事人另有约定的除外。"这表明一旦承运人按合同约定的内容，完成运输义务而托运人或收货人不支付运输费用的，承运人可以留置该承运的货物。留置权是担保物权的一种，我国《担保法》规定，运输合同、保管合同、加工承揽合同的债权人享有留置权，当事人另有约定的除外。留置权的担保范围包括主债权的利息、违约金、损害赔偿金、留置物的保管费用和实现留置权的费用。

2）承运人的提存权。《合同法》第三百一十六条规定："收货人不明或者收货人无正当理由拒绝受领货物的，依照本法第一百零一条规定，承运人可以提存货物。"提存的目的是使债务消灭，提存的方式是承运人向接收货物所在地的公证机关申请公证，由公证机关指定存货场所，其效果是免除承运人因继续占有货物可能带来的风险。货物提存期间，其毁损灭失的风险由债权人承担，提存的保管费用及其他灭失的风险也由债权人承担，而收益应由债权人享有。

3）收取承运费的权利。

4．承运方的主要义务

1）承运人应按时、按地、安全地完成运输义务。

2）通知义务。《合同法》第三百零九条规定："货物运输到达后，承运人知道收货人的，应当及时通知收货人，收货人应当及时提货。收货人逾期提货的，应当向承运人支付保管费等费用。"

在实践中，托运人与承运人因不能正确履行合同导致纠纷的情况常有发生。

实例 7-1 某水果公司与A车站在2016年8月1日签订运输合同一份。双方约定：苹果2 000筐，柳条筐包装，运输期限6天，到达车站为沙市车站，收货人仍是某水果公司。当天，A车站调配给水果公司棚车一辆，水果公司自行装车，装苹果2 500筐，货物标明“鲜活易腐”。8月2日挂有该棚车的111次列车从A车站出发，水果公司派押运人一名，8月3日20时111次列车到达B车站，该车站调度员令111次列车在站停留。当时气温高达37℃，押运人多次请示车站挂运，但无效，货车停留到8月10日挂出。8月11日列车到沙市车站，卸车时发现苹果不同程度的腐烂变色，经当地质检部门对苹果腐烂的原因进行鉴定，得出结论为该批水果运输时间过长，气温较高，堆码紧密，影响通风所致。押运人将尚可食用的苹果处理得款1万元后，要求承运方赔偿损失7万元（包括运费、利润等）。承运人不同意，由此成讼。

本案涉及三个问题：①水果公司应当向哪个车站请求赔偿？②承运人对损害的发生是否负有责任？③水果公司对损害的发生是否负责？

就第一个问题而言，水果公司应向A车站和B车站单独或同时请求赔偿，即依据《合同法》第三百一十三条规定：“两个以上承运人以同一运输方式联运的，与托运人订立合同的承运人应当对全程运输承担责任。损失发生在某一运输区段的，与托运人订立合同的承运人和该区段的承运人承担连带责任。”据此，水果公司与承运人A车站约定的运输期限为6天，即应8月7日到达沙市车站，但实际上由于B车站调度的问题，致使货物延误4天到达，所以依法应由二者承担连带责任，即由承运人A车站及B车站单独或共同赔偿。

对于第二个问题，承运人应对损害的发生负责任。根据《合同法》第三百一十一条规定，本案中作为承运方的B车站对标有“鲜活易腐”的货车不采取积极挂运措施，致使其停留7天，对押运人的正常合理要求不予理睬，其过错行为是损害发生的主要原因，应当依法承担责任。

对于第三个问题，托运人对损害的发生应负责任。按照合同规定的数量、重量装运货物并使用合格的包装是托运人的义务。水果公司擅自多装了500筐苹果，成为苹果致损的原因之一，也有过错，根据《合同法》第一百二十条的规定：“当事人双方都违反合同的，应当各自承担相应的责任。”水果公司应对货物损害的发生承担相应的责任。

三、运输过程中货物毁损灭失的赔偿责任

运输过程中的货物发生毁损、灭失时，承运人是否都应承担赔偿责任，这要视具体情况而定。各国法律一般都对承运人的赔偿责任及其范围给予一定的限制，均不实行完全赔偿责任。

实例 7-2 甲公司与乙公司在 2016 年 7 月 3 日签订了一份空调购销合同，约定甲公司向乙公司购买 100 台空调，每台空调单价 2 000 元，乙公司负责在 B 县代办托运。乙公司于 7 月 18 日在 B 县的火车站发出了该 100 台空调，铁路运输公司在运输过程中于 7 月 21 日遇上泥石流，30 台托运中的空调毁损。本案中涉及的问题是，遇泥石流的空调损失由谁来承担？按照《合同法》第一百四十四条规定："出卖人出卖交由承运人运输的在途标的物，除当事人另有约定的以外，毁损、灭失的风险自合同成立时起由买受人承担。"本案为代办托运的买卖合同，风险自货交第一承运人时起转移给买受人。乙公司已将货物交给火车站运输，运输途中的风险由甲公司负担，所以遇泥石流的空调损失由甲公司承担。

目前我国法律对货物毁损灭失的赔偿责任分为两种情况：

1）对未保价货物受损方面的规定。赔偿范围不包括债权人因此所受到的可得利益的损失，并且不能超过主管部门规定的责任限制。但在承运人对货物的损失有主观的故意时，承运人应赔偿全部损失。即根据《合同法》第三百一十二条的规定："货物毁损、灭失的赔偿额，当事人有约定的，按照其约定；没有约定或者约定不明确，依照本法第六十一条的规定仍不能确定的，按照交付或者应当交付时货物到达地的市场价格计算。法律、行政法规对赔偿额的计算方法和赔偿额另有规定的，依照其规定。"

2）对已保价运送的货物赔偿的规定。托运人办理保价运送的，在该货物受损时，承运人应赔偿托运人的实际损失，但要以保价金额或托运人声明的金额为限。如果损失是由于承运人故意或者重大过失造成的，不能适用赔偿限额的规定。

第三节　公路货物运输法律法规

引导案例 7-3：

2016 年 1 月 21 日，A 公司委托某货运配载站将 17 台洗衣机运至外地某市。货运配载站当日签出货物托运凭证，该凭证右下方有货运配载站事先印好的货物托运合同。该合同第二条、第三条分别载明："托运人必须委托承运人办理保险，如发生丢失和损坏，按保险条例赔偿……"；"如托运人未委托承运人投保，如发生丢失和损坏，按运费的 3 倍赔偿。"货运配载站接受委托后用汽车运输，途中发生交通事故，造成托运的洗衣机中 16 台损坏，经交警认定货运配载站应负事故全部责任。之后，A 公司多次找货运配载站协商赔偿事宜，但无法达成协议。为此，A 公司依法起诉，要求法院判令货运配载站按受损洗衣机的进货价赔偿货物损失及可得利润损失。

本案涉及公路货物运输合同，是承运人过错造成托运货物损毁，托运人没有办理保险，发生纠纷时如何确定双方法律后果的典型案件。货物托运凭证应认定为格式合同，应按不利于提供格式条款一方的原则进行解释，如合同条款符合法定情形的，可认定该条款无效。该合同符合运输合同的法律特征，依《合同法》的有关规定，除承运人证明货物的毁损是因不可抗力、货物本身的自然性质或者合理损耗以及托运人、收货人的过错造成的外，应对货物毁损承担赔偿责任。

资料来源：天涯法律网

物流企业采用公路运输要按照法律规定进行，在我国，这方面的法律法规主要有《合同法》以及相应的国际公约。

一、物流企业使用自有汽车进行运输的责任

很多物流企业都拥有自己的车队，用以完成物流中的公路运输。此时，物流企业在操作中应注意履行下列义务：

1）根据承运货物的需要，按货物的不同特性，提供技术状况良好、经济适用的车辆。运输特种货物的车辆和集装箱运输车辆，需配备符合运输要求的特殊装置或专用设备。

2）根据货物的情况，合理安排运输车辆，货物装载重量以车辆额定吨位为限。

3）认真核对装车的货物名称、重量、件数是否与运单上的记载相符，并检查包装是否完好。

4）合理选择运输路线，缩短运输时间，降低运输成本，并将运输路线告知托运人。运输路线发生变化应通知托运人，以便其对运输进行监督。

5）尽快运送，在合理的运输期限内将货物运达。

6）保证运输安全，对产生的货损货差负责。

7）货物运抵前，应当及时通知收货人做好接货准备，及时将货物交给收货人。

二、物流企业租用他人汽车进行运输的责任

物流企业在租用他人汽车进行运输时，通常要与车辆的所有人签订汽车租用合同。汽车租用合同是指出租人将汽车交给承租人使用，由承租人支付租金的合同。此时，物流企业不仅要对物流需求方尽到上述承运人的义务，还要依照汽车租用合同对汽车出租人尽到承租人的义务。

1．汽车租用合同的订立

订立汽车租用合同要经过要约与承诺两个步骤。其中，一方当事人向另一方当事人发出订立汽车租用合同的意思表示即为要约；而收到要约的一方当事人同意的意思表示即为承诺。双方意思表示达成一致，汽车租用合同即告成立。

2. 汽车租用合同双方的义务和责任

（1）承租人应承担的义务和责任　承租人应承担的义务和责任主要有：

1）在接收汽车时，应对租用的汽车进行检查，确认汽车技术状况良好，并要核对行驶证、道路运输证等证件是否齐全、有效。行车中应当随车携带上述有关证件。

2）按照合同约定使用租用的汽车只能在约定的地域或道路上载运约定种类的货物。如果物流企业以违背约定的方法使用租来的汽车，致使汽车受到损害时，出租人可以解除合同，并要求物流企业赔偿损失。

3）妥善保管租用的汽车。如果因保管不善致使汽车受到损害，物流企业要承担赔偿责任。

4）按照合同约定承担燃料的费用。

5）按照约定支付租金。在合理期限仍不支付的，出租人可以解除合同。

6）未经出租人同意，不得将租用的汽车转租给他人。否则，出租人可以解除合同。

7）租用期限届满后，返还所租用的汽车。逾期不及时返还，要承担违约责任。

（2）出租人应承担的义务和责任　出租人应承担的义务和责任主要有：

1）按照约定将汽车交给物流企业使用，并保证其适于约定的用途。否则，物流企业可以要求其承担违约责任。

2）出租人有维修汽车的义务，物流企业可以要求其按照有关技术标准，加强车辆技术管理，保持汽车技术状态良好。如果出租人不履行维修义务，物流企业可以自行维修，并要求出租人承担维修费用。

三、汽车货物运输合同

1. 汽车货物运输合同的含义

汽车货物运输合同是指汽车货物运输承运人与托运人之间签订的明确相互权利义务关系的协议。很多物流企业在实践中，既不使用自己的汽车，也不租用别人的汽车来完成货物的运输，而是把货物运输交给专业的汽车货物运输承运人来完成，并作为托运人或托运人的代理人与之签订汽车货物运输合同。

2. 汽车货物运输合同的种类

汽车货物运输合同可采用书面形式、口头形式和其他形式。书面形式合同种类分为定期运输合同、一次性运输合同、道路货物运单（以下简称运单）。

（1）定期运输合同　定期运输合同是指汽车货物运输承运人与托运人签订的在规定的期间内用汽车将货物分批量地由起运地运至目的地的货物运输合同，适用于承运人、托运人、货运代办人之间商定时期内的批量货物运输。

（2）一次性运输合同　一次性运输合同是指汽车货物运输承运人与托运人之间签订的一次性将货物由起运地运至目的地的货物运输合同，适用于每次货物运输。

承运人、托运人和货运代办人签订定期运输合同、一次性运输合同时，运单视为货物运输合同成立的凭证。在每车次或短途每日多次货物运输中，运单视为合同。

（3）道路货物运单　未签订定期运输合同或一次性运输合同的，托运人应按以下要求填写运单：

1）准确表明托运人和收货人的名称（姓名）和地址（住所）、电话、邮政编码。

2）准确表明货物的名称、性质、件数、重量、体积以及包装方式。

3）准确填写运单中的其他有关事项。

4）一张运单托运的货物，必须是同一托运人、收货人。

5）危险货物与普通货物以及性质相互抵触的货物不能用一张运单。

6）托运人要求自行装卸的货物，经承运人确认后，在运单内注明。

7）应使用钢笔或圆珠笔填写，字迹清楚，内容准确，需要更改时，必须在更改处签字盖章。

托运的货物品种不能在一张运单内逐一填写的，应另填写“货物清单”，清单中托运的货物名称、性质、件数、质量、体积、包装方式等，应与运单记载的内容相符。

四、汽车货物运输合同双方当事人的义务

在实际操作中，很多物流企业直接向汽车货物运输承运人托运货物，并作为托运人或托运人的代理人与之签订汽车货物运输合同。此时，物流企业（即托运人）与专业汽车公司（即承运人）各自的责任是不同的。

1．托运人应承担的主要义务

1）按照国家有关部门规定必须办理准运或审批、检验等手续的货物，托运人托运时应将准运证或审批文件提交承运人，并随货同行。托运人委托承运人向收货人代递有关文件时，应在运单中注明文件名称和份数。

2）托运的货物中，不得夹带危险货物、贵重货物、鲜活货物和其他易腐货物、易污染货物、货币、有价证券以及政府禁止或限制运输的货物。

3）托运货物的包装，应当按照承托双方约定的方式包装。对包装方式没有约定或者约定不明确的，可以协议补充；不能达成补充协议的，按照通用的方式包装；没有通用方式的，应在足以保证运输、搬运装卸作业安全和货物完好的原则下进行包装。依法应当执行特殊包装标准的，按照规定执行。

4）根据货物性质和运输要求，按照国家规定，正确使用运输标志和包装储运图示标志。使用旧包装运输货物，托运人应将包装上与本批货物无关的运输标

志、包装储运图示标志清除干净，并重新制作标志。

5）托运特种货物，主要有冷藏货物、鲜活货物、危险货物、大型特型笨重货物等，托运人应按相关要求，在运单中注明运输条件和特约事项。

6）运输途中需要饲养、照料的有生物、植物、尖端精密产品、稀有珍贵物品、文物、军械弹药、有价证券、重要票证和货币等，托运人必须派人押运。除上述规定的货物外，托运人要求押运时，需经承运人同意。需派人押运的货物，托运人在办理货物托运手续时，应在运单上注明押运人员姓名及必要的情况。押运人员每车一人，托运人需增派押运人员时，在符合安全规定的前提下，征得承运人的同意，可适当增加。

2．承运人应承担的主要义务

1）承运人受理凭证运输或需有关审批、检验证明文件的货物后，应当在有关文件上注明已托运货物的数量、运输日期，加盖承运章，并随货同行，以备查验。

2）承运人受理整批或零担货物时，应根据运单记载的货物名称、数量、包装方式等，进行核对，核对无误后，方可办理交接手续。发现与运单填写的内容不符或可能危及运输安全的，不得办理交接手续。

3）承运人应当根据受理货物的情况，合理安排运输车辆，货物装载重量以车辆额定吨位为限，轻泡货物以折算重量装载，不得超过车辆额定吨位和有关长、宽、高的装载规定。

4）承运人应与托运人约定运输路线。起运前运输路线发生变化必须通知托运人，并按最后确定的路线运输。承运人未按约定的路线运输增加的那一部分运输费用，托运人或收货人可以拒绝支付。

5）货物运输中，在与承运人非隶属关系的货运站场进行货物仓储、装卸作业时，承运人应与站场经营人签订作业合同。

6）运输期限由承托双方共同约定后应在运单上注明。承运人应在约定的时间内将货物运达。零担货物按批准的班期时限运达，快件货物按规定的期限运达。

7）整批货物运抵前，承运人应当及时通知收货人做好接货准备。零担货物运达目的地后，应在 24 小时内向收货人发出到货通知或按托运人的指示及时将货物交给收货人。

8）车辆装载有毒、易污染的货物卸载后，承运人应对车辆进行清洗和消毒。因货物自身的性质，应托运人要求，需对车辆进行特殊清洗和消毒的，由托运人负责。

五、运输责任的划分

1．托运人的责任

1）托运人未按合同规定的时间和要求备好货物和提供装卸条件，以及货物运达后无人收货或拒绝收货，而造成承运人车辆放空、延滞及其他损失的，托运人应负赔偿责任。

2）托运人不如实填写运单，错报、误填货物名称或装卸地点，造成承运人错送、装货落空以及由此引起的其他损失，托运人应负赔偿责任。货运代办人以承运人身份签署运单时，应承担承运人责任；以托运人身份托运货物时，应承担托运人的责任。

3）因托运人下列过错，造成承运人、站场经营人、搬运装卸经营人的车辆、机具、设备等损坏、污染或人身伤亡以及因此而引起的第三方的损失，由托运人负责赔偿：①在托运的货物中有故意夹带危险货物和其他易腐蚀、易污染货物以及禁、限运货物等行为；②错报、匿报货物的重量、规格、性质；③货物包装不符合标准，包装、容器不良，而从外部无法发现；④错用包装、储运图示标志。

2．承运人的责任

1）承运人未按约定的期限将货物运达，应负违约责任。因承运人责任将货物错送或错交，应将货物无偿运到指定的地点，交给指定的收货人。

2）承运人未遵守承托双方商定的运输条件或特约事项，由此造成托运人的损失，承运人应负赔偿责任。

3）货物在承运责任期间和站、场存放期间内，发生毁损或灭失，承运人、站场经营人应负赔偿责任。但有下列情况之一者，承运人、站场经营人举证后可不负赔偿责任：①货物毁损或灭失是因不可抗力造成的；②货物本身的自然性质变化或者合理损耗；③包装内在缺陷，造成货物受损；④包装体外表面完好而内装货物毁损或灭失；⑤托运人违反国家有关法令，致使货物被有关部门查扣、弃置或做其他处理；⑥押运人员责任造成的货物毁损或灭失；⑦托运人或收货人过错造成的货物毁损或灭失。

第四节　铁路货物运输法律法规

引导案例7-4：

2014年2月5日，兰州三叶公司商服益成经营部与兰州西站办理了托运、承运手续，整车发往成都车站2 400件（60吨）聚丙烯，车号为P3038227，办理保价30万元，到站卸车时发现短少542件。同年2月20日，三叶公司又从兰州西站整车发往德阳站2 200件（55吨）聚丙烯，车号为P654136，办理保价20万元，到站卸车时发现短少348件。以上两起事故，均施封良好，到站编制了货运记录。装车前，双方未办理货物交接清单，货运员也未点件。经营部据此自2014年3月下旬到2015年3月17日，多次找兰州西站六道负责人要求解决货赔问题，2015年8月28日再次找到兰州西站要求货赔而未果，遂向兰州铁路运输法院提起诉讼。

本案的两起货运事故，到站均在货运记录上填写了“施封2枚有效”字样，证明货物的短少是装车不足所致。而当托运人将货物交付给承运人之后，承运人就负有组织装车、监装、施封之责，因此，承运人应对货物的短少负主要责任。根据“整车货物装车完毕，发站在货物运单上加盖车站日期戳时起，即为承运”的规定，运输合同自承运时生效。由于在装车前双方未办理交接清单，因此，在承运前发生的货物短少，托运人亦应承担一定的责任。

资料来源：最高人民法院网

物流企业在组织货物运输时，常常要利用铁路运输，同时应该遵守我国《铁路法》《合同法》，行使自己的权利，履行自己的义务。相关国际公约有《国际铁路货物联运协定》《国际铁路货物运送公约》。

一、铁路货物运输合同概述

1. 铁路货物运输合同的含义

铁路货物运输合同是指铁路承运人根据托运人的要求，按期将托运人的货物运至目的地，交与收货人的合同。此时，物流企业通常作为托运人或托运人的代理人与铁路承运人签订铁路货物运输合同。

铁路货物运输合同可分为整车货物运输合同和零担货物运输合同。整车货物运输合同是指铁路承运人和托运人约定，将货物用一整辆货车来装载运送的铁路货物运输合同。在运输大宗货物时，一般会按照年度、半年度或者季度来签订整车货物运输合同。零担货物运输合同是指铁路承运人与托运人就不需要整车运输的少量货物签订的铁路货物运输合同。

2. 铁路货物运输合同的当事人

合同当事人是合同的主体，铁路货物运输合同的当事人就是托运人和铁路承运人。

1）托运人。托运人应当是符合法律规定条件、具有民事行为能力的人，这是合同有效的前提。对特殊物品的运输，需要有许可证。

2）铁路承运人。根据《铁路法》第十一条，《铁路货物运输合同实施细则》第二条的规定，铁路货物运输合同的一方主体应为铁路运输企业。《铁路法》第二十四条规定表示：专用铁路和铁路专用线向社会提供客货服务的也适用本法。第七十二条规定：“国家铁路运输企业是铁路局和铁路分局。”从法律角度看，铁路承运人的条件应当包括以下几个方面：①具有企业法人资格；②具有与其从事的铁路货物运输业务相关的运输工具和从业人员；③取得铁路货物运输经营许可证；④具有相应的责任承担能力。取得许可证是实质性要件之一，相当于铁路运输企业具有了相应的民事行为能力，有权以自己的行为从事民事活动，享有权利和承担义务。

二、铁路货物运输合同当事人的权利义务

按照《铁路法》的规定，铁路货物的托运人与作为承运人的铁路运输企业应订立运输合同，双方按运输合同履行各自的义务，享有平等的权利。同时明确规定运单是运输合同或运输合同的组成部分。

1. 承运人的责任与义务规定

1）及时运送货物，保证运输安全。铁路运输企业应当按照合同约定的期限或者国务院铁路主管部门规定的期限，将货物运到目的站；逾期运到的，铁路运输企业应当支付违约金。铁路运输企业逾期 30 日仍未将货物交付收货人的，托运人、收货人有权按货物灭失向铁路运输企业要求赔偿。

铁路运输企业对于承运的货物，应妥善处理。对于承运容易腐烂变质的货物和活动物，应当按照国务院铁路主管部门的规定和合同的约定，采取有效的保护措施。

2）合理收费，遵守铁路运价。铁路货物运价实行国家定价的原则，主要价格由国家制定，铁路承运人与托运人按照国家批准的运价计算运费。如果铁路承运人违反收费规定，则要承担行政责任。

3）责任期间和责任范围。铁路运输企业应当对承运的货物自接受承运时起到交付时止发生的灭失、短少、污染或者损坏，承担赔偿责任。货物逾期运到，铁路运输企业同样要承担责任。

4）免责事项。由于下列原因造成的货物、包裹、行李损失的，铁路运输企业不承担赔偿责任：①货物、包裹、行李的损失由不可抗力造成的；②货物或者包裹、行李中的物品本身的自然属性，或者合理损耗；③托运人、收货人或者旅客的过错。

2. 托运人的义务和权利

1）如实申报和提供合法货物。托运人应当如实填报托运单，铁路运输企业有权进行检查。经检查，申报与实际不符的，检查费用由托运人承担；申报与实际相符的，检查费用由铁路运输企业承担。因检查对货物和包裹中的物品造成损坏的，由铁路运输企业赔偿。托运人因申报不实而少交的运费和其他费用应当补交，铁路运输企业按照国务院铁路主管部门的规定加收运费和其他费用。托运、

承运货物，必须遵守国家关于禁止或者限制运输物品的规定。

2）妥善包装。托运货物需要包装的，托运人应当按照国家包装标准或者行业包装标准包装；没有国家包装标准或者行业包装标准的，应妥善包装，使货物在运输途中不因包装原因而受到损坏。

3）及时提取货物。到站后，收货人应当按照国务院铁路主管部门规定的期限及时领取，并支付托运人未付或者少付的运费和其他费用；逾期领取的，收货人或者旅客应当按照规定交付保管费。

4）自愿保险。托运人可以自愿向保险公司办理货物运输保险，保险公司按照保险合同的约定承担赔偿责任。托运人也可以根据自愿的原则办理保价运输。

3．货物逾期不领时的处理

《铁路法》规定，自铁路运输企业发出领取货物通知之日起满 30 日仍无人领取的货物，或者收货人书面通知铁路运输企业拒绝领取的货物，铁路运输企业应当通知托运人，托运人自接到通知之日起满 30 日未做答复的，由铁路运输企业变卖。所得价款在扣除保管等费用后尚有余款的，应当退还托运人，无法退还、自变卖之日起 180 日内托运人又未领回的，上缴国库。

对危险物品和规定限制运输的物品，应当移交公安机关或者有关部门处理，不得自行变卖。对不宜长期保存的物品，可以按照国务院铁路主管部门的规定缩短处理期限。

三、国际铁路货物运输

1．有关的国际公约

目前，关于国际铁路货物运输的公约有两个：《国际货约》和《国际货协》。《国际货约》（CIM）全称《国际铁路货物运送公约》。《国际货协》（CMIC）全称《国际铁路货物联运协定》，截至 2015 年，共有 25 个国家参加。

《国际货协》是参加国际铁路货物联运协定的各国铁路和发货人、收货人进行货物联运必须共同遵守的基本规则。它规定了货物运送组织、运送条件、运送费用计收办法和铁路与发、收货人之间的权利、义务等问题，因此对铁路、发货人、收货人均有约束力。凡《国际货协》有规定的，而国内也有规定，不论两者是否相同，均应适用《国际货协》的有关规定。若两个邻国铁路间有特殊规定时，按其规定办理。《国际货协》没有规定的，则适用国内铁路规定。

由于我国是《国际货协》的成员国，我国经由铁路运输的进口货物，均按协定的有关规定办理，它不仅是办理铁路货物国际联运业务的依据，也是解决国际铁路货物联运中有关纠纷的法律基础。

2. 国际铁路货物运输合同

（1）合同的订立　《国际货协》第六条、第七条规定，发货人在托运货物的同时，应对每批货物按规定的格式填写运单和运单副本，由发货人签字后向始发站提出。从始发站在运单和运单副本上加盖印戳时起，运输合同即告成立。

运单是铁路收取货物、承运货物的凭证，也是在终点站向收货人核收运杂费用和点交货物的依据。与提单及航运单不同，运单不是物权凭证，因此，不能转让。运单副本在加盖戳记后退还发货人，并成为买卖双方结清货款的主要单据。

（2）托运人的权利和义务　托运人包括发货人与收货人，根据《国际货协》的规定，托运人主要有以下几个方面的权利和义务：

1）支付运费。支付运费是托运人的主要义务。根据《国际货协》的规定，运费的支付方式为：①发送国铁路的运送费用，按照发送国的国内运价计算，在始发站由发货人支付；②到达国铁路的费用，按照到达国铁路的国内运价计算，在终点站由收货人支付；③如果始发站和到达的终点站属于两个相邻的国家，无需经由第三国过境运输，而且这两个国家的铁路有直通运价规程时，则按运输合同订立时当天有效的直通运价规程计算。

2）受领货物。受领货物是收货人的另一项主要义务。根据《国际货协》规定，货物运抵到达站，在收货人付清运单所载的一切应付的运送费用后，铁路必须将货物连同运单一起交给收货人，收货人则应付清运费后受领货物。收货人只有在货物因毁损或腐烂而使质量发生变化，以致部分或全部货物不能按原用途使用时，才可以拒绝受领货物。即使运单中所载的货物部分短少时，也应按运单向铁路支付全部款项。但此时，收货人按赔偿请求手续，对未交付的那部分货物，有权领回其按运单所支付的款项。

如果铁路在货物运达期限届满 30 天内，未将货物交付收货人时，收货人无须提出证据就可认为货物已经灭失。但货物如在上述期限届满后运到到达站时，则到达站应将这一情况通知收货人。如货物在运达期限届满后 4 个月内到达，收货人仍应领取货物，将铁路所付的货物灭失赔款和运送费用退还给铁路。此时，收货人对货物的送交或毁损，保留提出索赔的请求权。

3）变更运输合同。这是托运人的一项重要权利，无论发货人还是收货人都只能各自变更一次运输合同，而且在变更运输合同时，不准将一批货物分开办理。

《国际货协》规定铁路方对从承运货物时起，至到站交付运单与货物时止，对货物运到逾期以及因货物全部或部分灭失、重量不足、毁损、腐坏或因其他原因降低质量所发生的损失负责。同样，《国际货协》列出了一长串的免责事由。除了“由于铁路不能预防和不能消除的情况”“由于发货人或收货人的过失或由于其要求，而不能归咎于铁路”等两项规定比较笼统概括之外，其他情形都具体详尽。

（3）索赔及诉讼　索赔及诉讼包括以下方面：

1）赔偿限额。根据《国际货协》第二十二条的规定，铁路对货物损失和赔偿金额在任何情况下，不得超过货物全部灭失时的金额。当货物遭受损坏时，铁路赔付额应与货价减损金额相当。当货物全部或部分灭失时，赔偿额按外国售货者在账单上所开列的价格计算；如发货人对货物价格另有声明时，按声明的价格给予赔偿。

当逾期交货时，铁路应以所收运费为基础，按逾期长短，向收货人支付规定的逾期罚金。逾期不超过总运到期限的 1/10 时，支付相当于运费 6%的罚款；逾期超过总运到期限的 4/10 时，应支付相当于运费 30%的罚款等。

2）赔偿方式。《国际货协》第二十八条规定，发货人和收货人有权根据运输合同提出赔偿请求，赔偿请求可以书面方式由发货人向发送站提出，或由收货人向收货站提出，并附上相应根据，注明款额。具体情况如下：

① 运单项下货物全部灭失时，由发货人提出，同时需提出运单副本。或收货人提出，同时提出运单或运单副本。

② 货物部分灭失、毁损或腐坏时，由发货人或收货人提出，同时需提出运单及铁路在到达站交给收货人的商务记录。

③ 逾期交货时，由收货人提出，同时需提出运单。

④ 多收运送费用时，由发货人按其已交付的款额提出，同时必须提出运单副本或发送站国内规章的其他文件；或由收货人按其所交付的运费提出，同时需提出运单。

铁路自有关当事人向其提出索赔请求之日起，必须在 180 天内审查该项请求，并予以答复。发货人或收货人在请求得不到答复或满足时，有权向受理赔偿请求的铁路所属国家的法院提起诉讼。

第五节　水路货物运输法律法规

引导案例 7-5：

原告：华泰保险公司；被告：上海红光贸易公司，沙田集装箱运输公司。

案外人上海宝矿进出口有限公司（以下简称“宝矿公司”）与案外人上海亨昌实业有限公司（以下简称“亨昌公司”）于 2012 年 12 月签订了《工矿产品买卖合同》，其中第一条约定：“铁矿石品种：巴西产烧结粉矿”。2013 年 1 月，宝矿公司就运输铁矿石事宜，委托上海宝矿运输代理有限公司与上海红光贸易有限公司（以下简称“红光贸易”）签订年度《运输协议》，其中第三条约定：“……必须为甲板驳，船上必须有明显水尺刻度及相关的水尺表。船体必须有良好的安全设施并有较高的安全性能，若出现故障和任何不安全因素导致货物路程时间耽搁或货损，乙方（红光贸易）必须做出完全赔偿，不可抗力除外。”与此同时，红光贸易与沙田集装箱运输公司（以下简称“沙田集运”）签订年度《水路矿石运输合同》，委托沙田集运承运上海至鄂钢的矿石。同年2月，宝矿公司就涉案货物向华泰保险公司（以下简称“保险公司”）投保了综合险。保险公司于2月21日签发了预约保单。2月26日，宝矿公司将《运输协议》项下的货物交与码头发货人上海港船务代理公司罗泾分公司，沙田集运接收货物，并在《货物交接清单》的“承运人”处盖章。沙田集运将涉案铁矿粉以散装的方式积载并承托，但对铁矿粉表面未采取任何防止铁矿粉流动的措施。3月3日凌晨，承运船舶为避风浪及与接拖船舶换拖，在罗家洲红浮下抛锚，船舶因风浪而摇摆较大。当日，所载的铁矿粉突然向右，导致该轮侧翻，铁矿粉泻入江中。事故发生后，安庆海事局针对沙田集运提交的《事故报告》，做出海事签证。安庆气象局出具《气象实况证明》，证明当时长江江面上阵风可达8～9级。安庆海事局于7月23日出具《关于“3.3”海事签证意见的复函》，证明事故发生时当地风灾存在。保险公司于4月2日向宝矿公司赔付了人民币50多万元，并取得了权益转让书后，起诉要求承运人红光贸易与实际承运人沙田集运连带偿付保险赔偿及利息。

上海海事法院经审理认为，本案为水路货物运输合同货损赔偿纠纷，红光贸易系涉案货物运输的承运人，沙田集运接受红光贸易的委托，实际承运涉案货物，系涉案货物运输的实际承运人。在不能证明存在不可抗力和其他免责事由的前提下，承运人红光贸易与实际承运人沙田集运应该对运输途中发生的货物灭失承担赔偿责任。保险公司作为涉案货物的保险人在理赔后，代位求偿权成立，向承运人与实际承运人追偿赔付款的诉讼请求于法有据，应予支持。

资料来源：中国法律网

水路运输是利用船舶运载工具在水路上进行的运输，它是一种重要的运输方式。我国与之相关的法律法规包括《合同法》《海商法》等。

一、物流企业租用船舶运输

物流企业可以使用自有船舶进行运输，但在租用他人船舶进行运输时，需要与出租人签订船舶租用合同。船舶租用合同是指船舶出租人将约定的配备船员或不配备船员的船舶交给承租人按约定使用，并由承租人支付租金的合同。船舶租用合同包括定期租船合同和光船租赁合同。定期租船合同是指船舶出租人向承租人提供约定的由出租人配备船员的船舶，由承租人在约定的期间内按照约定的用途使用，并支付租金的合同；光船租赁合同是指船舶出租人向承租人提供不配备船员的船舶，在约定的期间内由承租人占有、使用和营运，并向出租人支付租金的合同。此时，物流企业为承租人。

1．定期租船合同双方的义务

（1）作为承租人的物流企业的义务　定期租船合同中承租人的义务包括：

1）提供适当数量和质量的燃油，并支付费用。

2）应保证船舶在约定航区内的安全港口或地点之间从事约定的运输。

3）保证船舶用于运输约定的合法货物。

4）按照合同约定支付租金，否则出租人有权撤船。

5）按合同约定的时间和地点交还船舶。交还时，船舶应当处于与出租人交船时相同的良好状态，但是船舶本身的自然磨损除外。

（2）出租人的义务　定期租船合同中出租人的义务包括：

1）按照合同约定的时间和地点交付船舶。

2）在交付船舶时，谨慎处理，使船舶适航并适于约定的用途。

3）在租期内维持船舶处于适航状态。

4）为船舶配备合格的船员，并支付船员工资。

2．光船租赁合同双方的义务

（1）作为承租人的物流企业的义务　光船租赁合同中承租人的义务包括：

1）负责船舶的保养、维修。

2）不得因对船舶占有、使用和营运的原因使出租人的利益受到影响或者遭受损失。

3）应当按照合同约定支付租金。

4）未经出租人书面同意，不得将船舶进行转租。

5）在合同约定的地点和期限内交还船舶。

（2）出租人的义务　光船租赁合同中出租人的义务包括：

1）在合同约定的港口或者地点，按照合同约定的时间，向承运人交付船舶以及船舶证书。

2）交船时，出租人应当做到谨慎处理，使船舶适航并适用于约定的用途。

3）未经承租人事先书面同意，不得在光船租赁期间对船舶设定抵押。

二、水路货物运输合同

1．水路货物运输合同概述

水路货物运输合同（以下简称运输合同）是指承运人收取运输费用，负责将托运人托运的货物经水路由一港（站、点）运至另一港（站、点）的合同。水路货物运输包括班轮运输和航次租船运输。班轮运输是指在特定的航线上按照预定的船期和挂靠港从事有规律的水上货物运输的运输形式。航次租船运输是指船舶出租人向承租人提供船舶的全部或者部分舱位，装运约定的货物，从一港（站、点）运至另一港（站、点）的运输形式。

2. 合同的订立

运输合同应当按照公平的原则订立。指令性水路货物运输，有关当事人应当依照有关法律、行政法规规定的权利和义务订立运输合同。当事人可以根据需要订立单航次运输合同和长期运输合同。订立运输合同可以采用书面形式、口头形式和其他形式。

采用合同书形式订立运输合同的，自双方当事人签字或者盖章时合同成立。采用信件、数据电文等形式订立合同的，可以在合同成立之前要求签订确认书，签订确认书时合同成立。采用合同书形式订立合同，在签字或者盖章之前，当事人一方已经履行主要义务，对方接受的，该合同成立。

3. 运单

1）运单是运输合同的证明，是承运人已经接收货物的收据。承运人接收货物应当签发运单，运单由载货船舶的船长签发的，视为代表承运人签发。运单签发后承运人、承运人的代理人、托运人、到达港港口经营人、收货人各留存一份，另外一份由收货人收到货物后作为收据签还给承运人。

2）运单内容一般包括：①承运人、托运人和收货人名称；②货物名称、件数、重量、体积（长、宽、高）；③运输费用及其结算方式；④船名、航次；⑤起运港、中转港和到达港；⑥货物交接的地点和时间；⑦装船日期；⑧运到期限；⑨包装方式；⑩识别标志。

4. 合同双方当事人的义务

（1）**托运人的义务**　托运人的义务包括：

1）托运人应当及时办理港口、海关、检验、检疫、公安和其他货物运输所需的各项手续，并将已办理各项手续的单证送交承运人。

2）因托运人办理各项手续和有关单证不及时、不完备或者不正确，造成承运人损失的，托运人应当承担赔偿责任。

3）托运人托运货物的名称、件数、重量、体积、包装方式、识别标志，应当与运输合同的约定相符。托运人未按前款规定托运货物造成承运人损失的，应当承担赔偿责任。

4）除另有约定外，托运人应当预付运费。

5）需要具备运输包装的货物，托运人应当保证货物的包装符合国家规定的包装标准；没有包装标准的，货物的包装应当保证运输安全和货物质量。托运人应当在货物的外包装或者表面正确制作识别标志。托运人应当根据货物的性质和安全储运要求，按照国家规定，在货物外包装或者表面制作储运指示标志。识别标志和储运指示标志应当字迹清楚、牢固。

同一托运人、收货人整船、整舱装运的直达运输货物可以不制作识别标志。外贸出口货物到港口不变换原包装的可以使用原包装的商品标志作为识别标志。

6）托运危险货物，托运人应当按照有关危险货物运输的规定，妥善包装，制作危险品标志和标签，并将其正式名称和危险性质以及必要时应当采取的预防措施书面通知承运人。

7）托运其他特殊货物，如运输过程中需要饲养、照料的活动物、植物，以及尖端保密物品、稀有珍贵物品和文物、有价证券、货币等，托运人应当向承运人申报并随船押运。托运人押运其他货物需经承运人同意，托运人应当在运单内注明押运人员的姓名和证件。

托运笨重、长大货物和舱面货物所需要的特殊加固、捆扎、烧焊、衬垫、苫盖物料和人工等由托运人负责，卸船时由收货人拆除和收回相关物料；需要改变船上装置的，货物卸船后应当由收货人负责恢复原状。

托运人托运易腐货物和活动物时，应当与承运人约定运到期限和运输要求；使用冷藏船（舱）装运易腐货物的，应当在订立运输合同时确定冷藏温度。

8）托运人不履行合同义务或者履行合同义务不符合约定的，应当承担继续履行、采取补救措施或者赔偿损失等违约责任。托运人因不可抗力不能履行合同的，根据不可抗力的影响，部分或者全部免除责任。

（2）承运人的义务　承运人的义务包括：

1）承运人应当使船舶处于适航状态，妥善配备船员、装备船舶和配备供应品，并使干货舱、冷藏舱、冷气舱和其他载货处所适于并能安全收受、载运和保管货物。

2）承运人应当按照运输合同的约定接收货物，应当妥善地装载、搬移、积载、运输、保管、照料和卸载所运货物。

3）承运人应当按照约定的或者习惯的或者地理上的航线将货物运送到约定的到达港。承运人为救助或者企图救助人命或者财产而发生的绕航或者其他合理绕航，不属于违反前款规定的行为。

4）承运人应当在约定期间或者在没有这种约定时在合理期间内将货物安全运送到约定地点。货物未能在约定或者合理期间内在约定地点交付的，为迟延交付。对由此造成的损失，承运人应当承担赔偿责任。

5）货物运抵到达港后，承运人应当在 24 小时内向收货人发出到货通知。到货通知的时间，信函通知的，以发出邮戳为准；电传、电报、传真通知的，以发出时间为准；采用数据电文形式通知的，收件人指定特定系统接收数据电文的，以该数据电文进入该特定系统的时间为通知时间；未指定特定系统的，以该数据电文进入收件人的任何系统的首次时间为通知时间。

5. 违约责任

（1）托运人的违约责任　托运人的违约责任包括：

1）未按合同约定提供货物，应承担违约责任。

2）因办理各项手续和有关单证不及时、不完备或者不正确，造成承运人损失的，应当承担赔偿责任。

3）因托运货物的名称、件数、重量、体积、包装方式、识别标志与运输合同的约定不相符，造成承运人损失的，应当承担赔偿责任。

因不可抗力不能履行合同的，根据不可抗力的影响，部分或者全部免除责任。迟延履行后发生不可抗力的，不能免除责任。

（2）承运人的违约责任　承运人的违约责任包括：

1）承运人对运输合同履行过程中货物的损坏、灭失或者迟延交付承担损害赔偿责任。

2）货物未能在约定或者合理期间内在约定地点交付的，为迟延交付。对由此造成的损失，承运人应当承担赔偿责任。承运人未能在上述规定期间届满的次日起60日内交付货物，可以认为货物已经灭失，承运人应承担损害赔偿责任。

3）承运人对运输合同履行过程中货物的损坏、灭失或者迟延交付虽然承担损害赔偿责任，但承运人证明货物的损坏、灭失或者迟延交付是由于下列原因造成的除外：①货物的损坏、灭失或迟延交付是因不可抗力造成的；②货物的自然属性和潜在缺陷；③货物的自然减量和合理损耗；④包装不符合要求；⑤包装完好但货物与运单记载内容不符；⑥识别标志、储运指示标志不符合有关法律规定；⑦托运人申报的货物重量不准确；⑧托运人押运过程中的过错；⑨普通货物中夹带危险、流质、易腐货物；⑩托运人、收货人的其他过错。

货物在运输过程中因不可抗力灭失，未收取运费的，承运人不得要求支付运费；已收取运费的，托运人可以要求返还。货物在运输过程中因不可抗力部分灭失的，承运人按照实际交付的货物比例收取运费。

资料卡

水路货物运输合同承运人承担的是严格责任制，也就是说对运输过程中发生的货物毁损、灭失，不论承运人有无过错，除了有法律规定的免责事由外，都应承担赔偿责任，并不以承运人有过错作为承担责任的条件。但是，严格责任制并非在任何情况下承运人都要承担赔偿责任，如果具备法律规定的免责事由，承运人也不承担责任。

第六节　国际海上货物运输法律法规

引导案例 7-6：

2015 年 4 月，中国 A 公司与多米尼加共和国 B 公司签订了一份售货合同，约定由 A 公司向 B 公司出口一批电话机。4 月 13 日，通过以色列 C 轮船公司在中国香港的代理人，A 公司与 C 轮船公司签订了海上货物运输合同。根据该合同约定，由 C 轮船公司将 A 公司这批出口货物用集装箱从中国香港运往多米尼加共和国圣多明哥。C 轮船公司向 A 公司签发了全套正本提单一式三份。该提单是记名提单，记名的收货人是该批电话机的买方多米尼加共和国 B 公司。货物运抵目的港后，在 A 公司仍持有全套正本提单的情况下，货物被提走，使 A 公司失去了对这批货物的控制权，最终导致 A 公司无法收回货款。

A 公司于是在 2016 年 1 月 2 日以 C 轮船公司无正本提单放货侵权为由向广州海事法院提起诉讼，请求法院判令被告赔偿货款及利息损失。但是，由于货物交付地是多米尼加，本案应适用交货地国的法律，而位于加勒比海海地岛东部的多米尼加共和国对进口货物交付问题有其特殊的法律规定，其要求境内港口进口货物由港务局直接交付，海运承运人无权也不负责货物的交付，多米尼加共和国港务局及海关有权在收货人未交正本提单的情况下交付货物。如此一来。被告按照目的港所在国有关法律的规定，向港务局交货，主观上没有过错，而且是履行交货义务的必要步骤。据此，A 公司要求 C 公司赔偿损失的请求缺乏法律依据，该法院判决驳回 A 公司的诉讼请求。

资料来源：中国物流网

资料卡

英、美等国的法律有如下规定，依照《美国统一商法典》：承运人交付货物前，只要发货人未有相反要求，在货物已到达提单所注明的目的地后，可以将货物交付给提单注明的收货人。《美国海上货物运输法》和《波默兰法案》也规定：在记名提单的情况下，承运人只须把货物交给记名提单所记载的收货人，而无须收回正本提单。新加坡和菲律宾法律规定：只要收货人身份得到充分的证实，承运人即应交付货物而无须提交正本记名提单作为交换。由此可见，在和外商签订合同之前，搞清诸如此类的海运法规是尤为重要的。

一、国际海上货物运输概述

1. 国际海上货物运输的方式

国际海上货物运输有两种方式：①班轮运输，②租船运输。租船运输适用于运送大批量货物。

班轮运输是指班轮定期行驶在规定航线和在固定港口停泊，可以承运杂货和不同货主交运的货物。班轮运输合同的法律制度是海上运输法的基础。我们重点讲班轮运输的法律制度。

2．国际海上货物运输合同

国际海上货物运输合同是指承运人或船舶所有人（船东）负责将货物从一国的港口经由海路运至另一国的港口交给收货人，而由托运人或承租人支付约定运费的合同。

海上货物运输合同有两种形式：①提单；②租船合同。凡租用船舶全部、部分或指定舱位进行运输时，通常采用租船合同形式；凡不用租船合同而按货物的数量单位托运时，通常采用提单形式。

租船合同与提单不同，它是出租人与承租人之间关于租赁船舶所签订的海上运输合同，其作用不同于提单。提单只是运输合同的证明，而且就大多数常用的租船合同来说，它的本身就是运输合同。除租船合同外，任何其他口头协议都不能改变合同的内容。另一方面租船合同只是运输合同的作用，它既不能作为承运人收到托运货物的收据，也不能起到货物所有权凭证的作用。

二、提单

提单是一种用以证明海上运输合同和货物已由承运人接管或装船，以及承运人保证凭此交付货物的单据。或者，提单是托运人向承运人托运货物，在货物装船后，或在承运人收到货物后，由船长或承运人的代理人签发的，证明收到提单上载明的货物，承诺将货物运至指定目的地，并将货物交付收货人的凭证。

1．提单的内容

提单尚没有统一格式，通常是一张纸，正面内容是：

1）船舶的船名及国籍。

2）承运人名称。

3）装运地和目的地，或运输路线。

4）托运人名称。

5）收货人名称。

6）货物名称、标志、包装、件数、重量或体积。

7）运费和应当付给承运人的其他费用。

8）提单签发日期、地点、份数。

9）承运人或其代理人或船长的签字。

注意：①前6项由托运人填写，由于填写失误造成的损失、引起的货物灭失或损害，由托运人负责赔偿承运人；②承运人如果怀疑货物与提单内容不符，可以在提单上批注；③后 3 项由承运人填写。

背面内容是运输条款，主要规定当事人双方的权利义务。

2．提单的作用

（1）提单是货物运输合同的证明　提单不是双方意思表示一致的产物，约束承托双方的提单条款是承运人单方拟定的；它履行在前，而签发在后，早在签发提单之前，承运人就开始接受托运人托运货物和将货物装船的有关货物运输的各项工作。所以，提单只是运输合同的证明。

如果在提单签发之前，承托双方之间已存在运输合同，则不论提单条款如何规定，双方都应按原先签订的合同约定行事；但如果事先没有任何约定，托运人接受提单时又未提出任何异议，这时提单就被视为合同本身。虽然由于海洋运输的特点，决定了托运人并没在提单上签字，但因提单毕竟不同于一般合同，所以不论提单持有人是否在提单上签字，提单条款对他们都具有约束力。

（2）提单是承运人从托运人处接管货物的证据　提单正面描述货物的品种、数量、规格，表明承运人已经按照这些描述情况收到了货物，承运人有义务按提单的描述向收货人交货。在提单转让后，承运人不得提出与提单记载情况不同的证据对抗善意第三人。

（3）提单是代表货物所有权的物权凭证　提单是货物权利的代表，谁持有提单，谁就有权向承运人要求提取货物。提单所代表的物权凭证是无因的，不论提单持有人是否合法取得了货物所有权，是否为货物真正所有人，只要持有提单，就有提货权。从承运人角度看，它只能把货物交给持有正本提单的人，否则，若是把货物交给没有正本提单的人，承运人将冒巨大风险。一旦第三人以正本提单要求提货，主张对货物的权利，承运人必须赔偿全部损失，而不能享受《海牙规则》对承运人赔偿责任限制。

3．提单的种类

（1）以货物是否装船划分　提单以货物是否装船可分为：

1）已装船提单（Shipped B/L 或 on Board B/L）。已装船提单是指在货物装船以后，承运人签发的载明船名及装船日期的提单。

2）收货待运提单（Received for shipment B/L）。收货待运提单主要适用于集装箱运输，承运人在收取货物以后，实际装船之前签发的表明货物已收管待运的提单。

（2）以提单上是否有批注划分　提单以是否有批注可分为：

1）清洁提单（Clean B/L）。清洁提单是指提单上无明显地声明货物及（或）包装有缺陷的附加条文或批注。

2）不清洁提单（Unclean B/L 或 Foul B/L）。不清洁提单是指附有不良批注的提单，如“包装不固”“破包”“沾有油污”等。这种提单表明货物是在标明状况不良的条件下装船的，在卸货时，如果由此造成损失，可以减免承运人的责任。

根据《跟单信用证统一惯例》的规定，除非信用证明确规定可以接受者外，银行拒绝接受不清洁提单。此外，不清洁提单也难以作为物权凭证自由转让，在国际贸易实践中，银行或买方或提单的受让人只接受已装船清洁提单。

（3）按收货人抬头划分　提单按收货人抬头可分为：

1）记名提单（Straight B/L）。记名提单是指托运人指定特定人为收货人的提单。这种提单不能通过背书方式转让，故也称作“不可转让提单”。

2）不记名提单（Open B/L）。不记名提单是指托运人不具体指定收货人，在收货人一栏只填写“交与持票人”字样，故又称作“空白提单”。这种提单不经背书即可转让。因此，在国际贸易中因风险太大而很少使用。

3）指示提单（Order B/L）。指示提单有以下两种：

① 托运人在收货人栏内填写“凭指示”（To order）字样，叫作“空白抬头空白指示提单”，它虽然没有指明指示人是谁，但实际是凭托运人指示，由托运人背书才能转让。

② 托运人在收货人栏内填写“凭某人指示”（To order of...）字样，又叫作“凭特定人提单”。

指示提单通过背书可以转让，故又称“可转让提单”。在国际贸易中得到普遍使用。

（4）按运输方式划分　提单按运输方式可以分为直达提单和海上联运提单。

4．提单的转让

提单是物权凭证，在一定条件下可以转让。提单持有人通过转让提单，来转让货物所有权和运输中的权利义务，即使货物在运输途中。

（1）提单转让条件　提单转让条件包括：

1）填写收货人。根据提单填写的是“交与持票人”字样、“凭指示”字样，还是“凭某人指示”字样，决定提单的性质，是否能转让，如何转让。

2）出让人与受让人是否转让了货物所有权，取决于出让人的意图。可以转让所有权，也可以把提单交给银行作为借款抵押，也可以交给目的港代理人代收货物。

（2）提单转让方式　提单转让方式有：

1）记名提单，不可转让。

2）不记名提单，仅凭交付提单，就产生转让法律效力。

3）指示提单，由提单持有人背书后，再交与受让人，就产生转让法律效力。

如果提单持有人背书时，仅签名，不写受让人，这是空白背书，法律效力同不记名提单，仅凭交付就可以再转让。如提单持有人背书时，不仅签名，还写受让人名字，这就是特定背书，它必须经受背书人背书才能再转让。

实例 7-3 2015 年 11 月，A 公司与菲律宾的 B 公司签订合同，约定由 A 公司为 B 公司供应红富士苹果 6 000 箱，货款结算方式为信用证结算。A 公司随即与 C 货运公司达成协议，由 C 货运公司承运 A 公司的该批货物。2015 年 12 月 6 日，C 货运公司将 A 公司的货物装船并向 A 公司签发了一式三份正本提单。该提单载明：托运人为 A 公司，收货人为 B 公司，承运人为 C 货运公司，装货港为中国青岛，卸货港为菲律宾马尼拉北港，运费到付。提单的正面有一项声明：参照本提单背面的法律条款，合同或包含在本提单的合同内容以中国法律为依据。任何由本合同引发的争议和索赔终审权在中国法院而非其他法院。C 货运公司将货物运至马尼拉北港后，在未收回其签发的全套正本提单的情况下，于 2015 年 12 月 17 日，允许 B 公司凭保函提走了该提单项下的货物。

2016 年 1 月 17 日，因单证不符，中国银行烟台分行将 C 货运公司签发的提单退给了 A 公司。A 公司由于未收到货款，也无法办理出口退税。为此，A 公司于 2016 年 6 月 28 日诉之海事法院，以 C 货运公司在未收回正本提单的情况下，凭借收货人的保函将货物放走，造成 A 公司至今未收回货款为由，要求 C 货运公司承担给 A 公司造成的经济损失。

在本案中，参照提单背面的法律条款所说，合同或包含在提单的合同内容应以中国法律为依据。根据《海商法》第七十一条规定："提单，是指用以证明海上货物运输合同和货物已经由承运人接收或者装船，以及承运人保证据以交付货物的单证。"这里所指的提单当然包括了记名提单。该条接着规定："提单中载明的向记名人交付货物，或者向提单持有人交付货物的条款，构成承运人据以交付货物的保证。"这一规定应当理解为，承运人必须向记名人交付货物是承运人正确交付货物的一个必要条件，而不是充分条件。承运人应当保证向记名收货人交付货物，同时还应当凭正本提单。可见，对于记名提单，交货条件是较指示提单和不记名提单更严格，而不是更宽松。因此，依据中国法律，C 公司主张记名提单可以不凭正本提单放货没有法律依据，法院判决 C 公司承担由于无单放货给 A 公司带来的经济损失。

三、承运人的基本义务和免责

调整海上货物运输的基本国际公约是《统一提单若干法律规则的国际公约》，即《海牙规则》，其最重要的内容是规定了承运人最低限度的责任和免责。我国制定《海商法》时，吸收了其中的内容，《海商法》第四十七条规定的内容与此一致。

1. 承运人的基本义务

（1）使船舶适航的责任　具体责任如下：

1）在开航前与开航时船舶适用于航行。

2）船员的配备、船舶装备和供应适当。

3）船舶要适合货物的安全运送和保管。

所谓适航性是指：

1）船舶必须在设计、结构、条件和设备诸方面经受得起航行中的一般风险。

2）配备合格、健康的船长和合格、足够的船员，船舶航行所需要的各种设备必须齐全，燃料、淡水、食品必须充足，使船舶能够安全到达目的地。

3）适于载货，就是适于接受、保管、运输货物，如船舱打扫清洁，是否需要检疫、消毒，是否需要冷藏设备，温度是否合适等。如果承运人没有尽到责任，使货物遭受损失，承运人应该负责赔偿。

（2）妥善保管货物的责任　妥善保管货物的责任是指承运人应当谨慎地装载、搬运、配送、保管、照料货物、卸载货物。我国《海商法》第四十八条规定的内容与此一致。具体责任如下：

1）适当和谨慎地装载。对装卸疏忽和过失造成的损失负责，一般适用“钩至钩”原则。

2）适当和谨慎地搬运。

3）适当和谨慎地积载。根据货物的品种、重量、性质、包装的不同，妥善进行堆放，如怕热、怕熏、易碎等。

4）适当和谨慎地运送货物。

5）适当和谨慎地保管和照料货物。

6）适当和谨慎地卸载。

如遇到罢工、战争、封锁，船舶无法进入目的港，船长有权把船驶入附近安全港，然后通知收货人，可以认为承运人已经履行了义务。

（3）按照约定的或习惯航线将货物运往卸货港（禁止绕航）　我国《海商法》第四十九条规定的内容与此一致。

2. 承运人的免责

《海牙规则》第四条第二款对承运人的免责做了 17 项具体规定，分为两类：一类是过失免责；另一类是无过失免责。（将在第八章中详尽介绍）

3. 承运人的责任期限

1）《海牙规则》第一条中规定：“货物运输是指自货物装上船时起，至卸下船时止的一段期间。”意思是承运人在自货物装上船时起，至卸下船时止的一段期间才承担责任。

2）1978年《汉堡规则》将此改为："承运人对货物的责任期间包括在装货港、在运输途中以及在卸货港，货物在承运人掌管的全部期间。"

3）我国《海商法》第四十六条规定："承运人对集装箱装运的货物的责任期间，是指从装货港接收货物时起至卸货港交付货物时止，货物处于承运人掌管之下的全部期间。承运人对非集装箱装运的货物的责任期间，是指从货物装上船时起至卸下船时止，货物处于承运人掌管之下的全部期间。在承运人的责任期间内，货物发生灭失或者损坏，除另有规定外，承运人应当负赔偿责任。"

四、托运人的义务

（1）提供货物　具体体现在：

1）按时提供约定的货物至指定地点。

2）在提单上写明物品名、标志、件数、重量、装运港、目的港、收货人。

3）办妥出港手续。

（2）支付运费　支付运费有以下办法：

1）预付运费。开航前由托运人支付运费。依照惯例，预付运费者不论货物灭失与否，承运人不退运费。

2）到付运费。目的港交货时，由收货人支付，货物不到，承运人无权收费。货物到港，全额付费，即使货物受损，也不能减付，否则承运人有权留置货物。

3）比例运费。按实际运送货物的里程与全程之比计算运费。一般在船舶中途遇险，放弃原航线时采用。这需要双方协商。

（3）关于危险货物的特殊规则　主要有以下方面：

1）托运人必须以适当的方式在危险货物上加上危险标志或标签。

2）托运人的通知义务。当托运人向承运人托运危险货物时，必须事先通知，必须将货物的危险性质和必要时应采取的预防措施告诉承运人，而且必须是书面通知。否则，有两种不同的处理方法：①由于托运人未通知而带来的损失（包括给船舶、货物带来的损失）、产生的其他额外费用、时间延迟等，托运人应负赔偿责任；②若托运人未通知而承运人知道了货物的危险性质，承运人可以将货物卸船、投海或把货物毁掉，并不负担赔偿责任，但不可采取过分的措施。

五、租船合同

1. 概念与分类

在国际海上货物运输中，除了采用定期班轮运输外，还采用不定期航线的租船运输。租船合同是出租人与承租人之间关于租赁船舶签订的一种海上运输合同。出口人或者进口人需要大量运输货物的时候，采用租船合同的方式运输。

租船合同本身就是运输合同，有关租船的任何口头协议，不能改变租船合同的内容。此外，租船合同仅仅是合同，不是物权证明，也不是承运人收到货物的收据。《海牙规则》不适用于租船合同，租船合同的内容由出租人与承租人自己协商。但是，在租船合同项下的提单，适用《海牙规则》。

我国《海商法》第六章规定了租船合同双方当事人的权利义务，当租船合同没有约定有关内容的时候，才适用我国《海商法》。

定期班轮运输与不定期航线的租船运输的区别在于：

1）定期班轮运输用提单调整承运人、托运人之间的关系。

2）租船运输通过租船运输合同调整出租人和承租人之间的关系。租船合同是指船舶出租人按一定条件将船舶全部或部分出租给承租人进行货物运输的合同，包括航次租船合同、定期租船合同、光船租船合同三种。

2. 航次租船合同

航次租船合同是指由船舶出租人向承租人提供船舶或船舶的部分舱位，装运约定的货物，从一港运至另一港，由承租人支付约定运费的合同。

（1）航次租船合同的主要内容　按照我国《海商法》的规定，航次租船合同的主要内容包括：

1）提供约定的船舶。包括船名、船籍、种类、船级、载量、订约时间、船舶所处于的位置等。

2）船舶到达装货港的时间。通常租船合同都规定船舶应当到达的最迟日期。如果船方没有做好装船的准备，租方有权解除合同，这项解约权是绝对的，不受合同的任何免责条款的限制。

3）安全港口和安全泊位。安全包括政治上的安全与地理上的安全。

4）装卸时间和滞期费。

5）货物损害责任。

6）运费。

7）责任终止条款和留置权。这种条款更多是在货物的卖方是发货人，而买方是收货人的情况下采用，其目的是将运输过程中的一切费用，转移给收货人负担。

（2）出租人责任与权利　根据《海商法》第九十四条的规定，“本法第四十七条和第四十九条的规定，适用于航次租船合同的出租人。本章其他有关合同当事人之间的权利、义务的规定，仅在航次租船合同没有约定或者没有不同约定时，适用于航次租船合同的出租人和承租人。”

出租人的责任与提单运输中承运人的责任相同。此外，出租人应在规定的卸货港卸货，出租人违反约定使承租人蒙受损失时，应负赔偿责任。

出租人的权利与承租人的义务相对应，包括收取租金、到期收回船舶等。

（3）承租人责任与权利　具体包括：

1）承租人应提供约定的货物，经出租人同意，可更换货物，由此对出租人造成不利时，出租人有权拒绝或解除合同。

2）承租人的转租权。承租人可将租用的船舶转租第三者，但其原合同权利义务不变。

3）承租人的解约权。根据《海商法》的规定，承租人在下列情况下，有解除合同的权利：①出租人未在约定的受载期限内提供船舶；②出租人提供或更换的船舶不符合合同的约定。

3．定期租船合同

定期租船合同是指出租人在一定期限内把船舶出租给承租人供其按约定的用途使用的书面协议。在定期租船合同中，出租人出租整个船舶，承租人按月或日支付租金。

根据我国《海商法》规定，定期租船合同的主要内容包括：

（1）出租人保证条款　主要有以下方面：

1）船舶适航。出租人保证船舶在整个租期内适航且适于约定用途。

2）在约定的时间交付船舶。出租人违反约定给承租人造成损失，承租人有权要求损害赔偿并解除合同。

（2）承租人责任　主要有以下方面：

1）承租人保证船舶在约定的航区内的安全港口或地点之间从事约定的海上运输。

2）保证船舶用于运输约定的合同货物。

3）承租人可将租用的船舶转租，但其原合同的权利义务不受影响。

4）合同期内，船舶进行海难救助时，承租人有权获得扣除救助费用、损失赔偿、船员应得部分及其他费用后的救助款项的一半。

5）按合同约定支付租金。违反约定时出租人有权解除合同，要求损害赔偿并对船上属于承租人的货物和财产以及转租船舶的收入享有留置权。

6）还船。

4．光船租船合同

光船租船合同是指船舶所有人保留船舶所有权，将船舶的占有权转移给船舶租赁人，由租船人雇用船长、船员，管理船舶的一种合同。从本质上讲，航次租船合同与定期租船合同属于运输合同，光船租船合同属于财产租赁合同。

第七节　航空货物运输法律法规

引导案例 7-7：

2015 年 6 月，浙江某出口公司与印度某进口商达成一笔总金额为 6 万多美元的羊绒纱出口合同，合同中规定的贸易条件为“CFR NEW DELHI BY AIR”，支付方式为 100%不可撤销的即期信用证，装运期为 2015 年 8 月间自上海空运至新德里。

合同订立后，进口方按时通过印度一家商业银行开来信用证，通知行和议付行均为国内某银行，信用证中的价格术语为“CNF NEW DELHI”，出口方当时对此并未太在意。他们收到信用证后，按规定发运了货物，将信用证要求的各种单据备妥交单，并办理了议付手续。然而，国内议付行在将有关单据寄到印度开证行后不久即收到开证行的拒付通知书，拒付理由为单证不符：商业发票上的价格术语“CFR NEW DELHI”与信用证中的“CNF NEW DELHI”不一致。

得知这一消息后，出口方立即与进口方联系要求对方付款赎单。同时通过国内议付行向开证行发出电传，申明该不符点不成立，要求对方按照《UCP500》的规定及时履行偿付义务。但进口方和开证行对此都置之不理，在此情况下，出口方立即与货物承运人联系，其在新德里的货运代理告知该批货物早已被收货人提走。在如此被动的局面下，后来出口方不得不同意对方降价 20%的要求作为问题的最后解决办法。

从以上案例看出，使出口方陷入被动局面的根本原因在于丧失了货权。出口方在得到偿付之前货物所有权就已丧失，这是由于航空运单的特性决定的。我们都知道信用证的最大优点就是银行信用保证。但如果买方不付款赎单，就提不到货物，这在海运方式下是可以实现的。

实践中，航空货物运输也是一种重要的运输方式。物流企业大多通过与航空公司签订包机合同或航空货物运输合同来完成货物运输。在我国，航空货物运输要受《中华人民共和国民用航空法》《中国民用航空货物运输规则》和《合同法》的调整。国际航空货物运输适用的国际公约有《统一国际航空运输某些规则的公约》（即《华沙公约》）、《海牙议定书》《瓜达拉哈拉公约》。

一、物流企业与航空公司签订包机合同进行运输

1．包机合同的含义

包机合同是指航空公司按照合同约定的条件把整架飞机或飞机的部分舱位

租给包机人，把货物由一个或几个航空港运到指定目的地，并由包机人支付约定费用的合同。包机分为整机包机和部分包机。整机包机是指航空公司把整架飞机租给一个包机人的航空运输方式；部分包机是指由几家包机人联合包租一架飞机，或者由航空公司把一架飞机的舱位分别租给几家包机人的航空运输方式。

托运人与承运人订立包机运输合同。托运人要求包用飞机运输货物，应填写包机申请书，经承运人同意接受并签订包机运输协议书后，航空运输合同即告成立。

2．包机合同双方的义务

（1）包机人应承担的义务　包机人应承担以下义务：

1）提供包机合同中约定的货物，并对货物进行妥善包装。

2）按照约定支付费用。

（2）出租人应承担的义务　出租人应承担以下义务：

1）按照合同约定提供适宜货物运输的飞机货舱位。

2）按照合同约定的期限将货物运到目的地。

3）保证货物运输的安全。

二、物流企业签订航空货物运输合同进行运输

1．航空货物运输合同概述

（1）航空货物运输合同的含义　航空货物运输合同是航空承运人与货物托运人之间，依法就提供并完成以民用航空器运送货物达成的协议。

（2）航空货物运输合同的特点　航空货物运输合同的特点如下：

1）航空货物运输合同是标准合同。航空货物运输合同中包含大量格式条款，合同的形式和条款基本上都是由承运人依法律、行业惯例、经营需要单方预先制定的，国家对这些条款要加以审核，因此说航空货物运输合同具有标准合同的性质。

2）航空货物运输合同是双务、有偿合同。航空货物运输合同双方互负义务，并且其义务具有对应性，这体现了它的双务性；托运人需为其得到的运输服务支付报酬，这体现了它的有偿性。

2．航空货物运输合同的成立及其内容

（1）航空货物运输合同的成立　根据《中华人民共和国民用航空法》的有关规定，托运人利用航空运输方式运送货物时，承运人有权要求托运人填写航空货运单，托运人应当向承运人填交航空货运单，并根据国家主管部门规定随附必要的有效证明文件。托运人应对航空货运单上所填写内容的真实性和正确性负责。托运人填交的航空货运单经承运人接受，并由承运人填发货运单后，航空货物运输合同即告成立。

（2）航空货物运输合同的内容　航空货物运输采用航空货运单和航空货物运输合同两种书面形式，航空货运单的内容由国务院民用航空主管部门规定。无论采用哪种形式，其基本内容是一致的，一般而言，合同内容包括以下条款：

1）托运人和收货人的名称及其详细地址。

2）货物的出发地点和目的地点。

3）货物名称和性质。

4）货物重量、数量、体积、价值。

5）货物包装、包装标准和运输标志。

6）运输质量及安全要求。

7）货物的装卸责任和方法。

8）储运注意事项。

9）货物的承运日期和运到日期。

10）货物的交接手续；运输费用，结算方式和方法；违约责任；双方其他约定的事项。

三、航空货物运输合同各方当事人的义务

航空承运人是利用民用航空器实施货物运输的公共航空运输企业。《民用航空法》第九十二条规定，航空承运人只能是取得航空运输许可证并依法办理工商登记的企业法人。航空货物运输合同的承运人包括缔约承运人和实际承运人。所谓缔约承运人是指以本人名义与旅客或托运人，或者与旅客或托运人的代理人，订立航空运输合同的人。所谓实际承运人是指根据缔约承运人的授权，履行全部或者部分运输的人。缔约承运人对合同约定的全部运输负责，实际承运人对其履行的运输负责。

货物托运人是指与航空承运人订立合同，要求使用航空器运输特定货物的当事人，它可以是法人、其他经济组织、个体工商户、农村承包经营户和公民个人等。

收货人是航空运输合同指定的货物被运送至约定地点后提取货物的当事人，收货人可以是托运人，也可以是托运人之外的第三人。

1．托运人的义务

1）托运人应认真填写航空货运单，对货运单内容的真实性、准确性负责，并在货运单上签字或者盖章。托运人托运政府规定限制运输的货物以及需向公安、检疫等有关政府部门办理手续的货物，应当随附有效证明。

2）托运人要求包用飞机运输货物，应先填交包机申请书，并遵守民航主管机关有关包机运输的规定。

3）托运人对托运的货物，应按照国家主管部门规定的标准包装，没有统一

标准的，应当根据保证运输安全的原则，按货物的性质和承载飞机等条件包装。凡不符合上述包装要求的，承运人有权拒绝承运。

4）托运人必须在托运的货件上标明发站、到站和托运人单位、姓名及详细地址，按照国家规定标明包装储运指示标志。

5）托运国家规定必须保险的货物，托运人应在托运时投保货物运输险。

6）托运人在托运货物时，应接受航空承运人对航空货运单进行查核，在必要时，托运人还应接受承运人开箱进行安全检查。

7）托运货物内不得夹带国家禁止运输、限制运输物品和危险物品。如发现托运人谎报物品名，夹带上述物品，应按有关规定处理。

8）托运在运输过程中必须有专人照料、监护的货物，应由托运人指派押运员押运。押运是对货物的安全负责，应遵守民航主管机关的有关规定，承运人应协助押运员完成押运任务。

9）托运人托运货物，应按照民航主管机关规定的费率缴付运费和其他费用。

2．承运人的义务

1）承运人应按照货运单上填明的地点，按约定的期限将货物运达到货地点。货物错运到货地点，应无偿运至货运单上规定的到货地点，如逾期运到，应承担逾期运到的责任。

2）承运人应于货物运达到货地点后 24 小时内向收货人发出到货通知。收货人应及时凭提货证明到指定地点提取货物。货物从发出到货通知的次日起，免费保管 3 日。

3）承运人应按货运单交付货物。交付时，如发现货物灭失、短少、变质、污染、损坏时，应会同收货人查明情况，并填写货运事故记录。收货人在提取货物时，对货物状态或重量无异议，并在货运单上签收，承运人即解除运输责任。

3．收货人的义务

1）收货人在接到提货通知后，应持提货证明或者其他有效证件在规定的时间内提取货物，逾期提取货物的，应当向承运人支付保管费。

2）托运货物发生损失，收货人最迟应在收到货物之日起 10 日内提出异议。货物发生延误的，收货人最迟应自货物交付或者处理之日起 21 日内提出异议。收货人应将所提异议写在运输凭证上或者另以书面提出。收货人未在上述规定期限内提出异议的，不能向承运人提起索赔诉讼，但承运人有欺诈行为的情形除外。

四、航空货物运输合同的变更和解除

货物承运后，托运人可以按照有关规定要求变更到站、变更收货人或运回原发站。托运人对已承运的货物要求变更时，应当提供原托运人出具的书面要求、个人有效证件和货运单托运人联。要求变更运输的货物，应是一张货运单填写的全部货物。

对托运人的变更要求，只要符合条件的，航空承运人都应及时处理。但如托运人的变更要求违反国家法律、法规和运输规定，承运人应予以拒绝。

由于承运人执行国家交给的特殊任务或气象等原因，需要变更运输时，承运人应及时与托运人或收货人商定处理办法。对于托运人的指示不能执行的，承运人应当立即通知托运人，并说明不能执行的理由。承运人按照托运人的指示处理货物，没有要求托运人出示其所收执的航空货运单，给该航空货运单的合法持有人造成损失的，承运人应当承担责任，但不妨碍承运人向托运人追偿。

货物发运前，经合同当事人双方协商同意，或任何一方因不可抗力不能履行合同时，可以解除航空运输合同，但应及时通知对方。承运人提出解除合同的，应退还已收的运输费用。托运人提出解除合同的，应付给承运人已发生的费用。

资料卡

海运提单是物权凭证，买方只有凭其从银行赎来的海运提单才能到目的港提货。但空运方式下的空运单据——航空运单则不具有物权凭证的特征，它仅是航空承运人与托运人之间缔结的运输合同以及承运人或其代理人签发的接收货物的收据。

正是由于航空运单不具有海运提单的“物权凭证”的性质，导致在航空运输当中信用证的保险度大大降低。因而，相关出口方要提高这方面的风险防范意识。

五、国际航空货物运输

1. 关于国际航空货物运输关系的三个国际公约

目前，调整国际航空货物运输关系的国际公约主要有三个：《华沙公约》《海牙议定书》和《瓜达拉哈拉公约》。

1）《统一国际航空运输某些规则的公约》（简称《华沙公约》），1929 年在华沙签订，1933 年 2 月 13 日生效。我国于 1957 年 7 月加入该公约，1958 年 10 月该条约对我国生效。

2）《修改 1929 年统一国际航空运输某些规则的公约的议定书》（简称《海牙议定书》），订于 1955 年 9 月，1963 年 8 月 1 日生效。我国于 1975 年加入该议定书。

3）《统一非缔约承运人所办国际航空运输某些规则以补充华沙公约的公约》（简称《瓜达拉哈拉公约》），订于 1961 年，1964 年 5 月 1 日生效。我国未加入该公约。

2. 国际航空货物运输合同

我国是《华沙公约》与《海牙议定书》的成员国之一。与《华沙公约》成员国之间的货物运输，适用《华沙公约》；与《海牙议定书》成员国之间的货物运输，适用《海牙议定书》。下面以《华沙公约》和《海牙议定书》为例，阐述国际航空货物运输合同的有关规定。

（1）航空货运单　根据《华沙公约》的规定，承运人有权要求托运人填写航空货运单。货运单一式三份，一份经托运人签字后交承运人；第二份附在货物上，由托运人和承运人签字后交收货人；第三份由承运人在收货后签字交托运人。《海牙议定书》改为承运人在货物装机以前签字。货运单是双方订立合同、接受货物和承运条件以及记载货物重量、尺寸、包装、件数等的书面凭证。《海牙议定书》要求填发可以流通的航空货运单。

航空运输与海洋运输不同，航空货运单不具有海运提单作为物权凭证的效力。航空托运人在整个航程中，在偿付产生的各种费用的前提下，对货物始终具有支配权。托运人可以要求在始发地或目的地将货物退回；在经停点终止运输；在目的地或运输途中交给非航空货运单上所指定的收货人；将货物退回始发地航空站。如托运人的指示不能执行，承运人应立即通知托运人。

根据《华沙公约》的规定，如果承运人接受了货物但未填写货运单，则承运人无权援引《华沙公约》关于免除或限制承运人责任的规定。

（2）托运人责任　根据《华沙公约》的规定，托运人的责任如下：

1）托运人对货运单上关于货物的各项说明和声明的正确性及由于延误、不合规定、不完备，给承运人及其代理人造成的损失承担责任。

2）托运人在履行运输合同所规定的一切义务的情况下，有权在起运地、目的地将货物提回或在途中经停时终止运输，或将货物运交非货运单上指定的收货人，但不得使承运人或其他托运人遭受损害。

3）托运人需提供各种必要资料以便完成货交收货人前的海关、税务或公安手续，并将有关证件附货运单交给承运人并承担因资料或证件缺乏、不足或不合规定给承运人造成的损失。

（3）承运人的责任与免责　根据《华沙公约》的规定，承运人的责任如下：

1）承运人对航空期间发生的货损、货物灭失、延误承担责任。所谓航空期间，指在承运人保管之下，不论在航空站内、航空器上或航空站外降落的任何地点，不包括航空站外任何陆运、海运或河运。但如果这种运输是为了履行空运合同，是为了装货、交货或转运，则也视为航空期间。

2）承运人对货物损失的赔偿责任为每公斤 250 金法郎。如托运人在交货时特别声明货物价值，并交纳了必要的附加费，则承运人的赔偿额以所声明的价值为限。

在发生下列情况时，免除承运人应承担的责任：

1）承运人证明自己和其代理人已为避免损失采取了一切必要措施或不可能采取这种措施。

2）损失的发生是由于驾驶上、航空器的操作上或领航上的过失。

3）货物的灭火或损失是由于货物的属性或本身质量缺陷造成的。

4）损失是由受害人的过失引起或造成的。

《华沙公约》中规定的承运人免责和损害赔偿限额是一个最低标准，任何超出《华沙公约》免责范围并规定更低赔偿金额的合同条款，一律无效。

当货物的损坏和灭失是由于承运人及其代理人和受雇人员故意的不良行为引起时，承运人则无权援引《华沙公约》中关于免责和限制责任的规定。

第八节　多式联合运输法律法规

引导案例7-8：

2013年10月，中国土畜产进出口公司某畜产分公司委托A对外贸易运输公司办理333只纸箱的男士羽绒滑雪衫出口手续，A对外贸易运输公司将货装上B远洋运输公司的货轮并向畜产进出口公司签发了中国北京对外贸易运输总公司的清洁联运提单，提单载明货物数量共为333箱，分装3只集装箱。同年6月29日，货轮抵达目的港日本神户，7月6日，日方收货人在港口装卸公司开箱发现其中一个集装箱的11只纸箱中，有5箱严重湿损，6箱轻微湿损。7月7日，运至东京日方收货人仓库，同日由新日本商检协会检验，10月11日出具的商检报告指出货损的原因是由于集装箱有裂痕，雨水进入造成箱内衣服损坏，实际货损约合1 868 338日元。在东京进行货损检验时，商检会曾邀请B远洋运输公司派人共同勘察，但该公司以“出港后检验无意义”为由拒绝。日方收货人从AIU保险公司取得赔偿后，AIU公司取得代位求偿权，于2014年9月25日向上海海事法院提起诉讼，要求被告货运代理人和实际承运人赔偿日方损失，并承担律师费和诉讼费。两被告答辩相互指出应由另一被告承担全部责任，并要求原告进一步对减少货损的合理措施进行举证。

上海海事法院认为，根据两被告2007年签订的集装箱运输协议以及提单条款，两被告有相当的责任牵连，但日方收货人与B远洋运输公司在开箱时交割不清，商检又在港口外进行，故原告对货物损害索赔及所受损害的确切数额的请求举证不力。

经法院调解，2015年3月28日，原被告三方达成协议，两被告根据损害事实及提单条款规定，赔付原告人民币8 000元（其中300元为原告预支的诉讼费），赔款先由货运代理人先行给付，再由他与实际承运人自行协商解决，案件受理费由原告负担。

根据拆箱报告和商检报告，本案中货损的原因是由于集装箱有裂痕，雨水进入箱内所致，因为承运人签发的是清洁联运提单，所以发生货损应当归于承运人的责任。根据提单条款的规定以及B远洋运输公司与A对外贸易运输公司的协议约定，两被告均应对货损承担责任。

我国的《海商法》和《合同法》对多式联运的相关事项都做了规定。1997年原交通部和原铁道部还联合颁布了《国际集装箱多式联运管理规则》，专门对集装箱多式联运的有关问题做出了规定。这方面的国际公约有《联合国国际货物多式联运公约》、国际商会制定的《联运单证统一规则》。

一、与多式联运经营人签订多式联运合同进行运输

1. 多式联运合同的含义

多式联运合同是指多式联运经营人与托运人签订的，由多式联运经营人以两种或者两种以上不同的运输方式将货物由接管地运至交付地，并收取全程运费的合同。在选择与多式联运经营人签订多式联运合同时，物流企业充当的是托运人。

2. 多式联运单据

多式联运中通常采用的运输单证是多式联运单据。当多式联运的运输方式之一是海运，尤其是海运作为第一种运输方式时，多式联运单据多表现为多式联运提单。多式联运经营人收到物流企业交付的货物时，应当签发多式联运单据。

多式联运单据应当载明下列事项：①货物名称、种类、件数、重量、尺寸、外表状况、包装形式；②多式联运经营人的名称和主营业场所；③托运人名称；④收货人名称；⑤接收货物的日期、地点；⑥交付货物的地点和约定的日期；⑦多式联运经营人或其授权人的签字及单据的签发日期、地点；⑧运费的支付；⑨逾期运输经由路线、运输方式、换装地点等。

3. 多式联运合同双方的义务

（1）托运人的义务　多式联运合同中托运人的义务如下：

1）按照合同约定的货物种类、数量、时间、地点提供货物，并交付给多式联运经营人。

2）认真填写多式联运单据的基本内容，并对其正确性负责。

3）按照货物运输的要求妥善包装货物。

4）按照约定支付各种运输费用。

（2）多式联运经营人的义务　多式联运合同中经营人的义务如下：

1）及时提供适合装载货物的运输工具。

2）按照规定的运达期间，及时将货物运至目的地。

3）在货物运输的责任期间内安全运输。

4）在托运人或收货人按约定交付了各项费用后，向收货人交付货物。

4. 多式联运经营人的责任

（1）责任期间　多式联运经营人的责任期间是指多式联运经营人对所运输保管的货物负责的期间。物流企业可以要求多式联运经营人对在其责任期间发生的货物灭失、损坏和迟延交付负赔偿责任。我国《海商法》第一百零三条规定："多式联运经营人对多式联运货物的责任期间，自接收货物时起至交付货物时止。"《合同法》第三百一十八条规定："多式联运经营人可以与参加多式联运的各区段承运人就多式联运合同的各区段运输约定相互之间的责任，但该约定不影响多式联运经营人对全程运输承担的责任。"

（2）多式联运的责任制形式　多式联运经营人的责任制形式决定了物流企业可以要求多式联运经营人对哪些损失负责以及负什么样的责任。因此，物流企业对多式联运经营人的责任制形式要有充分的了解。

我国的法律法规在多式联运经营人的责任制形式方面一致采用了网状责任制。《海商法》规定，多式联运经营人负责履行或者组织履行多式联运合同，并对全程运输负责。多式联运经营人与参加多式联运的各区段承运人，可以就多式联运合同的各区段运输，另以合同约定相互之间的责任。但是，此项合同不得影响多式联运经营人对全程运输所承担的责任。货物的灭失或者损坏发生于多式联运的某一运输区段的，多式联运经营人的赔偿责任和责任限额，适用调整该区段运输方式的有关法律法规；货物的灭失或者损坏发生的运输区段不能确定的，多式联运经营人应当依照《海商法》第四章有关承运人赔偿责任和责任限额的规定负赔偿责任。

货物的灭失、损坏或者延迟交付发生于多式联运的某一区段的，多式联运经营人的赔偿责任和责任限额，适用该运输区段的有关法律法规。不能确定所发生的区段时，多式联运经营人承担赔偿责任的赔偿责任限制为：多式联运全程中包括海运的，适用于《海商法》的规定；多式联运全程中不包括海运的，适用于相关的法律法规。

二、国际多式联合运输

国际多式联合运输（International Combined Transport）简称国际多式联运，是在集装箱运输基础上产生并发展起来的一种新型运输方式。最早出现于美国，由于它方便、经济，很快便被广为采用。国际多式联运是指按照多式联运合同，以至少两种不同的运输方式，由多式联运经营人将货物从一国境内接管货物的地点运至另一国境内指定交付货物的地点。为履行单一方式运输合同而进行的该合同所规定的货物接送业务，不应视为国际多式联运。

1973 年国际商会制定了《联运单证统一规则》，该规则具有国际惯例性质。1980 年 5 月在联合国贸易与发展会议的主持下，制定并通过了《联合国国际货物多式联运公约》（简称《联运公约》）。我国在会议最后文件上签了字。

《联运公约》规定生效的条件是有 30 个国家签字并交存批准书，且在 30 个国家加入后 12 个月才能生效。公约要求的签字国家数量较多，有些国家获得国内批准也不容易，因此，截至 2013 年只有 11 个国家批准加入，这是该公约未能生效的原因之一。

1. 国际公约或惯例的适用范围

《联运公约》的各项规定适用于两国境内各地之间的所有多式联运合同，如果多式联运合同规定的多式联运经营人接管货物的地点是在一个缔约国境内，或多式联运合同规定的多式联运经营人交付货物的地点是在一个缔约国境内。根据这一规定，只要多式联运合同规定的多式联运经营人接管货物所在地或交付货物所在地在一个缔约国境内，本公约即适用。而国际商会制定的《联运单据统一规则》则规定根据当事人双方协议而适用。

2. 多式联运单据

多式联运单据是证明多式联运合同及多式联运经营人接管货物并按合同条款提交货物的单据。根据公约规定，多式联运单据依发货人的选择可做成可转让单据或不可转让单据。实践中，只有单据的签发人承担全程责任时，才有可能做成可转让的单据。此时，多式联运单据具有物权凭证的性质和作用。在做成可转让单据时，应列明按指示或向持票人交付。

以下为多式联运单据应当载明的事项：

1）货物品类、识别货物所必需的主要标志，如属危险货物，其危险特性的明确声明，货物外表状况。

2）多式联运经营人的名称和主要营业场所。

3）发货人名称，如经发货人指定收货人时，收货人的名称。

4）多式联运经营人接管货物的地点和日期。

5）交货地点，如经双方明确协议，在交付地点交货的日期或期间。

6）表示该多式联运单据为可转让或不可转让的声明。

7）多式联运单据签发地点和日期。

8）多式联运经营人或经其授权的人的签字。

9）如经双方明确协议，每种运输方式的运费；或者应由收货人支付的运费，包括用以支付的货币；或者关于运费由收货人支付的其他说明。

3．多式联运经营人的赔偿责任

（1）责任期间 《联运公约》实行的是联运经营人的全程统一负责制，即自其接管货物之时起到交付货物时为止。

（2）赔偿责任的基础——过失责任原则 多式联运经营人对于货物的灭失、损坏或延迟交付所引起的损失，如果造成灭失、损坏或延迟交货的事故发生于其责任期间，应负赔偿责任，除非多式联运经营人证明其本人、受雇人或代理人等为避免事故的发生及其后果已采取了一切所能合理要求的措施。

（3）赔偿责任限制 《联运公约》采用的是以过失责任为基础的“统一责任制”，即在发生货损时，不管货损发生在哪个运输区段，均按统一的限额赔付（但货损发生的运输区段所适用的国际公约或强制性国家法律所规定的赔偿限额如高于统一限额时，仍按该国公约或国家的法律办理）。

《联运单证统一规则》实行网状责任制，在确知货损灭失发生地区段时，联运经营人的责任以该区段强制性国内法和国际公约确定赔偿额。并且，联运提单签发人仅负责第一程责任，当货物转到第二程运输后，它处于发货人代理人的地位，不代表第二程的承运人向发货人负责。

复习思考题

一、填空题

1．货物运输合同是指承运人按照______的要求将货物从起运地运到目的地，______支付运费的合同。

2．汽车货物运输合同是指______与______之间签订的明确相互权利义务关系的协议。

3．船舶租用合同包括______租船合同和______租赁合同。

4．______是指班轮定期行驶在规定航线和在固定港口停泊，可以承运杂货和不同货主交运的货物。

5．以提单上是否有批注分为______提单、______提单。

6．我国的法律法规在多式联运经营人的责任形式方面采用______责任制。

7．托运人或者收货人不支付运费、保管费及其他运输费用的，______对相应的运输货物享有______权。

二、简答题

1．简述货物运输合同的特征。

2．简述货物运输合同双方当事人的权利与义务。

3．简述光船租赁合同中双方的义务。

4．简述《国际货协》中有关货物运输合同双方的义务。

5．简述多式联运合同中双方的义务。

6．简述提单的法律地位。

7．简述国际多式联运的相关规定。

三、案例分析

1. 我国某公司进口 2 万吨豆粕，CIF 价格条款，出口商派船并对货物投保“一切险”，买卖合同规定质量以发货地商检报告为准。货装船后，船方签发清洁提单。货到卸港，经收货人校验，部分货物已发霉，由黄色变成黑色（经检验证明非因浸水原因），其余部分与装船前质量相符。在此情况下，保险公司是否应该理赔？货主如何向船方索赔？发货人是否应承担责任？

2. 2015 年 5 月，茂名市粮食局粮油物资公司（以下简称“粮油公司”）向辽宁轮胎厂购得长征牌汽车轮胎 130 套，双方约定由辽宁轮胎厂代办托运。同年 6 月 5 日，辽宁轮胎厂向铁路朝阳西站办理了托运该 130 套轮胎至茂名火车站的运输手续，货物保价 13.9 万元。该厂在货物运单上填写收货人一栏时，将“茂名市粮食局粮油物资公司”简写为“广东茂名粮油物资公司”。6 月 17 日，货物运抵茂名火车站，该站根据与供销专线的约定，将货车调配到供销专线卸车，双方办理了交接手续。当日，供销专线向粮油公司发出领货通知。6 月 19 日，粮油公司持领货凭证到茂名火车站办理领货手续时，因运单上的收货人与实际不符，未办成领货手续。6 月 20 日，粮油公司按茂名火车站要求出具证明办结领货手续，向供销专线交纳了专线、暂存、卸车等费用，随后去该专线仓库提货时得知货物已于 6 月 19 日被人冒领。经查，冒领人所持运单系伪造。粮油公司遂向茂名市中级人民法院起诉，要求供销专线赔偿货损 15.14 万元，利息 4 万元，赔偿金 5 万元。该案经过茂名市中级人民法院审理，广东省高级人民法院终审后，最终又经最高人民法院提审。

问题：供销专线是否应该赔偿？为什么？

8 第八章 国际物流法律法规

学习目的

通过本章的学习，了解国际物流法律法规的种类，掌握国际贸易合同磋商与履行的方法，熟悉海关与进出口商品检验的法律法规，并掌握涉及商品检验的具体业务内容。

第一节　国际贸易法律法规

引导案例 8-1：

我国 A 公司与某国 B 公司于 2016 年 10 月 20 日签订购买 52 500 吨化肥的 CFR 合同。A 公司开出信用证规定，装船期限为 2017 年 1 月 1 日至 1 月 10 日，由于 B 公司租来运货的“雄狮号”在开往某外国港口途中遇到飓风，结果装货至 2017 年 1 月 20 日才完成。承运人在取得 B 公司出具的保函的情况下签发了与信用证条款一致的提单。“雄狮号”于 1 月 21 日驶离装运港。A 公司为这批货物投保了水渍险。2017 年 1 月 30 日“雄狮号”途经达尼尔海峡时起火，造成部分化肥烧毁。船长在命令救火过程中又造成部分化肥湿毁。由于船在装货港口的延迟，使该船到达目的地时赶上了化肥价格下跌，A 公司在出售余下的化肥时价格不得不大幅度下降，给 A 公司造成了很大损失。

分析：

1）途中烧毁的化肥损失属什么损失？应由谁承担？为什么？

2）途中湿毁的化肥损失属什么损失？应由谁承担？为什么？

3）A 公司可否向承运人追偿由于化肥价格下跌造成的损失？为什么？

资料来源：中国海员网

一、国际物流的概念、特点及分类

1．国际物流的概念

国际物流是组织原材料、在制品、半成品和制成品在国与国之间进行流动和转移的活动，是发生在不同国家之间的物流。

2．国际物流的特点

（1）经营环境存在着较大差异。各国物流法律、经营理念不同。

（2）高风险性。国际物流操作环节较多，物流过程中面临更多风险。

（3）信息沟通具有先进性。国际物流一般要使用先进的信息技术进行操作。

（4）运输方式具有复杂性。国际物流运输货物时经常运用多式联运。

（5）标准化程度较高。为了提高国际物流运作效率，必须推进物流标准化。

3．国际物流的分类

（1）根据商品在国与国之间的流向分类，可以分为进口物流和出口物流。

（2）根据跨国运送的商品特性分类，可以分为国际商品物流、国际展品物流、国际邮政物流、国际逆向物流等。

① 国际商品物流是指通过国际贸易实现的交易活动的商品在国际间的流动。

② 国际展品物流是指以展览、展示为目的，暂时将商品运入一国境内，待展览结束后再复运出境的物流活动。

③ 国际邮政物流是指通过国际邮政运送系统办理的包裹、函件等递送活动。

④ 国际逆向物流是指对国际贸易中回流的商品进行改造和重修的活动，包括循环利用容器和包装材料、退货、调货等，是目前物流领域中的热点。

二、国际物流法律法规简介

1．《海牙规则》

（1）海牙规则的具体内容

1）承运人的赔偿责任限额。承运人的赔偿责任限额是指对承运人不能免责的原因造成的货物灭失或损坏，通过规定单位最高赔偿额的方式，将其赔偿责任限制在一定的范围内。这一制度实际上是对承运人造成货物灭失或损害的赔偿责任的部分免除，充分体现了对承运人利益的维护。《海牙规则》第四条第五款规定：“不论承运人或船舶，在任何情况下，对货物或与货物有关的灭失或损坏，每件或每单位超过 100 英镑或与其等值的其他货币时，任意情况下都不负责；但托运人于装货前已就该项货物的性质和价值提出声明，并已在提单中注明的，不在此限。”

承运人单位最高赔偿额为 100 英镑，后来海牙规则成员国通过协议把它提高到 200 英镑。

2）承运人的免责。《海牙规则》对承运人的免责分为两类：一类是过失免责；另一类是无过失免责。

不可抗力或承运人无法控制的免责有八项：海上或其他通航水域的灾难、危险或意外事故；天灾；战争行为；公敌行为；君主、当权者或人民的扣留或拘禁，或依法扣押；检疫限制；不论由于任何原因所引起的局部或全面罢工、关厂、停工或劳动力受到限制；暴力和骚乱。

货方的行为或过失免责有四项：货物托运人或货主、其代理人或代表的行为；由于货物的固有缺点、质量或缺陷所造成的容积或重量的损失，或任何其他灭失或损害；包装不牢；标志不清或不当。

特殊免责条款有三项：火灾，即使是承运人和雇用人的过失，承运人也不负责，只有承运人本人的实际过失或私谋所造成的才不能免责；在海上救助人命或财产，这一点是对船舶的特殊要求；谨慎处理，克尽职责所不能发现的潜在缺陷。

3）索赔通知与诉讼时效。索赔通知是收货人在接受货物时，就货物的短少或残损状况向承运人提出的通知，它是索赔的程序之一。收货人向承运人提交索赔通知，意味着收货人有可能就货物短损向承运人索赔。

《海牙规则》第三条第六款规定，承运人将货物交付给收货人时，如果收货人未将索赔通知用书面形式提交承运人或其代理人，则这种交付应视为承运人已按提单规定交付货物的初步证据。如果货物的灭失和损坏不明显，则收货人应在收到货物之日起 3 日内将索赔通知提交承运人。

《海牙规则》有关诉讼时效的规定是："除非从货物交付之日或应交付之日起一年内提起诉讼，承运人和船舶在任何情况下，都应免除对灭失或损坏所负的一切责任。"

4）承运人最低限度义务。承运人有责任提供适航船舶，妥善管理货物，否则将承担赔偿责任。

5）承运人运输货物的责任期限。承运人运输货物的责任期限是指承运人对货物运送负责的期限。

《海牙规则》第一条规定，货物运输的期间为从货物装上船至卸完船为止的期间。所谓"装上船起至卸完船止"可分为两种情况：①使用船上吊杆装卸货物，装货时货物挂上船舶吊杆的吊钩时起至卸货时货物脱离吊钩时为止，即"钩至钩"期间；②使用岸上起重机装卸，则以货物越过船舷为界，即"舷至舷"期间。在货物运输的期间，承运人应对货物负责。

6）托运人的权利和义务。托运人首先享有要求承运人按照合同约定，将货物安全运至卸货港并交给收货人的权利；其次则是在承运人违约时向其请求损害赔偿的权利。除此之外，托运人还具有以下两项权利：

① 要求承运人签发提单或者其他运输单证的权利。

② 要求承运人中止运输、返还货物、变更卸货港或者收货人的权利。

托运人的基本义务主要有以下五点：向承运人支付运输费用；按约定的时间、地点和要求，将货物交给承运人；保证货物说明正确的义务；不得擅自装运危险品；损害赔偿责任。

（2）《海牙规则》存在的问题

1）较多地维护了承运人的利益。

2）未考虑集装箱运输形式的需要（海运集装箱始于 1956 年）。

3）责任期间的规定欠周密，出现空白期间。

4）单位赔偿限额太低，诉讼时效期间过短，适用范围过窄。

5）对某些条款的解释至今仍未统一。

《海牙规则》修改的两种思路：以英国、北欧等海运发达国家的船方利益为代表，由国际海事委员负责起草修改，最终产生《海牙—维斯比规则》；以广大的发展中国家的货主利益为代表，主张彻底修改《海牙规则》，最终产生了《汉堡规则》。

2.《汉堡规则》

与《海牙规则》相比，《汉堡规则》在以下几方面有了变化。

1）承运人的责任原则。《汉堡规则》确定了推定过失与举证责任相结合的完全过失责任制（损失系由承运人的过失所造成，承运人应承担赔偿责任）；《海牙规则》规定承运人的责任基础是不完全过失责任制；《汉堡规则》较《海牙规则》扩大了承运人的责任。

2）承运人的责任期间。

《汉堡规则》规定，承运人的责任期间从承运人接管货物起到交付货物时止。

《海牙规则》规定，“钩至钩”或“舷至舷”为承运人的责任期间。

《汉堡规则》明显延长了承运人的责任期间。

3）承运人赔偿责任限额。《汉堡规则》的赔偿不但高于《海牙规则》，也比《海牙—维斯比规则》的规定高 25%。

4）对迟延交付货物的责任。《汉堡规则》中规定承运人应对因延迟交付货物所造成的损失承担赔偿责任。而《海牙规则》和《海牙—维斯比规则》都没有上述规定。

5）承运人的连带赔偿责任。承运人将全部或部分货物委托给实际承运人办理时，承运人仍需按公约规定对全部货物负责，承担连带责任。

6）托运人的责任。托运人的责任是过失责任，且不负举证责任，由承运人负举证责任。

7）保函的法律地位。保函是托运人为换取清洁提单，向承运人出具承担赔偿责任的协议。清洁提单是指没有在提单上对货物的表面状况做出货损或包装不良之类批注的提单，它表明承运人在接收/装船时，该货物的表面状况良好。

8）索赔通知及诉讼时效。索赔通知：货物灭失或损害明显，收货人可在收到货物后第一个工作日向承运人递交货物索赔通知；货物灭失或损害不明显，收货人可在收到货物后 15 天内向承运人递交货物索赔通知；对货物延迟交付造成的损失，收货人可在收到货物后 60 天内向承运人递交货物索赔通知。诉讼时效为两年，且可在时效期限内，提出延长。

3.《海牙—维斯比规则》

《海牙—维斯比规则》是《修改统一提单若干法律规定的国际公约议定书》的简称。

《海牙—维斯比规则》对《海牙规则》以下几方面内容进行了补充与修改：

1）扩大了规则的适用范围。只要提单或为提单所证明的运输合同上有适用《海牙—维斯比规则》的规定，该提单或运输合同就要受《海牙—维斯比规则》的约束。

2）明确了提单的证据效力。弥补了《海牙规则》关于提单转让至第三人的证据效力。《海牙规则》规定承运人向托运人签发提单，是承运人收到该提单所载货物的初步证据，根据这一规则，承运人有权提出反证，否定提单所载内容的真实性，《海牙—维斯比规则》规定当提单已经转给善意第三人时，与此相反的证据不予接受，也就是说，在存在善意第三人的情况下，提单对于善意的受让人来说则是最重要证据。

3）强调了承运人及其受雇人员的责任限制。双重诉讼的权利，即货主在其货物遭受损害时，可以以承运人违反运输合同或以其侵权为由向承运人起诉。这时承运人便不能引用《海牙规则》中的免责和责任限制的规定；《海牙—维斯比规则》第三条规定使得合同之诉和侵权之诉处于相同地位：承运人的受雇人员或代理人也享有责任限制的权利；人们称这一条款为喜马拉雅条款，它保护了船东的利益。

4）提高了承运人对货物损害赔偿的限额。每件或每单位的赔偿限额为 10 000 金法郎，或以受损货物毛重每公斤 30 金法郎为标准，取两者较高的；规定丧失赔偿责任限制权利的条件。

5）增加了集装箱条款。可将一个集装箱或托盘视为一件货物。

6）诉讼时效的延长。《海牙—维斯比规则》规定只要双方当事人同意，诉讼时效可适当延长。

4.《鹿特丹规则》

2008 年 12 月 11 日，联合国第 63 届大会第 67 次会议通过了联合国贸法会提交的《联合国全程或部分海上国际货物运输合同公约》。会议授权 2009 年 9 月 23 日在荷兰鹿特丹举行新公约开放签署仪式，因此该公约又被简称为《鹿特丹规则》。截至 2015 年 5 月，已有美国、瑞士等 25 个国家签署该公约。

联合国贸法会制定该公约的目的主要是取代现行的三个国际海上货物运输公约——1924 年《海牙规则》、1968 年《海牙—维斯比规则》和 1978 年《汉堡规则》，以实现海上货物运输和包括海运区段的国际货物多式联运法律制度的国际统一。作为国际海上货物运输立法的重大变革，《鹿特丹规则》吸引着全球海事界的目光。为了解其将对国际物流产生的重大影响，下面对该规则的有关规定做一简单介绍。

《鹿特丹规则》与现在国际上普遍采用的《海牙规则》《海牙—维斯比规则》以及我国的《海商法》相比较，大大加重了承运人的责任。

（1）承运人责任期间的变化

《鹿特丹规则》规定承运人责任期间是“收货—交货”，并且不限定接收货物和交付货物的地点。因此，该规则适用于承运人在船边交接货物、港口交接货物、港外交接货物或者“门到门”运输。与《海牙规则》《海牙—维斯比规则》、我国《海商法》规定的“装货—卸货”和《汉堡规则》规定的“装港—卸港”相比，《鹿特丹规则》扩大了承运人的责任期间。这一承运人责任期间的扩大，一方面将有利于航运业务尤其是国际货物多式联运业务的开展，但同时在一定程度上将增加承运人的责任。

（2）承运人责任基础与免责的变化

承运人责任基础的规定，在海上货物运输法律中始终处于核心地位，是船货双方最为关注的条款。与现存法律制度比较，《鹿特丹规则》主要有以下变化：

1）采用承运人完全过错责任制，高于《海牙规则》《海牙—维斯比规则》和我国《海商法》的不完全过错责任制，与《汉堡规则》采用的承运人责任原则相同。

2）废除了承运人“航海过失”免责和“火灾过失”免责。而《海牙规则》《海牙—维斯比规则》及我国《海商法》规定承运人对由于船长、船员、引航员或者承运人的其他受雇人在驾驶船舶或者管理船舶中的过失（“航海过失”）和火灾中的过失而导致的货物灭失、损坏或迟延交付免责。

3）承运人谨慎处理使船舶适航的义务扩展至整个航次期间；而《海牙规则》

《海牙—维斯比规则》和我国《海商法》要求的承运人对船舶的适航义务仅限于在船舶开航前和开航当时。

《鹿特丹规则》使承运人对货物的灭失、损坏可以免责的情形大大减少，甚至承运人几乎没有免责的机会，并延长了承运人对船舶适航义务的期间，从而大大加重了承运人的责任，并对航运及海上保险产生如下影响：

1）取消航海过失免责，使承运人几乎没有免责的机会。

2）承运人责任基础的变化势必要对承运人和货物的利害关系人之间划分海运风险做出重要调整，从而将对海上保险业务产生重大影响。

3）虽然承运人对国际海上货物运输中货物灭失、损坏的赔偿责任由船东互保协会承保，但如果适用《鹿特丹规则》，由于承运人责任的加重，将导致保赔保险的保险费大幅度增加，从而增加船公司经营船舶的成本。

4）决定运费水平的关键因素是航运市场运力的供求关系，而非承运人承担的责任大小，因此《鹿特丹规则》不会对海运运费水平产生大的影响。但是，船公司因该规则生效而多付的保险费不见得能通过提高运费来获得补偿，从而会增加船公司经营船舶的成本。

5）保赔协会为了规避过大的责任风险，将不会承保船龄大、技术状况差的船舶或者由管理水平不高的公司管理的船舶，而这势必会给这些船舶及公司的生存带来重大影响。

（3）承运人赔偿责任限制的变化

1）《鹿特丹规则》规定，承运人对货物的灭失或损坏的赔偿限额为每件或者每一其他货运单位 875 个特别提款权，比《海商法》和《海牙—维斯比规则》666.67 特别提款权提高 31%，比《汉堡规则》835 个特别提款权提高 5%；或货物毛重每公斤赔偿 3 个特别提款权，比《海牙—维斯比规则》和我国《海商法》规定的 2 个特别提款权提高了 50%，比《汉堡规则》2.5 个特别提款权提高了 20%。

2）与以往三大公约及我国《海商法》不同，《鹿特丹规则》对承运人赔偿责任的规定并不限于货物灭失或者损坏的情形，也适用于除迟延交付之外的其他情形。

3）《鹿特丹规则》对承运人丧失责任限制的情形，与现行公约和我国《海商法》相比没有变化。即：经证明，货物的灭失、损坏或者迟延交付是由于承运人的故意或者明知可能造成损失而轻率地作为或者不作为造成的，承运人不得援用限制赔偿责任的规定。

《鹿特丹规则》规定承运人对于货物的灭失或者损坏，在绝大多数情况下需全部赔偿，从而使传统的国际海上货物运输法律赋予承运人的赔偿责任限制权利几乎不再发挥作用，大大加重了承运人责任。

（4）货物索赔举证责任的变化

货物索赔的举证责任是指发生货物灭失、损坏或者迟延交付后，提供证据证明其原因以及责任或免责的责任，《海牙—维斯比规则》和我国《海商法》对此规定不够明确，《汉堡规则》采用了推定承运人有过错的原则。《鹿特丹规则》对船货双方的举证责任分担做了分层次的详细规定，在举证的顺序和内容上构建了“三个推定”的立法框架：①推定承运人有过失，承运人举证无过失；②承运人举证免责事项所致，推定其无过失；③船舶不适航，推定承运人有过失，承运人举证因果关系或者已谨慎处理。

《鹿特丹规则》规定的举证责任分配，与《海牙规则》《海牙—维斯比规则》《汉堡规则》和我国《海商法》相比较，以承运人推定过失为基础，明确了船货双方各自的举证内容与顺序，举证责任分配体系层次分明，具有较好的可操作性，比《汉堡规则》对承运人有利。但《鹿特丹规则》加重了承运人的举证责任，排除了承运人利用举证责任规定不明确可能具有的抗辩利益。

（5）货物迟延交付规定的变化

《海牙规则》和《海牙—维斯比规则》没有明确规定迟延交付以及承运人的赔偿责任。《鹿特丹规则》规定，“未在约定时间内在运输合同规定的目的地交付货物，为迟延交付。”这与我国《海商法》的相关规定基本相同。

（6）《鹿特丹规则》的特点

1）平衡利益。《鹿特丹规则》在加重承运人的责任的同时，重新构建了承运人的责任基础，原则上实行完全过失责任制，且由承运人负责举证；但在规定的免责范围内，则由索赔方负责举证，证明承运人有过失，举证不能，便推定承运人无过失，可援引免责条款，免除赔偿责任。关于承运人的适航义务，索赔方完成初步举证后，承运人承担已尽“谨慎处理”使船舶适航，或者货物灭失或损害与不适航不存在因果关系的举证责任。

2）寻求统一。《鹿特丹规则》规定，参加本公约，必须同时退出已参加的《海牙规则》《海牙—维斯比规则》，或者《汉堡规则》（第八十九条）；《鹿特丹规则》采取了最大限度地扩大适用范围（第五、七、八十二条），最小限度的网状责任制。

3）顺应时代。集装箱问世以后，国际货物运输发生了一场革命。单一的海上运输方式被多式联运所替代。调整单一运输方式的国际货物运输公约，已不再适应多式联运的发展；《鹿特丹规则》在《汉堡规则》的基础上，顺应时代发展的要求，与时俱进，变《海牙规则》的“钩到钩”运输或《汉堡规则》的“港到港”运输为“门到门”运输，并将国际集装箱运输班轮公司普遍采用的多式联运经营人的网状责任制正式确立下来，使之法定化。

4）促进国际贸易和国际航运的发展。当前国际航运的重要特征，就是国际航运规则正趋向一体化。在这种趋势下，为避免公开对抗，各国对航运的保护政策大多由直接的经济保护措施转为间接的隐性保护措施；由对本国船队的直接保护转为对外国船队的控制和限制；在保护手段上由经济手段为主转变为以技术手段为主；国家航运政策由政府行为转变为法律化和民间社团化。实现国际贸易法律的协调和统一，对国际贸易的顺利进行，减少或消除法律障碍，对于缔约国间基于平等和共同利益的原则进行广泛的经济合作，对造福于全人类的福祉，都有积极的贡献。

5．《中华人民共和国海商法》

1993 年 7 月 1 日生效的《中华人民共和国海商法》虽然属于国内法规范畴，但和国际物流有极强的关联性，故将与海上货物运输合同相关的内容简介如下：

（1）承运人的主要义务和权利

承运人的主要义务：

1）谨慎处理使船舶适航。

2）妥善和谨慎地管理货物。

3）船舶不进行不合理绕航即合理速遣义务。

4）在约定的时间内和约定的卸货港交付货物。

承运人的主要权利：

1）运费、亏舱费、滞期费及其他费用的请求权。

2）货物留置权。应当支付的运费、共同海损分摊额、滞期费及承运人为货方垫付的其他费用未付清又无担保，承运方有权在合理限度范围内申请拍卖。

3）承运人的赔偿责任限制：

① 承运人的责任期间。对于集装箱货物，《海商法》规定，承运人的责任从装货港接收货物时起至卸货港交付货物时止（港到港）；对于非集装箱货物，《海商法》规定，承运人的责任从货物装上船时起至卸下船时止（船到船），货物处于承运人掌控的全部期间。

② 承运人对单件货物灭失和损坏的赔偿限额。《海商法》中规定，凡涉及赔偿限额的，一律使用国际货币基金组织设定的“特别提款权”（SDR）为计算单位，而放弃使用人民币为计算单位，这是我国立法史上首次在国内法中规定使用国际通用的计算单位。

我国《海商法》第五十六条规定，承运人对货物灭失或损坏的赔偿限额，按照货物件数或其他货运单位计算，每件或每个其他货运单位为 666.67SDR；或者按照货物毛重计算，每公斤为 2SDR。以两者中限额较高的为准。如果提单中载明了货物的实际价值或另有约定，则法定的赔偿限额便不适用。

我国《海商法》第五十九条第一款规定：货物的灭失、损坏或迟延交付是由于承运人的故意或明知可能造成损失而轻率地作为或不作为造成的，承运人不得享有责任限制。

③ 承运人的责任基础。我国《海商法》规定，承运人的责任基础是“不完全过失责任”。

④ 承运人免责。根据《海商法》第五十一条规定，在责任期间货物发生的灭失或者损坏是由于以下原因之一造成的，承运人不负赔偿责任：在驾驶船舶或者管理船舶中的过失；火灾，但是由于承运人本人的过失所造成的除外；天灾，海上或者其他可航水域的危险或者意外事故；战争或者武装冲突；政府或者主管部门的行为、检疫限制或者司法扣押；罢工、停工或者劳动受到限制；在海上救助或者企图救助人命或者财产；托运人、货物所有人或者他们的代理人的行为；货物的自然特性或者固有缺陷；货物包装不良或者标志欠缺、不清；经谨慎处理仍未发现的船舶潜在缺陷；非由于承运人或其受雇人、代理人的过失造成的其他原因。

值得注意的是，承运人援引这十二条中的任意一条免责条款的前提是，承运人已经尽到了适航义务。

（2）托运人的主要义务和权利

托运人的主要义务：

1）提供约定的货物、妥善包装和正确申报货物。

2）及时办理货物运输手续。

3）妥善托运危险货物。

4）支付运费及其他费用。

5）托运人及其受雇人、代理人的赔偿责任。

托运人的主要权利：

1）要求承运人签发提单或者其他运输单证。

2）要求承运人中止运输、返还货物、变更卸货港或者收货人。

（3）收货人的主要权利和义务

收货人的主要义务：

1）支付运费和其他费用。

2）及时接收货物。

收货人的主要权利：

1）提取货物的权利。

2）承运人不履行法定义务给其造成损失时的损害赔偿请求权。

综上所述，我国《海商法》是根据中国国情和海上运输特点制定的一部特别民事法律。它借鉴了《海牙—维斯比规则》的内容，以及《鹿特丹规则》的内容（《汉堡规则》现在很少国家使用），以目前通行的国际公约为基础，吸收体现国际惯例的民间规则，借鉴了国际海事惯例和有关的合同格式，成为具有很强国际性的一部国内法。它的制定和实施，对于健全和完善我国的海商法律制度，维护中外当事人的权利和利益，促进海上运输事业和经济贸易的发展，发挥了极其重要的作用。

三、国际物流（贸易）合同磋商及履行

1. 合同磋商的方式和内容

（1）合同磋商的方式　合同磋商的方式有两种：①与客户直接面谈；②双方通过邮件、传真、网络等进行洽谈。

（2）合同磋商的内容　即订立贸易合同条款的内容，又称交易条件。

2. 国际贸易合同磋商的一般程序

国际贸易合同磋商的一般程序包括询盘、发盘、还盘和接受四个环节，其中发盘和接受是合同成立不可缺少的两个基本环节和必经的法律步骤。

3. 国际贸易合同的履行程序

国际贸易合同的履行程序主要包括货（备货）、证（催证、审证、改证）、船（租船订舱、装船）、款（制单、结汇）四个环节。

4. 国际贸易合同履行时的风险承担

国际贸易合同是营业地处于不同国家境内的买卖双方当事人之间，买卖货物、支付货物的协议。货物风险的承担即货物的风险何时由卖方转移到买方，是履行货物买卖合同时非常重要的问题，直接涉及买卖双方的基本权益。

（1）卖方义务要求下的风险承担　卖方的义务主要有交付货物、移交单据、转移货物所有权三方面。

1）交付货物。交付货物是履行合同中的首要环节，风险承担在这一过程中主要有以下几种表现：

① 当合同要求或授权卖方承运人发运货物时，如果合同未规定卖方在特定目的地交付货物，卖方将货物交付给承运人后，风险即转移给买方；如果卖方有义务在某一特定地点把货物交付给承运人，在货物于该地点交付给承运人以前，风险不转移给买方承担。

② 当货物不需要移动即交付时，损失风险在以下情况下转移至买方：一是买方收到代表货物的流通所有权凭证或货物保管人确认买方拥有占有货物的权利；二是买方拥有不可流通所有权凭证或其他交货指示书。

2）移交单据。货物已运输到或运输途中时，买卖双方还要就有关单据进行移交，它是卖方交付货物的证明，也是买方收取货物的凭证。

如果卖方有义务移交与货物有关的单据，则必须按照合同所规定的时间、地点和方式移交相关单据。如果卖方在规定时间以前已移交这些单据，可以在规定

时间到达前纠正单据中任何不符合合同规定的情形，但是，此一权利的先例不得使买方遭受不合理的损失或承担不合理的开支。

在国际货物买卖合同中，单据的移交是买方收取货物的前提，意味着买方对货物的占有具备法律上的依据，而风险的承担也明显地从卖方转移到买方。但如果卖方不按合同约定移交单据或移交不符合合同约定，则可能导致买方拒收货物，这时风险承担方仍为卖方。

3）货物的检验。买方在货物到达合同约定地点后，根据合同约定和有关单据对货物进行检验以决定是否收取货物。国际货物买卖合同主要有三种检验条款：

① 以离岸品质数量为准。装运港实际交货（如 FAS 条件）采用此种条款。

② 以到岸品质数量为准。目的港交货（如 DES、DEQ 条件）采用此种条款。

③ 以装运港检验证书作为议付凭证，买方保留目的港的复检权。象征性交货（如 FOB、CIF、CER 条件）采用此种条款。

通常，在卖方交付的货物与合同相符的情况下，对于买方收到的与合同不符的货物的损失，属于买方的风险责任。而在履行合同的实务中，很多法律纠纷就是买方以货物与合同不符为由拒收而引起的。交付与合同不符的情况有三种：

一是货物在运输途中没有产生意外损失，则买方收到的货物损失的原因是卖方交付之时货物就已不符合合同的约定，如货物数量的不符。

二是货物在运输途中由于卖方交货不符，即货物本身的瑕疵导致的货物损失，则买方收到的货物损失包括卖方交货不符及货物自身瑕疵引致的损失，如违反合同包装规定包装的。

三是货物在运输途中由于不可归责于买卖双方的事由遭受损失，从而使买方收到的货物的损失程度远甚于卖方最初交货不符的损失。在这三种情形下，倘若卖方交货不符使买方有权且合理地拒收货物或解除合同，则货物意外损失的风险视为自始没有转移，即由买方承担又变为卖方承担。这就是买卖合同风险承担的例外，称为风险回转。

（2）买方义务要求下的风险承担

1）支付价款的风险承担。交付价款是买方收取货物取得货物所有权的实际行动表示。至此，货物风险承担转移至买方。但是这时的风险在某种意义上是法律责任的承担，而在现实中却并非如此。在某些情况下，卖方也同样在承担着风险。这跟国际货物买卖的结算实际操作有关。在国际货物买卖中常用的结算方式有三种：①买方直接付款，如电汇（T/T）；②银行托收，如承兑单（D/A）、付款交单（D/P）；③银行信托（L/C）。从上可看出，T/T 方式对买方最为有利，它能保证买方在收取并检验货物是否相符后才付出款项；而 D/P 方式则相对双方公平，与俗称的“一手交钱一手交货”相符；L/C 下买方则承担最大的风险，因为卖方根据合同与交货托运后即可凭单至银行兑现，而货物是否能通过买方检验与合同相符则是后话。当然，从另一方面来说，电汇对卖方的风险最大，其次是 D/A，它们都可能导致卖方货款两空；D/P 方式下在买方拒绝提货的情况下，至少可以保护卖方对货物的所有权；银行信用证则对卖方的收汇最有保障。谁都希望能争取到最大限度保障己方利益的方式，而买方是支付货款的义务方，应特别注意此事项。

2）收取货物的风险承担。收取货物是买方的义务也是权利，行使不当将使买方财货两空。正常情况下，买方根据合同约定收取货物是买方决定是否接收货物的权利，若货物不符可拒收，则风险由卖方承担。虽然卖方交货不符可能阻碍风险的正常转移，但不能由此断言只要卖方交付与合同不符的货物，买方对运输途中的风险责任就概不负责。倘若卖方交付的货物只存在轻微缺陷，卖方可及时补救，即货物不符没有达到严重的程度，买方无权拒收货物或解除合同，对于收货前已发生或收货后可能发生的意外损失，均因风险已自交付转移而由买方承担风险责任。如果卖方交货严重不符已构成根本违约，但是买方非但不解除合同，反而乐意接受货物，这也是买方行使自身正当权利的行为。买方一旦选择接受货物，也就等于选择接受了货物的风险责任。需要注意的一点是，买方承担风险责任并不等于免除了卖方交货不符的品质责任。倘若买方接受了已于运输途中遭受风险损失的货物，则其只能要求卖方赔偿违约的相应损失，对于途中的风险损失须由自己承担。

第二节　海关监管与检验法律法规

引导案例 8-2：

某合同商品检验条款中规定以装船地商检报告为准。但在目的港交付货物时，买方委托的检验机构经检验却发现货物原装时的品质与约定规格不符。买方经当地商检机构检验并凭其出具的检验证书向卖方索赔，卖方却以上述商检条款拒赔。

分析：卖方拒赔是否合理？

一、海关监管的法律法规

海关的法律法规综合性强、内容繁杂、层次分明、相互协调，各层次的海关法规既相互区分又相互联系，构成了独立、完整、严密、规范的海关法律体系。

根据制定法规的主体和效力的不同，海关法律体系既包括专门的海关法，也包括所有的海关行政法规、海关规章、海关规范性文件，还包括各种法律、行政法规中涉及海关管理的所有规定。

1.《中华人民共和国海关法》

《中华人民共和国海关法》（以下简称《海关法》）由最高国家权力机关全国人民代表大会及其常务委员会制定、以中华人民共和国主席令的形式颁布实施。

《海关法》在 1987 年 1 月 22 日第六届全国人民代表大会常务委员会第十九次会议通过；根据 2000 年 7 月 8 日第九届全国人民代表大会常务委员会第十六次会议《关于修改〈中华人民共和国海关法〉的决定》第一次修正；根据 2013 年 6 月 29 日第十二届全国人民代表大会常务委员会第三次会议《关于修改〈中华人民共和国文物保护法〉等十二部法律的决定》第二次修正；根据 2013 年 12 月 28 日第十二届全国人民代表大会常务委员会第六次会议《全国人民代表大会常务委员会关于修改〈中华人民共和国海洋环境保护法〉等七部法律的决定》第三次修正。

《海关法》共九章一百零二条，是我国现行法律体系的一个重要组成部分，是管理海关事务的基本法律规范。对进出口货物监管的主要内容如下：

1）进口货物自进境起到办结海关手续止，出口货物自向海关申报起到出境止，过境、转运和通运货物自进境起到出境止，应当接受海关监管。

进口货物的收货人、出口货物的发货人应当向海关如实申报，交验进出口许可证件和有关单证。国家限制进出口的货物，没有进出口许可证件的，不予放行，具体处理办法由国务院规定。进口货物的收货人应当自运输工具申报进境之日起十四日内，出口货物的发货人除海关特准的外应当在货物运抵海关监管区后、装货的二十四小时以前，向海关申报。进口货物的收货人超过前款规定期限向海关申报的，由海关征收滞报金。

2）进出口货物应当接受海关查验。海关查验货物时，进口货物的收货人、出口货物的发货人应当到场，并负责搬移货物，开拆和重封货物的包装。海关认为必要时，可以径行开验、复验或者提取货样。经收发货人申请，海关总署批准，其进出口货物可以免验。除海关特准的外，进出口货物在收发货人缴清税款或者提供担保后，由海关签印放行。

3）进口货物的收货人自运输工具申报进境之日起超过三个月未向海关申报的，其进口货物由海关提取依法变卖处理，所得价款在扣除运输、装卸、储存等费用和税款后，尚有余款的，自货物依法变卖之日起一年内，经收货人申请，予以发还；其中属于国家对进口有限制性规定，应当提交许可证件而不能提供的，不予发还。逾期无人申请或者不予发还的，上缴国库。

确属误卸或者溢卸的进境货物，经海关审定，由原运输工具负责人或者货物的收发货人自该运输工具卸货之日起三个月内，办理退运或者进口手续；必要时，经海关批准，可以延期三个月。逾期未办手续的，由海关按前款规定处理。前两款所列货物不宜长期保存的，海关可以根据实际情况提前处理。

收货人或者货物所有人声明放弃的进口货物，由海关提取依法变卖处理；所得价款在扣除运输、装卸、储存等费用后，上缴国库。

4）经海关批准暂时进口或者暂时出口的货物，应当在六个月内复运出境或者复运进境；在特殊情况下，经海关同意，可以延期。

5）进口货物应当由收货人在货物的进境地海关办理海关手续，出口货物应当由发货人在货物的出境地海关办理海关手续。

经收发货人申请，海关同意，进口货物的收货人可以在设有海关的指运地、出口货物的发货人可以在设有海关的启运地办理海关手续。

6）海关监管货物，未经海关许可，不得开拆、提取、交付、发运、调换、改装、抵押、质押、留置、转让、更换标记、移作他用或者进行其他处置。

在海关监管区外存放海关监管货物，应经海关同意后接受海关监管。

2．海关监管的行政法规

（1）《中华人民共和国关税条例》《中华人民共和国关税条例》2003 年公布，2004 年 1 月 1 日施行。此条例规定进出口货物在取得海关放行前，如属于应税货物，应由海关的税收部门，按照《中华人民共和国关税条例》和《中华人民共和国进出口税则》的规定，并根据一票一证的方式对这些货物收发货人征收有关关税和代征税，然后签印放行。

在征税环节，海关做出的征税决定，对纳税义务人具有强制性。因此，纳税义务人必须按规定缴纳，不得拖延。

海关征税的依据是货物的“完税价格”。通常情况下，进口货物的 CIF 价、出口货物的 FOB 价即可作为海关征税的依据价格，但对 CIF 价或 FOB 价明显低于同期货物进口价格，或买卖双方存在特殊经济关系影响了进口成交价格，或根据海关掌握的市场情况，海关有权规定“完税价格”

（2）《中华人民共和国海关稽查条例》 国务院第 670 号国务院令，公布《国务院关于修改〈中华人民共和国海关稽查条例〉的决定》，自 2016 年 10 月 1 日起施行。在施行近 20 年后，《中华人民共和国海关稽查条例》完成了再次修订。

海关稽查是促进国际贸易便利化、确保海关有效监管的重要手段。国务院 1997 年发布施行的《中华人民共和国海关稽查条例》，确立了我国的海关稽查制度。随着对外贸易发展对口岸通关便利化要求的不断提高，亟须总结实践经验，修改完善现行条例。

稽查制度是一项高效动态监管模式，能通过后置的非实时性监管方式，实现海关监管空间及时间的延伸，提升通关效率。统计显示，尽管近年来全球贸易增长乏力，但我国货物进出口总额在世界贸易中的份额不断提升，2013 年以来稳居世界首位。与之相对应的是，我国海关监管职能不断加强，2015年监管进出口货运量39.5亿吨，这一数字与1979～1998年间海关累计监管的进出口货运量大体持平。

修改后的条例增加了对海关实施稽查具有保障和支撑作用的基础性措施，有利于全面提升海关履职能力。新版的海关稽查条例共做出19项修改，包括一些与上位法进行衔接的内容。例如，根据《海关法》规定，对保税货物和减免税货物的稽查期限为“海关监管期限内及其后三年内”，条例中将“经海关关长批准”修改为“经直属海关关长或者其授权的隶属海关关长批准”。

此外，新条例增加了海关可向行业协会收集进出口活动的有关信息。

（3）《海关总署调整进出境个人邮递物品管理措施的公告》 根据2013年9月1日实施《海关法》的有关规定，对进境商品区别为货物、物品等不同监管对象，适用不同的管理要求。

物品具有“非贸易性”的特征，进境后不得出售或出租。显然易见，海外代购的商品具有牟利性，它将再次进入贸易领域，所以海外代购的商品不是物品，而是货物。对于货物，无论价值多少，都要照章纳税。

随着国内商品市场极大丰富，大部分进境邮件不再是亲友间馈赠的物品，海关当初制定的优惠政策对照顾侨眷需求的作用已经弱化，进出境邮件的性质已向交易性质的商品转变。特别是网购、邮购、海外代购等业务发展迅速，一些不法分子企图将所经营的进口货物拆分成多票，伪报为个人物品，利用个人物品免税额优惠规定，通过邮递、快件渠道进境，逃避监管。

（4）《中华人民共和国知识产权海关保护条例》 《中华人民共和国知识产权海关保护条例》根据《中华人民共和国海关法》制定，由国务院于2003年12月2日发布，自2004年3月1日起施行，根据2010年3月24日《国务院关于修改〈中华人民共和国知识产权海关保护条例〉的决定》修订。修订后，原条例第二十七条第三款修改为：“被没收的侵犯知识产权货物可以用于社会公益事业的，海关应当转交给有关公益机构用于社会公益事业；知识产权权利人有收购意愿的，海关可以有偿转让给知识产权权利人。被没收的侵犯知识产权货物无法用于社会公益事业且知识产权权利人无收购意愿的，海关可以在消除侵权特征后依法拍卖，但对进口假冒商标货物，除特殊情况外，不能仅清除货物上的商标标识即允许其进入商业渠道；侵权特征无法消除的，海关应当予以销毁。”

将原条例第二十八条改为第三十一条，修改为：“个人携带或者邮寄进出境的物品，超出自用、合理数量，并侵犯本条例第二条规定的知识产权的，按照侵权货物处理。”

（5）《中华人民共和国海关行政处罚实施条例》 《中华人民共和国海关行政

处罚实施条例》2004 年公布施行。此条例规定海关有权对尚未构成走私罪的违法当事人处以行政处罚，包括对走私货物、物品及违法所得处以没收，对有走私行为和违反海关监管规定行为的当事人处以罚款，对有违法情事的报关企业和报关员处以暂停或取消报关资格的处罚等。

1）海关行政强制措施。海关行政强制措施是指海关依法对公民的人身自由实施暂时性限制，或者对公民、法人或者其他组织的财物实施暂时性控制的行为。

① 限制公民人身自由。在海关监管区和海关附近沿海沿边规定地区，对走私犯罪嫌疑人，经直属海关关长或者其授权的隶属海关关长批准，可以扣留，扣留时间不得超过 24 小时，在特殊情况下可以延长至 48 小时。

个人违抗海关监管逃逸的，海关可以连续追至海关监管区和海关附近沿海沿边规定地区以外，将其带回处理。

受海关处罚的当事人或者其法定代表人、主要负责人在出境前未缴清罚款、违法所得和依法追缴的货物、物品、走私运输工具的等值价款，又未提供担保的，海关可以通知出境管理机关阻止其出境。

② 扣留财物。对违反海关法的进出境运输工具、货物、物品以及与之有牵连的资料，可以扣留。有违法嫌疑的货物、物品、运输工具无法或者不便扣留，当事人或者运输工具负责人未提供等值担保的，海关可以扣留当事人等值的其他财产。

海关不能以暂停支付方式实施税收保全措施时，可以扣留纳税义务人其价值相当于应纳税款的货物或其他财产。

③ 冻结存款、汇款。进出口货物的纳税义务人在规定的纳税期限内，有明显的转移、藏匿其应税货物及其他财产迹象，不能提供纳税担保的，经直属海关关长或其授权的隶属海关关长批准，海关可以通知纳税义务人开户银行或者其他金融机构暂停支付纳税义务人相当于应纳税款的存款。

④ 封存货物或账簿、单证。海关进行稽查时，发现被稽查人的进出口货物有违反《海关法》和其他法律、行政法规嫌疑的，经直属海关关长或其授权的隶属海关关长批准，可以封存有关进出口货物。

海关进行稽查时，发现被稽查人有可能篡改、转移、藏匿、毁弃账簿和单证等资料的，经直属海关关长或其授权的隶属海关关长批准，在不妨碍被稽查人正常的生产经营活动的前提下，可以暂时封存其账簿、单证等有关资料。

⑤ 其他强制措施。进出境运输工具违抗海关监管逃逸的，海关可以连续追至海关监管区和海关附近沿海沿边规定地区以外，将其带回处理。对于海关监管货物，海关可以加施封志。

2）海关行政强制执行。海关行政强制执行是指在有关当事人不依法履行义务的前提下，为实现海关的有效行政管理，依法强制当事人履行法定义务的行为。

① 加收滞纳金。进出口货物的纳税义务人逾期缴纳税款的，由海关征收滞纳金。

② 扣缴税款。进出口货物的纳税义务人、担保人自规定的纳税期限届满之日起超过 3 个月未缴纳税款的，经直属海关关长或者其授权的隶属海关关长批准，海关可以书面通知其开户银行或者其他金融机构从其暂停支付的存款中扣缴税款。

③ 抵缴、变价抵缴。当事人逾期不履行海关的处罚决定又不申请复议或者提起诉讼的，海关可以将其保证金抵缴或者将其被扣留的货物、物品、运输工具依法变价抵缴。

（6）《中华人民共和国海关统计条例》《中华人民共和国海关统计条例》2005 年 12 月 25 日公布，2006 年 3 月 1 日施行。此条例规定了四方面内容，即：统计调查、统计分析和统计监督；进行进出口监测预警；编制、管理和公布海关统计资料；提供统计服务。

海关统计工作由海关总署负责组织、管理。海关统计机构、统计人员应当依法履行职责。

按照《中华人民共和国海关统计条例》的规定，实际进出境并引起境内物质存量增加或者减少的货物，列入海关统计。进出境物品超过自用、合理数量的，列入海关统计。

海关总署及直属海关应当分别定期、无偿地向国务院有关部门及所在地省级人民政府提供有关综合统计资料。海关应当建立统计资料定期公布制度，向社会公布海关统计信息。

按照《中华人民共和国海关统计条例》的规定，当事人有权在保存期限内查询自己申报的海关统计原始资料及相关信息，对查询结果有疑问的，可以向海关申请核实；海关对当事人依法应当申报的项目有疑问的，可以向当事人提出查询；当事人依法应当申报的项目未申报或者申报不实影响海关统计准确性的，海关应当责令当事人予以更正，需要予以行政处罚的，依法处罚。

（7）《中华人民共和国进出口货物原产地条例》　《中华人民共和国进出口货物原产地条例》2004 年公布，2005 年 1 月 1 日施行。这是我国为履行入世承诺，根据 WTO《原产地规则协议》的要求，在总结进口货物原产地暂行规定和出口货物原产地规则实施经验的基础上，所制定的统一的进出口货物原产地规则。

随着外经贸的不断发展，有关货物原产地、原产地规则等方面的问题，越来越受到社会各界的普遍关注。因此，深入了解和运用 WTO 有关原产地规则的规定和《中华人民共和国原产地条例》，正确认识国际贸易中货物原产地的概念，重视原产地规则的运用，将有利于企业按照国际规则调整自身产品结构和经营策略，在参与国际物流活动方面具有重要意义。

原产地规则有利于大多数国家根据进口产品的不同来源，分别给予不同的待遇。在实行差别关税的国家，进口货物的原产地是决定其是否享受一定关税优惠待遇的重要依据之一。在采取禁运、反倾销、进出口数量限额、贸易制裁、联合抵制、卫生防疫管制、外汇管制等贸易措施中，只有在对进口货物的原产地能够做出准确的判定时，其贸易措施才能真正发挥作用。

（8）《中华人民共和国海关暂时进出境货物管理办法》　《中华人民共和国海关暂时进出境货物管理办法》2013 年 12 月 25 日发布，2014 年 2 月 1 日实施。此办法规定，对于经海关批准的暂时进出境货物，在货物收发货人向海关缴纳相当于税款的保证金或者海关依法认可的其他担保后，准予暂时免纳关税。对不征收进出口关税的暂时进出境货物，可凭货物收发货人或其代理人提交的保证函验放。暂时进出口货物应该于进境或出境之日起 6 个月内全部复运出境或进境。

二、国际货物进出境检验法规

1. 商品检验的概念

商品检验是指在国际贸易买卖中由商检机构或国家商检部门对卖方交付给买方货物的品质、数量和包装进行检验，以确定合同中的标的是否符合买卖合同规定。

商品检验还包括依据一国法律或行政法规对某些进出口货物实施的强制检验或食品、动植物及其相关产品的检疫，是买卖合同中必须订明的一项内容。

2. 商品检验的法律依据

我国对进出口商品进行检验，目前依据的主要法律法规为：《中华人民共和国进出口商品检验法》和《中华人民共和国进出口商品检验法实施条例》，英国《1893 年货物买卖法案》与《联合国国际货物销售合同公约》。

3. 商品检验的地点

（1）在出口国检验　在出口国检验又可以分为产地检验、装运前或装运时检验，一般对买方不利。

1）产地检验。即在货物离开生产地点之前，由卖方或其委托的检验机构人员对货物进行检验或验收。

2）装运前或装运时检验。货物在装运港装运前或装运时，以双方约定的商检证明作为依据进行检验。货物运抵后，买方如再对货物进行检验，即使发现问题，也无权再向卖方表示拒收或提出异议和索赔。

（2）在进口国检验　在进口国检验是指货物运抵目的港或目的地卸货后，由双方约定的目的地检验机构验货并出具检验证明作为最后依据，一般对卖方不利。对于技术密集型商品或卸货后不宜拆开包装的商品，也可在买方营业地或最终用户的所在地进行检验。

（3）在出口国检验、进口国复验　货物在出口国装船前必须进行检验鉴定，但此时出具的装运港检验证明不能作为卖方交货质量和重量的最后依据，只是作为卖方向银行议付货款的一种单据。货物到达目的港后，在双方约定的时间内，买方有权对货物进行复验，复验后若发现货物与合同不符，可根据复验的结果向卖方索赔。

这种做法避免了上述两类方法对卖方或买方单方面有利的矛盾，兼顾了双方权益，比较公平合理，因而在国际贸易中被广泛采用。我国进出口业务中也多用此类规定方法来约定检验时间和检验方法。

4．商品检验机构与商品检验的法律法规

（1）国际上商品检验机构的类型。

1）官方检验机构。官方检验机构是由国家或地方政府投资，按照国家有关法律法令对出入境商品实施检验、鉴定和监督管理的机构。中国国家质量监督检验检疫总局（AQSIQ）和美国食品药品管理局（U.S. Food and Drug Administration, FDA）属于官方检验机构。

2）半官方检验机构。半官方检验机构是指一些有一定权威的、由国家政府授权、代表政府行使某项商品检验或某一方面检验管理工作的民间机构。美国保险人实验室（Underwrites Laboratories，UL），专门从事安全检验鉴定，属于半官方检验机构。

3）非官方检验机构。非官方检验机构主要是指由私人创办的、具有专业检验、鉴定技术能力的检验公司。英国劳氏船级社（Lloyd’s Register of Shipping，LR），专门从事船舶入级和海事鉴定；瑞士日内瓦通用鉴定公司是世界最大的检验鉴定公司。它们均属于非官方检验机构。

（2）我国商品检验机构及其发展展望

1）国家质量监督检验检疫总局（简称质检总局）是国务院主管全国质量、计量、出入境商品检验、出入境卫生检疫、出入境动植物检疫、进出口食品安全和认证认可、标准化等工作，并行使行政执法职能的直属机构。

2）质检总局设在各地的出入境检验检疫机构（商检机构）管理其所辖地区内的出入境检验检疫工作。

新修改的《进出口商品检验鉴定机构管理办法》于2015年11月6日国家质检总局局务会议审议通过，自2016年5月1日起施行。

新《进出口商品检验鉴定机构管理办法》从6个方面宽松准入、接轨改革：①降低了准入门槛。删除对检验鉴定从业人员的资质要求；进出口商品检验鉴定机构实施“注册资本认缴登记制”，取消“注册资本不少于相当35万美元的人民币”注册资本最低限额，降低市场注入限制条件。②增加了申请主体。将自然人作为申请设立检验鉴定机构主体，使个人申请设立检验鉴定机构成为可能。③缩短了行政审批时限。从原90天减至20天。④简化了许可流程。按照“先照后证”的原则，将进出口商品检验鉴定业务的检验许可调整为后置审批。⑤规范了许可程序和要求。将原由商务部审批的“外商投资进出口商品检验鉴定机构设立及变更审批”下放至省级人民政府商务行政部门；明确了各有关审批部门的行政要求。⑥延长了证书时限。《进出口商品检验鉴定机构资格证书》有效期从原办法3年一换延长到6年一换。进出口商品检验鉴定机构应当在证书有效期满前3个月内向质检总局换发证书。

随着新管理办法的落实，我国多种形式检验机构的不断成长，必将使国际商品检验得更加便利，从而进一步促进国际物流的健康发展。

（3）商品检验的法律法规　国家商检部门依照《中华人民共和国进出口商品检验法》（以下简称《商检法》）及其实施条例的有关规定，先后制定发布了《出入境检验检疫行政处罚办法》《出入境检验检疫行政复议办法》和《出入境检验检疫系统受理司法调查规定》等一系列规范商检行为的规章和规范性文件，使商检工作基本做到有法可依，有章可循，实现了我国商检法律制度与WTO《技术性贸易壁垒协定》的衔接，是新时期我国商检工作的法律准绳。

我国进出口商品检验的立法宗旨是：加强进出口商品检验工作，规范进出口商品检验行为，维护社会公共利益和进出口贸易有关各方的合法权益，促进对外经济贸易关系的顺利发展。这四句话是一个整体，相互关联，不可分割。

《商检法》规定，进出口商品的报检人对商检机构做出的检验结果有异议的，可以向原商检机构或者其上级商检机构以至国家商检部门申请复验，由受理复验的商检机构或者国家商检部门及时做出复验结论。当事人对商检机构、国家商检部门做出的复验结论不服或者对商检机构做出的处罚决定不服的，可以依法申请行政复议，也可以依法向人民法院提起诉讼。任何单位和个人均有权对国家商检部门、商检机构及其工作人员的违法、违纪行为进行控告、检举。

总之，在世界经济全球化、关税贸易壁垒保护措施被不断弱化的情况下，依法加强进出口商品检验已经成为了保护人类健康和安全、防止欺诈行为、维护国家安全、促进对外经济贸易顺利发展的有力措施。

5．商品检验程序

我国从2000年1月1日起实施“先报检，后报关，再检验”的货物通关制度，将原卫检局、动植物局、商检局进行的检验“三检合一”，全面推行“一次报检、一次取样、一次检验检疫、一次卫生除害处理、一次收费、一次发证放行”的工作规定和“一口对外”的国际通用的检验检疫模式。

进出口商品的检验程序主要包括报检、抽样、检验和签发证书。

（1）报检　报检的范围包括：

1）国家法律法规规定必须由出入境检验检疫机构检验检疫的商品，如列入《出入境检验检疫机构实施检验检疫的出入境商品目录》的商品。

2）输入国家或地区规定必须凭检验检疫机构出具的证书才准入境的。

3）有关国际条约规定必须检验检疫的。

4）申请签发原产地证明书或普惠制原产地证明书的。

报检时限和地点：对入境货物，应在入境前或入境时向入境口岸、指定的或到达站的检验检疫机构办理报检手续；入境的运输工具及人员应在入境前或入境时申报。

（2）抽样　常用的抽样方式有：①登轮抽样；②甩包抽样；③翻垛抽样；④出厂、进仓时抽样；⑤包装前抽样；⑥生产过程中抽样；⑦装货时抽样；⑧开沟抽样；⑨流动间隔抽样。

（3）检验　内地省市的出口商品需要内地检验机构进行检验，经检验合格后，签发“出口商品检验换证凭单”；当商品的装运条件确定后，外贸经营单位持内地检验机构签发的“出口商品检验换证凭单”，向口岸检验机构申请查验放行。

（4）签发证书

1）商检证书的种类主要有品质证书、数量或重量证书、卫生证书或健康证书、消毒证书、熏蒸证书、价值证书、测温证书等。

2）出口商品检验换证凭单是出口商品经发运地的检验机构检验合格后对内签发的，商品出口时申请人凭此单向口岸检验机构申请出口检验换证。

6．商品检验业务

商品检验业务按检验项目来分主要包括以下业务：

1）品质检验。品质检验是对进出口商品的质量指标、规格等级、外观要求等进行检验以确定其是否符合技术标准或合同规定的要求。

2）数量、重量检验。数量检验是按照合同规定的计价单位对某批货物的件数、长度、面积、体积等进行清点和丈量。重量检验可根据商品的不同物理状态采用容量计重、水尺计重、衡器鉴重、流量计计重等方式确定其重量，作为贸易结算的依据。

3）包装检验。包装检验是对进出口商品内、外包装的标记、包装材料、包装方法、衬垫物料进行检查，对运输包装和危险货物包装进行性能鉴定和使用鉴定，以确定其是否符合相关规定的要求。

4）安全性能检验。安全性能检验是指对进出口商品的安全性能指标符合性的检验，如家用电器的防止触电、爆炸、燃烧性能，各种玩具、儿童用品防止损害儿童的器件性能和有毒元素含量，各种机动车辆制动部件的灵敏度和可靠性，各种锅炉、压力容器的防爆、防炸性能，各种织物的阻燃性和偶氮染料含量等。

5）卫生检验。卫生检验是对进出口食品是否符合食用卫生条件的检验，包括感官检验、微生物检验、生物毒素检验、农兽药残留检验、食品添加剂检验、重金属等有毒有害元素检验等，还包括食品容器如包装材料、食用器具及设备的检验。

6）与进出口商品有关的外商投资财产的价值、品种、质量、数量和损失鉴定。

7）船舶、集装箱等运载工具装运技术条件鉴定。船舶、集装箱等运载工具装运技术条件鉴定包括对船舱、集装箱等进出口商品运载工具的清洁、卫生、密固、冷藏效能等的适载性检验；出口商品的积载鉴定等。

8）残损鉴定。残损鉴定包括进出口商品的舱口检视、载损鉴定、海损鉴定和验残等。

9）集装箱货物检验。集装箱货物检验包括出口集装箱的监视装箱和封箱，进口集装箱的启封、拆箱和监视卸箱等。

10）其他鉴定业务。其他鉴定业务包括进出口商品的抽样、封样鉴定，监视装载和监视卸载，船舶货舱、阀门的施封和启封等。

上述第 2 项和第 6～10 项在我国习惯上称为进出口商品鉴定业务，在过去曾称对外贸易公证鉴定。

7．商品检验证书

商品检验证书是进出口商品经出入境检验检疫机构检验，鉴定后出具的证明文件。检验证书具有以下作用：

（1）检验证书是证明卖方行为符合合同的依据　检验证书是证明卖方所交货物的品质、数量、包装以及卫生条件等方面是否符合合同规定的依据。

（2）检验证书是海关验关放行的依据　为了维护本国的政治经济利益，对某些进出口商品的品质、数量、包装、卫生、安全、检疫制定了严格的法律法规，在有关货物进出口时，必须由当事人提交检验机构符合规定的检验证书和有关证明手续，海关当局才准予进出口。

（3）检验证书是卖方办理货款结算的依据　检验部门出具的品质证书、重量或数量证书是买卖双方最终结算货款的重要依据，凭检验证书中确定的货物等级、规格、重量、数量计算货款，这是买卖双方都能接受的合理公正的结算方式。

（4）检验证书是办理索赔和理赔的依据　检验机构在检验中发现货物品质不良，或数量、重量不符，违反合同有关规定，或者货物发生残损等意外情况时，检验后签发的有关品质、数量、重量、残损的证书是收货人向各有关责任人提出索赔的重要依据。

（5）检验证书是解决争议的依据　检验检疫机构应申请人要求，经检验鉴定后出具的货物积载状况证明、监装证明、监卸证明，集装箱的验箱、拆箱证明，对船舱检验提供的验舱证明、封舱证明、舱口检视证明，对散装液体货物提供的冷藏箱或舱的冷藏温度证明、取样和封样证明等，都是为证明货物在装运和流通过程中的状态和某些环节而提供的，以便证明事实状态，明确有关方面的责任，也是船方和有关方面免责的证明文件。

（6）检验证书是计算关税的依据　检验检疫机构出具的重量、数量证书，具有公正、准确的特点，是海关核查征收进出口货物关税时的重要依据之一。残损证书所标明的残损、缺少的货物可以作为向海关申请退税的有效凭证。

（7）检验证书是计算运输、仓储等费用的依据　检验中货载衡量工作所确定的货物重量或体积（尺码吨），是托运人和承运人之间计算运费的有效证件，也是港口仓储运输部门计算栈租、装卸、理货等费用的有效文件。

8．确定买卖合同中的检验条款应注意的事项

为了在商品检验中始终占据有利的地位，从事国际物流的企业制定合同条款时必须注意，检验条款中的索赔有效期限和复验时间不宜过长，通常视商品性质而言，为货到目的港后30～180天不等。除此之外还要注意：

1）合同的品质条款和包装条款应该明确、具体，否则商品检验便无法进行。

2）明确双方对进出口商品进行检验检疫的机构，以确立其合法性。

3）可以根据业务需要规定检验标准、抽样方法和检验方法。

4）出口食品和动物产品的卫生检验检疫，一般均按我国标准和有关法令规定办理。

5）对于一些规格复杂的商品和机器设备等进口合同，应根据商品的不同特点，在条款中加列一些特殊规定。

6）进出口商品的包装应与商品的性质、运输方式的要求相适应，并在条款中详列包装所使用的材料、结构及包装方法等。

复习思考题

一、填空题

1.《海牙规则》对承运人的免责分为两类：一类是 ______ 免责；另一类是 ______ 免责。

2. 我国《海商法》第五十六条规定，承运人对货物灭失或损坏的赔偿限额，按货物件数或其他货运单位计算时，每件或每个其他货运单位为 ______ SDR；或者按照货物毛重计算，每公斤为 ______ SDR，两者中以限额较高的为准。

3. 海关稽查是促进 ______ 便利化、确保 ______ 有效监管的重要手段。

4. 检验检疫机构出具的 ______ 证书，是海关核查征收进出口货物关税时的重要依据之一。残损证书所标明的残损货物，可以作为向海关申请 ______ 的有效凭证。

5. 国际合同磋商的一般程序包括询盘、______、还盘和 ______ 四个环节，其中 ______ 和 ______ 是合同成立不可缺少的两个基本环节和必经的法律步骤。

二、简答题

1. 简述《鹿特丹规则》与《海牙规则》《海牙—维斯比规则》以及我国的《海商法》相比较，有哪些主要的变化？

2. 简述国际贸易合同履行时的风险承担。

3. 简述海关行政强制措施。

4. 简述商品检验证书的作用。

三、案例分析

1. 2015 年，美国某出口商与韩国某出口商签订了一份 CFR 合同，规定由卖方出售小麦 2 000 吨给买方。小麦在装运港装船时是混装的，共装运了 5000 吨。卖方准备在船抵港后由船公司负责分拨 2 000 吨给买方。但载货船只在途中遇高温天气而使小麦变质，共损失 2 500 吨，其余 2 500 吨安全抵港。卖方在船抵达目的港后称出售给买方的 2 000 吨小麦在运输途中已全部损失，并认为根据 CFR 合同，货物风险在装运港越过船舷时已转移给买方，因此卖方不需负担 2 000 吨小麦的损失。买方则要求卖方执行合同，交付 2 000 吨的小麦。双方争执不下，于是根据合同中的仲裁条款请求仲裁解决。

问题：你认为仲裁机构应该如何裁决？并说明其理由。

2. A 国某公司同日本两公司签订了出口羊绒衫合同。合同规定羊绒含量为 100%。出口羊绒衫商标也标明“100%羊绒”。对方两公司对 A 国出口羊绒衫进行检验后，因羊绒含量不符合合同规定提出索赔。

问题：请判断 A 国公司是否应该赔偿？

3. A 公司向德国出口某冷冻商品 1 500 箱，合同规定 1～5 月按合同等量装运，每月 300 箱，凭不可撤销即期信用证付款。客户按时开来信用证，A 公司 1～3 月份交货正常，顺利结汇，但在 4 月份时，由于船期延误，推迟到 5 月 6 日才装运出口，而海运提单则倒签为 4 月 30 日，并送银行议付，议付行也未发现问题。之后在 5 月 10 日，A 公司又同船装运 300 箱运往目的地，开具的提单为 5 月 10 日。进口商取单时发现问题，拒绝收货（当然开证行也拒付）。

问题：A 公司的失误在哪里？进口商为何拒收货物并拒付？

9

第九章 货物运输保险法律法规

学习目的

通过本章的学习，了解保险合同的含义及保险合同的基本原则，掌握保险合同的主要内容及保险合同当事人的权利义务，并对海上货物运输保险有所了解。

第一节　保险合同概述

引导案例 9-1：

2013 年 12 月 23 日，安庆市某俱乐部以该俱乐部的固定资产和存货为保险标的向某保险公司安庆支公司（下称安庆支公司）投保财产保险基本险，保险金额 403 000 元，其中固定资产 398 000 元，存货 5 000 元。保险单在"以何种价值投保"一栏约定"估价"，保险合同特别约定，"固定资产和存货均按估价投保，详见清单"，保险费 1 880 元，保险责任期限自 2013 年 12 月 30 日至 2014 年 12 月 30 日止。财产保险基本险条款约定：固定资产的保险价值是出险时重置价值。2014 年 1 月 29 日 1 时 30 分该俱乐部发生火灾，造成俱乐部投保财产全部被毁，该俱乐部向安庆支公司申请理赔。保险公司认为对固定资产部分应该按照固定资产的重置价值进行赔偿，该俱乐部认为保险公司应该按照保险金额 398 000 元进行赔偿。双方发生争议，该俱乐部向安庆市大观区法院起诉。

一审法院认为：保险单约定"固定资产按估价投保"应视为双方约定的保险金额 398 000 元就是投保财产的保险价值。保险条款中"固定资产的保险价值是出险时重置价值"的规定，因与《保险法》第四十条第一款的规定相冲突不应适用，判决安庆支公司赔偿保险金 363 168 元（扣除免赔额）。

安庆支公司不服一审判决，向安庆市中级人民法院提起上诉。安庆中院向安徽省高院请示后做出判决，安庆中院认为一审判决违背了财产保险的目的在于填补损害的立法本意，改判安庆支公司按照固定资产重置价值赔付保险金 169 641 元（扣除免赔额）。通过判决书确认财产保险的目的在于填补损害。

资料来源：中国大物流网

一、保险合同的概念和法律特征

1．保险合同的概念

从法律的角度看，保险是一种以合同为其表现形式的商业行为。保险合同又称保险契约，是指保险双方当事人为了实现保险经济保障的目的，明确双方权利与义务关系的协议。在保险关系中，投保人与保险人是保险双方当事人。因此，《中华人民共和国保险法》（以下简称《保险法》）第十条第一款规定："保险合同是投保人与保险人约定保险权利义务关系的协议。"

保险合同应采用书面形式，实践中主要有保险单、保险凭证、投保单、暂保单等。

2．保险合同的法律特征

从合同制度角度讲，保险合同是一种独立的合同类型，因此它必须具有合同的一般法律属性。同时，保险合同作为独立的合同类型，又具有自身的诸多法律特点，以区别于其他各种合同。这些法律特征表现如下：

（1）保险合同是典型的保障性合同　保障性合同是指此类合同的根本作用是向社会公众和社会经济生活提供保障手段。保险合同其保障性表现在：保险合同双方当事人一经达成协议，保险合同从约定生效时起到终止时的整个期间，保险标的的风险都受到保险人的保障。保险标的一旦发生保险事故，保险人承担经济赔偿或给付保险金义务。

（2）保险合同是一种最大诚信合同　由于保险合同具有的提供保险保障的偶然性，所以法律对于诚实信用原则在保险合同制度中的适用更为强调，以致在长期的保险实务过程中形成了一条公认的最大诚信原则。

由于保险经营是具有特殊风险的行业，保险人只能是对投保人或被保险人予以极大的信任，根据其提供的情况来决定是否承保和所适用的保险费率。

（3）保险合同是射幸合同　射幸就是侥幸、碰运气的意思。保险合同之所以是射幸合同，原因在于保险事故发生的不确定性，或者说因为保险合同履行的结果是建立在保险事故可能发生、也可能不发生的基础上的。这主要是就单个保险合同而言，在订立保险合同之时，投保人交纳保险费换取的只是保险人的承诺，而保险人是否履行赔偿或给付保险金的义务，取决于约定的保险事故是否发生。

（4）保险合同是附和合同和典型的格式合同　在签订保险合同的过程中，保险人一方将其所拟订的保险合同格式条款提供给投保人，投保人处于被动的地位，对于格式条款一般情况下仅仅表示是否接受。所以，法律上称保险合同为附和合同。

（5）保险合同是诺成合同　保险合同作为诺成合同，是基于投保人和保险人双方意思表示一致而成立的，并非实践性合同。

（6）保险合同是双务合同　保险合同是典型的双务合同。投保人有按照合同约定支付保险费的义务，被保险人在保险事故发生时享有请求保险人赔偿或者给付保险金的权利；保险人应承担保险合同约定的保险事故发生时赔付保险金的义务，享有收取保险费的权利。

二、保险合同的基本原则

1．最大诚信原则

最大诚信原则是指保险双方当事人在签订和履行保险合同时，必须保持最大的诚意，互不欺骗和隐瞒，恪守合同的承诺，全面履行自己应尽的义务。否则，将导致保险合同无效，或承担其他法律后果。最大诚信原则主要包括告知、保证、弃权与禁止反言。

（1）告知　告知也称披露或陈述，是指合同订立前、订立时及在合同有效期内，要求当事人按照法律实事求是、尽自己所知、毫无保留地向对方所做的口头或书面的陈述。

（2）保证　保证是保险人签发保险单或承担保险责任的条件，其目的在于控制风险，确保保险标的及其周围环境处于良好的状态中。保证属于保险合同的重要内容，其表现形式可分为明示保证和默示保证两种。

（3）弃权与禁止反言　弃权是保险合同一方当事人放弃他在保险合同中可以主张的某种权利，通常是指保险人放弃合同解除权与抗辩权。禁止反言也称禁止抗辩，是指保险合同一方既然已放弃他在合同中的某种权利，将来不得再向他方主张这种权利。在保险实践中，它主要用于约束保险人。

2．保险利益原则

保险利益原则是《保险法》特有的原则，是指投保人对保险标的具有法律上承认的利益。

3．损失补偿原则

损失补偿原则是指保险人对于保险标的因保险事故造成的损失在保险金额范围内进行保险赔偿，用以补偿被保险人遭受的实际损失。

4．近因原则

近因原则是指保险人对于承保范围的保险事故作为直接的、最接近的原因所引起的损失，承担保险责任，而对于承保范围以外的原因造成的损失，不负赔偿责任。

三、保险合同的构成

1．保险合同的主体

保险合同的主体是指参与保险关系的各方当事人，是保险合同得以构成的首要条件。

（1）保险人　保险人又称承保人，是指与投保人订立保险合同，并按照保险合同的约定享有收取保险费的权利，并承担赔偿或者给付保险金责任的一方当事人。我国《保险法》第十条规定："保险人是指与投保人订立保险合同，并按照合同约定承担赔偿或者给付保险金责任的保险公司。"

（2）投保人　投保人又称要保人，是保险合同的另一方当事人，是指与保险人订立保险合同，并按照保险合同约定负有支付保险费义务的人。在实践中，投保人可以是公民个人、法人组织或者其他组织。投保人可以是为自己的利益与保险人订立保险合同，也可以是为他人的利益与保险人订立保险合同。

（3）被保险人　被保险人是在保险合同中直接享受保险保障的一方当事人。投保人可以同时就是被保险人，也可以分别为不同的民事主体。

2．保险合同的客体

保险合同保障的对象是被保险人对其财产或者生命、健康所享有的利益，即保险利益。所以保险利益是保险合同当事人的权利义务所共同指向的对象，是保险合同的客体。在保险合同的履行过程中，如果投保人对保险标的丧失了保险利益，则保险合同无效。

3．保险合同的保险标的

保险标的是指作为保险对象的财产及其有关利益或者人的寿命和身体。它既是确定危险程度和保险利益的重要依据，也是决定保险种类、确定保险金额和保险费率的依据。

四、保险条款的解释原则

当发生保险索赔时，保险人和投保人可能发生各种争议纠纷，而争议纠纷的产生有相当部分是由于双方当事人对保险合同某些条款的理解不同所造成的。这就需要法院或仲裁机构对有争议的保险合同条款做出解释。

1．文义解释原则

文义解释原则是指按照保险合同条款通常的文字含义并结合上下文解释的原则。同一词语出现在不同地方，前后解释应一致，专业术语应按本行业的通用含义解释。

2. 意图解释原则

意图解释原则是指按照双方当事人在订约时的真实意图进行解释的原则。一般只能适用于文义不清，条款用词不准确、混乱模糊的情形。解释是要根据保险合同的文字、订约时的背景、客观实际情况进行分析推定。

3. 有利于被保险人的解释原则

由于保险合同条款大多是由保险人拟定的，当保险条款出现含糊不清的意思时，应作有利于被保险人的解释。但这种解释应有一定的规则，不能随意滥用，只能用于合同所用语言、文字不清或一词多义时。

4. 尊重保险惯例

保险业务有其特殊性，是一种专业性极强的业务。在长期的业务经营活动中，保险业产生了许多专业用语和行业习惯用语，这些用语的含义常常有别于一般的生活用语，并为世界各国保险经营者所接受和承认，成为国际保险市场上的通行用语。为此，在解释保险合同时，对某些条款所用词句，不仅要考虑该词句的一般含义，而且还要考虑其在保险合同中的特殊含义。

第二节　陆上货物运输保险

引导案例 9-2：

鑫多宝贸易公司 2011 年通过外贸代理商中艺进出口公司和土库曼斯坦一家公司签订了进出口合同，进口纯天然彩色棉。2012 年 2 月 5 日，鑫多宝公司向中国平安保险公司北京分公司提出了对这批货物的铁路运输风险进行投保的要求，经过协商，双方签订了一份“陆运一切险”保险合同，鑫多宝公司交纳了 34 000 余元的保费。可是这 10 车棉花自 2012 年 1 月 22 日从土库曼斯坦装车发出之后，就音讯全无，至今也没到达原保单上指定的火车站。于是，他们向承担这批货物运输风险的平安北京分公司提出索赔，但是 4 年里双方一直没有就理赔事宜达成共识。2016 年 6 月，鑫多宝公司以平安北京分公司为被告，向北京市第一中级人民法院提起诉讼，要求保险公司赔付 800 余万元的货物损失。

请用本节的知识分析此案例。

一、陆上货物运输保险概述

陆上货物运输保险是指以火车和汽车等陆地运输工具承运的货物为保险标的的保险。

陆上运输主要包括铁路运输和公路运输两种，其运输工具主要是火车和汽车。我国现行的陆上运输货物条款也明确规定以火车、汽车为限。

根据1981年1月1日中国人民保险公司的陆上货物运输保险条款规定，陆上运输货物保险基本险别分为陆运险和陆运一切险两种。此外，还有适用于陆运冷藏货物的专门保险——陆上运输冷藏货物保险，其性质也属于基本险。在附加险中，除仅适用于火车运输的陆上运输货物战争险条款外，海上运输货物保险中也均适用。

二、陆上货物运输保险的险种与责任范围

1．陆运险与陆运一切险

（1）陆运险的责任范围　陆运险的承保责任范围与海上运输货物保险条款中的“水渍险”相似，保险人负责赔偿被保险货物在运输途中遭受暴风、雷电、洪水、地震等自然灾害或由于运输工具遭受碰撞、倾覆、出轨或在驳运过程中因驳运工具遭受搁浅、触礁、沉没、碰撞，或由于遭受隧道塌陷、崖崩或失火、爆炸等意外事故所造成的全部或部分损失。此外，被保险人对遭受承保责任内危险的货物采取抢救、防止或减少货物损失的措施而支付的合理费用，保险人也应付赔偿，但以不超过该批被救货物的保险金额为限。

另外，被保险货物遭受保险责任范围的事故时，为了使其脱离危险，减少和避免损失的发生，在紧急抢救过程中，保险货物遭受碰损、散失、雨淋、水渍、盗窃所致的损失，保险人承担赔偿责任。但是，如果被保险货物外包装完好而内部货物短少，则不属于抢救所致的损失，保险人不予赔偿。如果在抢救过程中致使外包装有明显损坏而引起的损失，只要不能证明是发货人的责任，而又难以分清是自然损耗还是意外事故造成的损失，保险人应承担赔偿责任。

（2）陆运一切险的责任范围　陆运一切险的承保责任范围与海上运输货物保险条款中的“一切险”相似，保险人除承担上述陆运险的赔偿责任外，还负责赔偿保险货物在运输途中由于外来原因所致的全部或部分损失。主要包括：

1）保险货物因受震动、碰撞或挤压而造成破碎、弯曲、凹瘪、折断、开裂等损伤，以及由此引起包装破裂所造成的损失。

2）凡属液体、半流体或者需要用液体储藏的保险货物，在运输途中因受震动、碰撞或压力致使所装容器（包括封口）损坏发生渗漏所造成的损失，或因液体渗漏而致货物腐烂变质的损失。

3）保险货物因遭受偷窃或者提货不当的损失。

4）在装货、卸货和地面运输过程中，因遭受不可抗力的意外事故及淡水雨淋所造成的货物损失。

（3）陆运险与陆运一切险的责任免除　陆运险与陆运一切险的责任免除有以下方面：

1）被保险人的故意行为或过失所造成的损失。

2）属于发货人责任所引起的损失。

3）在保险责任开始前，被保险货物已存在的品质不良或数量短差所造成的损失。

4）被保险货物的自然损耗、本质缺陷、特性以及市价跌落、运输延迟所引起的损失或费用。

5）陆上运输货物战争险条款和货物运输罢工险条款规定的责任范围和除外责任。

（4）陆运险与陆运一切险的保险期限　陆上运输货物保险的责任起讫采用“仓至仓”责任条款，保险期限自被保险货物运离保险单所载明的起运地仓库或储存处所开始运输时生效到目的地仓库或者存放地为止，如没有运抵目的地仓库或存放地，则以被保险货物运抵最后卸载车站满 60 天为止。产生纠纷时，索赔时效最多不超过两年。

2．陆上运输货物战争险和罢工险

（1）陆上运输货物战争险　陆上运输货物战争险是陆上运输货物险的一种附加险，只有在投保了陆运险或陆运一切险的基础上经过投保人与保险人协商方可加保。这种陆运战争险，国外私营保险公司大都是不保的，我国为适应外贸业务需要，保险公司接受加保，但目前只限于火车运输。

1）陆运战争险的责任范围包括直接由于战争、类似战争行为和敌对行为、武装冲突所致的损失；各种常规武器包括地雷、炸弹所致的损失。

2）陆运战争险的除外责任有以下方面：①由于敌对行为使用原子或热核制造的武器所致的损失和费用；②根据执政者、当权者或其他武装集团的扣押、拘留引起的承保运程的丧失和挫折而提出的任何索赔要求。

（2）陆上运输货物罢工险　陆上运输货物保险的附加险，除战争险外，还可加保罢工险。如在投保了战争险的前提下，加保罢工险不另收保险费。如仅要求加保罢工险，则按战争险费率收取保险费。

1）陆上运输货物罢工险的责任范围是保险人对被保险货物由于罢工者、被迫停工工人或参加工潮、暴动、民众斗争的人员的行动，或任何人的恶意行为所造成的直接损失负赔偿责任。

2）陆上运输货物罢工险的责任免除是指在罢工期间由于劳动力短缺或不能履行正常职责所致的保险货物的损失，包括因此而引起的动力或燃料缺乏使冷藏机停止工作所致的冷藏货物的损失。

第三节　航空货物运输保险

引导案例 9–3：

2011 年 12 月 6 日，原告某保险公司接受某公司（托运人）对其准备空运至意大利米兰的 20 箱丝绸服装的投保，保险金额为 73 849 美元。同日，由被告 A 航空公司的代理 B 航空公司出具了航空货运单一份。该航空货运单注明：第一承运人为 A 航空公司，第二承运人为 C 航空公司，货物共 20 箱，重 750 公斤，该货物的“声明价值（运输）”未填写。A 航空公司于 2011 年 12 月 20 日将货物由杭州运抵北京，12 月 28 日，A 航空公司在准备按约将货物转交 C 航空公司运输时，发现货物灭失。2012 年，原告对投保人（托运人）进行了全额赔偿并取得权益转让书后，于 2012 年 5 月 28 日向 B 航空公司提出索赔请求。B 航空公司将原告索赔请求材料转交 A 航空公司，A 航空公司表示愿意以每公斤 20 美元限额赔偿原告损失，原告要求被告进行全额赔偿，不接受被告的赔偿意见，遂向法院起诉。

法院认为，航空货运单是航空运输合同存在及合同条件的初步证据。该合同的“声明”及合同条件是合同的组成部分，应属有效，对承运人和托运人具有相同的约束力。托运人向原告进行了保险，该批货物在 A 航空公司承运期间发生灭失，A 航空公司应负赔偿责任，原告在赔偿后取得代位求偿权。由于托运人在交托货物时，未对托运货物提出声明价值并交付必要的附加费，所以 A 航空公司在责任范围内承担赔偿责任是合理的。

一、航空货物运输保险概述

1．国内航空货物运输保险

国内航空货物运输保险用于在国内航线上用飞机运输的货物。凡是向民航部门托运货物的单位和个人均可将其需要空运的货物投保该保险。但是，鲜、活物品和动物不能投保航空货物运输保险，而必须经双方当事人特别约定，投保国内航空运输鲜、活货物和动物腐烂、死亡保险附加险。

2．国际航空货物运输保险

国际航空货物运输保险则是用于承保在国际航线上用飞机运输货物的保险。参与国际贸易及其他涉外经济活动的法人、经济组织和个人均可以就其需要空运的货物投保该保险。

二、航空货物运输保险的险种

航空货物运输保险分为航空运输险和航空运输一切险两种。

1．航空运输险的责任范围

1）被保险货物在运输途中遭受雷电、火灾、爆炸或由于飞机遭受恶劣气候或其他危难事故而被抛弃，或由于飞机遭受碰撞、倾覆、坠落或失踪等意外事故所造成的全部或部分损失。

2）被保险人对遭受承保责任内危险的货物采取抢救、防止或减少货损的措施而支付的合理费用，但以不超过该批被救货物的保险金额为限。

2．航空运输一切险的责任范围

航空运输一切险除包括航空运输险的责任外，还负责被保险货物由于外来原因所致的全部或部分损失。

3．航空货物运输保险的责任免除

航空运输险和航空运输一切险的责任免除有以下方面：

1）被保险人的故意行为或过失所造成的损失。

2）属于发货人责任所引起的损失。

3）保险责任开始前，被保险货物已存在的品质不良或数量短差所造成的损失。

4）被保险货物的自然损耗、本质缺陷、特性以及市价跌落、运输延迟所引起的损失或费用。

5）航空运输货物战争险条款和航空运输货物罢工险条款规定的责任范围和除外责任。

三、航空运输货物附加险

1．航空运输货物战争险

航空运输货物战争险是航空运输货物险的一种附加险，只有在投保了航空运输险或航空运输一切险的基础上，经过投保人和保险人协商方可加保，加保时须另加付一定的保险费。

保险人承担由于战争、类似战争行为和敌对行为、武装冲突所致的损失，或由于上述情况所引起的捕获、拘留、扣留、禁制、扣押所造成的损失以及各种常规武器，包括炸弹所致的损失，但不包括因使用原子或热核武器所造成的损失和根据执政者、当权者或其他武装集团的扣押、拘留引起的承保航程的丧失和挫折而提出的任何索赔。

责任期限为自被保险货物装上保险单所载起运地飞机时开始，到卸离保险单所载目的地的飞机时止。如果被保险货物不卸离飞机，则保险责任最长期限以飞机到达目的地的当日午夜时起算满 15 天为止。

2．航空运输货物罢工险

航空运输罢工险的责任范围与海上运输罢工险责任范围相同。保险人对下列原因所造成的被保险货物的损失，负赔偿责任：由于罢工者、被迫停工工人或参加工潮、暴动、民众斗争的人员的行动，或任何人的恶意行为所造成的直接损失。

航空运输罢工险的责任免除是：①在罢工期间由于劳动力短缺或不能履行正常职责所致的保险货物的损失；②在罢工期间由于劳动力短缺或不能履行正常职责所引起的动力或燃料缺乏使冷藏机停止工作所致的冷藏货物的损失。

第四节　海上货物运输保险

引导案例 9-4：

金航轮船公司受金隆铜业有限公司的委托，负责将金隆铜业有限公司进口的铜精矿从南通港转运至铜陵港。2013 年 2 月 12 日，金隆铜业有限公司将进口合同项下铜精矿向某财产保险公司铜陵支公司（下称铜陵支公司）投保国内水路货物运输基本险，附加盗窃险。保险合同约定，因船舶碰撞造成承运货物损失，保险人按照损失金额加成 10%承担赔偿责任，被保险人应将对责任方的权利转让给保险人。货物因碰撞损毁后，金隆铜业有限公司于 2013 年 2 月 28 日向铜陵支公司提出索赔。铜陵支公司根据保险合同约定支付保险赔款 339 万元，金隆铜业有限公司出具权益转让书同意铜陵支公司向责任方追偿。

2013 年 8 月 15 日武汉海事法院做出一审判决。法院认为虽然船舶碰撞属于海事侵权，由于金航轮船公司是缔约承运人，因此对运输过程中发生的货物损失应承担连带赔偿责任，原告有权选择缔约承运人承担赔偿责任。对船舶碰撞事故，中海发展股份有限公司货轮（碰撞的另一方）应承担 60%责任，金航轮船公司应承担 40%责任，并按此海事责任比例赔偿铜陵支公司损失 310 余万元（扣除保险人加成的 10%）。

点评：在货物运输保险合同中，因承运人在货物运输中发生交通事故造成承运货物损失的，保险人在承担保险责任以后有权向第三方追偿。由于交通工具发生碰撞的事故通常是由于双方过错造成的，依据法理第三方分别承担的是合同责任和侵权责任，保险人在代位追偿时是将承运人和侵权人一起列为被告，要求承运人和侵权人按照海事责任比例承担赔偿责任。这对于保险人提高追偿效率，减少追偿成本有积极的意义。

一、海上保险概述

1．海上保险的概念

海上保险是保险人和被保险人通过协商，对船舶、货物及其他海上标的所可能遭遇的风险进行约定，被保险人在交纳约定的保险费后，保险人承诺一旦上述风险在约定的时间内发生并对被保险人造成损失，保险人将按约定给予被保险人经济补偿的商务活动。海上保险属于财产保险的范畴，是对由于海上自然灾害和意外事故给人们造成的财产损失给予经济补偿的一项法律制度。

2．海上保险的种类

（1）按照保险标的分类　海上保险按照保险标的分为以下几类：

1）船舶保险。这是以各类船舶作为保险标的的海上保险。船舶包括船体、船机和船舶属具，各种海上作业船也归入此类予以承保。在国际海上保险市场上，船舶保险不仅承保营运船舶，还有建造的船舶、修理的船舶、停航的船舶等，同时，往往兼保船舶碰撞责任和费用。

2）货物运输保险。这是以海上运输的货物作为保险标的的海上保险。所谓货物，在海上保险中主要是指具有商品性质的贸易货物。

3）运费和其他期得利益保险。期得利益主要是指货主对于货物预期的利润。此类海上保险是以运费和其他期得利益作为保险标的的。运费和其他期得利益不同于船舶和货物等有形物，而是保险人所承保的一种无形利益。

4）海上责任保险。作为保险标的的海上法律责任是指船东、货主或其他利害关系人在海上航行或海上生产作业中因发生危险事故而对第三人承担的赔偿责任。比如船舶碰撞中的损害赔偿责任、海洋污染责任等。依法承担上述责任的当事人（船东、货主）或其他利害关系人可以将其向保险人投保。

5）保障与赔偿责任保险。其保险标的是船东在营运过程中因意外事故所引起的损失、费用及其依法承担的法律责任。诸如保险人在船舶保险中不予承保的碰撞责任、货损货差责任、人身伤亡赔偿责任、油污责任及清除费用、航道清理费用、船员遣返费用等。船东可以将其向船东保赔协会投保此类海上保险。

6）海上石油勘探、开发保险。

（2）按照保险期间分类　海上保险按照保险期间分为以下几类：

1）航程保险。这是以船舶航程为单位确定保险期间的海上保险。即保险人仅按合同约定的港口之间的一次航程、往返航程或多次航程确定保险责任起止期间。

2）定期保险。此类保险是按保险人和被保险人所约定的某一时间过程规定保险期间，如 3 个月、6 个月或 1 年。船舶保险多采用此类保险。

3）混合保险。混合保险一方面对规定的保险期限内发生的损失承担赔偿责任，因而具有定期保险的特征；另一方面又有航程的限制，即保单上所载航程以外的区域所发生的损失，即使发生在保险期限内保险人也无责任赔偿。

（3）按保险价值分类　海上保险按保险价值分为以下几类：

1）定值保险。定值保险是指保险人和投保人双方事先对保险标的约定一个价值并载明于保险合同或保险单，双方按照约定价值确定保险金额，并以此作为保险人收取保险费和保险标的发生保险责任范围规定的事故损失时计算赔款的依据，故又被称为约定价值保险。

2）不定值保险。不定值保险是指保险人和投保人双方订立保险合同时，对保险标的不约定保险价值，而是由投保人自行确定保险金额予以投保，并将其载明于保险合同或保险单的保险。

二、海上货物运输保险的范围

海上货物运输保险的保障范围主要包括保障的风险、保障的损失两个方面。

1．海上货物运输保险保障的风险

（1）海上风险　海上风险也称海难，是指船舶、货物在海上运输过程中所发生的固有风险。然而，国际货物运输保险业务中的海上风险并不包括发生在海上的一切风险，同时又不局限于在航海中所发生的风险。从风险的性质上分，保险人所承保的海上风险主要有自然灾害和意外事故两种。

1）自然灾害。根据我国《海洋运输货物保险条款》的规定，自然灾害指恶劣气候、雷电、海啸、地震、洪水等人力不可抗拒的灾害。根据《伦敦保险协会海运货物保险条款》，属于自然灾害性质的风险为雷电、地震、火山爆发以及海水、湖水、河水进入船舶、驳船、运输工具、集装箱、大型海运箱或储存处所等。

2）意外事故。在海上货物运输保险业务中，意外事故并不专指海上意外事故，也有可能发生在陆上。例如，英国伦敦保险协会的条款规定，除了船舶或驳船触礁、搁浅、沉没或倾覆、火灾、爆炸等意外事故外，陆上运输工具倾覆或出轨，也属意外事故。同时，也不限于在海上发生的事故，如火灾、爆炸可能发生在海上，也可能发生在陆上。

（2）外来风险　外来风险是指海上风险以外的其他外来原因所造成的风险，包括一般外来风险和特殊外来风险两种。

1）一般外来风险主要包括偷窃、渗漏、短量、碰损、破碎、钩损、生锈、沾污、串味、淡水雨淋、受热受潮等。

2）特殊外来风险是指由于社会政治原因所造成的风险，主要包括战争、罢工、拒收以及交货不到等。

2．海上货物运输保险保障的损失

海上货物运输保险所保障的损失，按损失的程度可以分为全部损失和部分损失两类。

（1）全部损失　全部损失简称全损，是指保险货物由于保险责任范围内的风险而全部灭失或可以视同为全部灭失的损害。根据全损情况的不同，可分为实际全损和推定全损。

1）实际全损。实际全损又称绝对全损。凡有下列情况下之一者即可构成实际全损：①被保险货物已经完全灭失。这是指保险事故发生后造成被保险标的全部毁灭或沉没并无法打捞。②被保险货物遭受严重损害丧失原有用途，已不具有任何使用价值。如水泥遇水而变成硬块，茶叶、大豆等食品受海水湿损而无使用价值。③被保险货物丧失已无可挽回。这是指标的物的所有权已无可挽回地被完全剥夺，并且不能再归还。如船舶被敌国捕获、货物被没收等。④载货船舶失踪。我国《海商法》第二百四十八条规定："船舶在合理时间内未从被获知最后消息的地点抵达目的地，除合同另有约定外，满两个月后仍没有获知其消息的，为船舶失踪。"

2）推定全损。被保险货物在海上运输中遭遇承保风险后，认为实际全损已经不可避免，或者为避免发生实际全损所需支付的费用与继续将货物运抵目的地的费用之和超过保险价值的，为推定全损。

（2）部分损失　部分损失是指被保险货物的损失没有达到全部损失的程度，部分损失包括共同海损和单独海损两种。

1）共同海损。共同海损是指载货船舶在海上运输途中遇到危难时，船方为了维护船舶和所有货物的共同安全或使航程得以继续完成，有意和合理地做出的特殊牺牲或支出的特殊费用。

共同海损的成立应具备下列条件：

① 必须确有危及船、货共同安全的危险存在。

② 做出的牺牲和支出的费用必须是有意的，所谓有意乃指共同海损的发生必须是人为的、有意识的行为的结果，而非某种意外损失。

③ 所做出的牺牲是特殊性质的，支出的费用是额外支付的，且必须有效果。

④ 处置必须合理。

共同海损的牺牲及费用均是使船舶、货物和运费免于遭受损失而支出的，因此应由幸存的船舶、货物和运费按其获救后的价值按比例进行分摊。这种分摊称为共同海损分摊。为了计算共同海损的牺牲和费用金额，需要进行共同海损理算，目前国际上大都按照《2016年约克—安特卫普规则》来进行这项工作。

船舶在海上航行遇难，其他经过船舶按惯例有自动给予救助的义务，若救助获有成效，遇难船舶负责付给一定的救助报酬，称为救助费用。该项费用亦列入共同海损。

2）单独海损。单独海损是由意外发生的事故而非人为有意行为所引起的，它只能由遭受损失的一方单独负担此种损失。例如，载货船舶在海上航行遭遇暴风巨浪，海水进入船舱致使部分货物受损，该受损货物即属货方的单独海损。

三、海上货物运输保险的险别

1. 基本险

基本险又叫主险，是可以独立投保、不必依附于其他险别项下的险别。同国际保险市场的习惯做法一样，我国海洋运输货物保险的基本险分平安险、水渍险和一切险三种。

（1）平安险　根据中国人民保险公司海洋运输货物保险条款的规定，平安险的承保责任范围包括：

1）在运输过程中，由于恶劣气候、雷电、海啸、地震等自然灾害造成的整批货物的全部损失，包括实际全损或推定全损。

2）由于运输工具遭遇搁浅、触礁、沉没、互撞、与流冰或其他物体碰撞以及失火、爆炸等意外事故造成被保险货物的全部或部分损失。

3）在运输工具已经发生搁浅、触礁、沉没、焚毁等意外事故的情况下，货物在此前后又在海上遭受恶劣气候、雷电、海啸等自然灾害造成的部分损失。

4）在装卸或转运过程中，被保险货物一件或数件落海所造成的全部损失或部分损失。

5）被保险人对遭受承保责任内危险的货物采取抢救措施，防止或减少货损而支付的合理费用，但以不超过该批被救货物的保险金额为限。

6）运输工具遭遇海难后，在避难港由于卸货所引起的损失以及在中途港、避难港由于卸货、存仓以及运送货物所产生的特别费用。

7）共同海损的牺牲、分摊和救助费用。

8）运输合同中订有“船舶互撞责任”条款的，按该条款规定应由货主偿还船方的损失。

（2）水渍险　水渍险的承保责任范围包括：

1）平安险所承保的全部责任。

2）被保险货物在运输途中，由于恶劣气候、雷电、海啸、地震、洪水等自然灾害所造成的部分损失。

水渍险的责任范围要大于平安险，其保险费率也高于平安险保险费率。

（3）一切险　一切险是三个基本险中责任范围最大的险种，根据现行《海洋运输货物保险条款》的规定，一切险除包括平安险和水渍险的责任外，还包括被保险货物在运输途中由于一般外来原因所造成的全部或部分损失。

具体来说，一切险是平安险、水渍险和一般附加险的总和。但对于那些确定的损失、预期的损失、必然会发生的损失，如被保险人的故意行为导致的损失、自然损耗等是不负责任的。一切险比较适用于一些价值较高、可能遭受损失因素较多的货物投保，如粮油、食品、纺织品、工艺品、精密仪器等。一切险的保险费率也是最高的。

2. 附加险

附加险是指投保人在投保基本险时，为保障基本险范围以外可能发生的某些危险所附加投保的保险。附加险可分为一般附加险、特别附加险和特殊附加险三大类。附加险不能单独承保，它必须附于基本险项下。如果已经投保了一切险，就不必再投保一般附加险，因为一切险已包括了所有一般附加险承保的责任。在投保平安险和水渍险时，可依货物的具体情况加保附加险。

（1）一般附加险　一般附加险包括：①偷窃、提货不着险；②淡水雨淋险；③短量险；④混杂、沾污险；⑤渗漏险；⑥碰损、破碎险；⑦串味险；⑧受潮、受热险；⑨钩损险；⑩包装破裂险；⑪锈损险。

（2）特别附加险　特别附加险是指由于外来原因引起特殊风险而造成损失的险别。它与一般附加险不同，不包括在一切险中，它必须附属于主要险别项下，该险对因特殊风险造成的保险标的损失负赔偿责任。

（3）特殊附加险　与特别附加险一样，特殊附加险也不属于一切险的范围。它主要承保战争和罢工等风险。

1）战争险。该险别不能独立承保，必须附于主要险别项下。海运战争险是保险人承保由于战争或战争引起的捕获、拘留、禁制、扣押等造成的损失以及由于上述行为引起的共同海损分摊和救助费用。

2）罢工险。该险别可以附加于各种货物运输保险项下，是指保险人承保由于罢工者、被迫停工的工人或参加工潮、暴动的人员的行动或任何人在罢工期间的恶意行为所造成的货物的直接损失以及上述行为所引起的共同海损牺牲、分摊和救助费用。

四、海上货物运输保险的除外责任

除外责任是保险合同中的重要组成部分，是指保险人不予承担责任的风险项目及损失费用，即除外不保的项目。我国《海洋运输货物保险条款》规定的三种基本险的除外责任主要包括下列五项内容：

1）被保险人的故意行为或过失所造成的损失。

2）属于发货人责任所引起的损失。最常见的是货物包装不足、不当、标志不清，发货人发错货物等。

3）在保险责任开始前，被保险货物已存在的品质不良或数量短差所造成的损失，如散装货物的实际装船重量不足或装船前有缺陷等。

4）被保险货物的自然损耗、本质缺陷、特性以及市价跌落、运输延迟所引起的损失或费用。

5）海洋货物运输战争险条款和海洋货物运输罢工险条款规定的责任范围和除外责任。

五、海上货物运输保险的责任期限

我国海上货物运输基本险的保险期限一般采取“仓至仓”的原则。它的含义是，保险责任自被保险货物运离保险单所载起运地仓库或储存处所时开始，在正常运输过程中继续有效，直至货物运交保险单所载目的地收货人的最后仓库可储存处所时为止。如被保险货物在最后卸货港全部卸离海轮后 60 天内未完成最后交货，则保险责任以 60 天届满终止。

保险索赔时效从被保险货物在最后卸载港全部卸离海轮后起算，最多不超过两年。

复习思考题

一、填空题

1．保险合同是指______为了实现保险经济保障的目的，明确双方权利与义务关系的协议。

2．______是指保险合同一方既然已放弃他在合同中的某种权利，将来不得再向他方主张这种权利。

3．陆上运输货物保险基本险别分为______和______两种。

4．全部损失简称全损，是指保险货物由于______范围内的风险而全部灭失或______灭失的损害。

5．共同海损是指载货船舶在海上运输途中遇到危难时，船方为了维护船舶和所有货物的______或使航程得以继续完成，______地做出的特殊牺牲或支出的特殊费用。

6．______是三个基本险中责任范围最大的险种。

二、简答题

1．什么是保险利益？

2．我国现行航空运输货物保险的基本险别有哪些？

3．什么是共同海损？构成共同海损的条件有哪些？

4．什么是实际全损？构成实际全损的情况有哪些？

三、案例分析

1．K 轮从加拿大和美国港口装运杂货去日本港口。被告是其中一宗货物的托运人，该货应在东京港交付。2015 年 4 月 20 日该轮抵达横滨，计划 5 月 4 日驶往东京，4 月 24 日该轮主机发生严重损坏。5 月 9 日，原告承运人经共同海损理算师通知被告，修理工作估计需要一个半月。原告提出，为了减少延滞，用其他工具把货物从横滨转运至东京，但除了共同海损分摊保证书外，被告还需另外提供一个“不可分割协议”作担保。被告以共同海损分摊保证书形式提供了担保，但拒绝提供不可分割协议，并在横滨提货。原告拒绝在横滨而只愿在东京交货，并声称要对货物行使留置权，以确保其对共同海损分摊的索赔权。托运人向日本上诉法院申请强制执行令，指令原告在得到不包括不可分割协议的共同海损分摊担保后，在横滨交货。被告提供了共同海损分摊担保后，在横滨提取了货物，在所有共同海损费用发生之前，原告已向被告交付了货物。原告提起诉讼，要求向被告追偿在被告的货物实际卸船之后，但在船舶抵达目的港前发生的共同海损分摊费用。

问题：被告是否应承担共同海损分摊费用？

2．广州某厂从英国进口一批货物，英商应我方的要求，将货物交给指定运送人经荷兰船运至广州。在卸货时，发生短缺。据船公司回答，所有短缺货物已卸在香港，将安排运回广州，约过了 20 天，发现所短货物未全部运来，而且又无法查清货物究竟在何处，致使该厂的生产计划拖延，生产受到损失。

问题：①船公司应负何责任？②该厂是否可就由于生产计划拖延而造成的估计损失要求赔偿？③在多次转船运输中，买方为避免此损失发生应该投保何种险别较好？

10 第十章 物流信息网络管理法律法规

学习目的

通过本章的学习，了解物流信息与互联网信息管理内容，掌握互联网信息服务管理办法，了解电子合同中的法律问题，熟悉电子商务法体系。

第一节　物流信息与互联网信息管理概述

引导案例 10-1：

由安联程通信息技术有限公司创新研发的“陆路运输信息管理与交易平台”整合了移动互联网、物联网和云计算大数据三大技术，为物流资源整合和物流税收创新提供了新的技术手段，有利于推动解决传统货运行业中货主、物流企业和司机在信息和服务上存在的问题。

陆路运输信息管理与交易平台主要包含在线的交易撮合、运营管理、运营结算、保险服务以及税收管理等功能，该平台于 2012 年正式上线，目前已经在天津、新疆、河南、江苏、江西、重庆等地落地运行。

针对公路运输行业营改增税费抵扣源头缺失，运输企业税负普遍偏高的问题，安联程通信息技术公司还着力探索“互联网+物流+税务”的货运业转型新路径。

通过平台赋予了每个单车司机一般纳税人的身份，再以交易平台内真实的物流数据为基础，将交易数据推送至国税系统，帮助企业根据实际业务提交开票申请，从而获得单车道路运输增值税专用发票。

通过这一平台，一是解决了单车开票难和委托单位进项税抵扣的问题，从源头实现企业依法纳税；二是堵塞税收征管漏洞，有效防范增值税票的虚开，解决了困扰已久的货运业业务真实性监管难题，减少国家税收流失。

2004 年颁布的《关于促进我国现代物流业发展的意见》中，明确规定了物流企业必须有信息系统。

物流信息系统是把各种物流活动与某个一体化的过程联结在一起的通道，在功能上物流信息系统可以划分为四个层次，物流一体化过程建立在这四个层次上，即基础信息、管理控制、决策分析以及制定战略计划系统。

我国现行的物流法律法规，从法律效力角度来看，可分为三类：①法律；②行政法规；③由中央各部委颁布的部门规章。从理论上看，规制上述各个层次物流行为的法律规范有网络法律和非网络法律。网络法律又可分为网络构建法律和网络应用法律。这里主要探讨网络法律。

一、联合国及有关国际组织的电子商务与网络立法概述

20 世纪 90 年代以来，电子商务的发展速度是令人难以想象的。1995 年全球互联网网上销售额仅 2 亿美元，到了 1996 年就达到 10 亿美元，1998 年达到 500 亿美元，2002 年全球电子商务的总贸易额达到 1 万亿美元以上，根据联合国贸易和发展会议（UNCTAD）的数据显示，2015 年全球电商市场规模达 22.1 万亿美元，其中 B2B 电商规模为 19.9 万亿美元，B2C 电商规模为 2.2 万亿美元，前者约为后者的 9 倍。按网购人数排名，前十的国家为中国、美国、日本、德国、英国、巴西、俄罗斯、法国、韩国、印度。这十个国家的电商总规模为 16.5 万亿美元，约占全球总规模的 75%，其中美国的电商总规模全球第 1，约占全球的 30%，中国占 12.2%。针对这种几何速度增长的电子商务运营势头，联合国国际贸易法委员会通过了《电子商务示范法》。《电子商务示范法》对涉及的电子商务有关程序和方法在法律上的成立都做了详细的规定。一些国际组织与国家纷纷合作，制定各种各样的地区或国家的法律规范，形成了国际上电子商务立法的高速发展期。

1. 国际商会制定的电子商务指导性交易规则

目前，国际商会已经正式制定的电子商务指导性交易规则有 1997 年通过的《国际数字保证商务通则》（GUIDEC）和《电传交换贸易数据统一行为的守则》，目的是平衡不同法律体系，统一各国和各地区电传交换贸易数据的行为准则，为电子商务提供指导性政策，并统一有关术语。国际商会又于 2010 年制定了《2010 年国际贸易术语解释通则》《电子贸易和结算规则》等交易规则，在《电子商务示范法》的基础上，对电子支付的安全性、数字签名、加密及数字时间签章等做出了法律规定，并成为电子商务及电子支付的指导性交易规则。

2. WTO 的三大突破性协议

WTO 建立后，先后达成了著名的服务贸易三大协议，即：《全球基础电信协

议》，主要内容是要求各成员方向外国公司开放其电信市场并结束垄断行为；《信息技术协议》(ITA)，要求所有参加方 2000 年月 1 月 1 日前将主要的信息技术产品的关税降为零；《世界金融服务贸易协定》，要求成员方对外开放银行、保险、证券和金融信息市场。这三项重要协议为电子商务和信息技术的稳步有序发展奠定了坚实的法律基础。

3．制定电子商务政策的地区性组织

国际经济合作与发展组织（OECD）于 1998 年 10 月，在加拿大渥太华召开了第一次以电子商务为主题的部长级会议，会议提交了下列三个主要文件，概述了电子商务方面正在进行和将要进行的活动。

1）《OECD 电子商务行动计划》，概述了电子商务各项活动和对未来工作的建议。

2）《有关国际组织和地区性组织的报告：电子商务的活动和计划》，概述了这些组织当前和将来可能开展的工作。

3）《工商界全球电子商务行动计划，附有对各国政府的建议》，概述了工商界当前的计划和他们对重要问题的看法。

欧盟则于 20 世纪 90 年代提出《关于电子商务的欧洲建议》《欧盟电子签字法律框架指南》《欧盟关于处理个人数据及其自由流动中保护个人的指令》(或称《欧盟隐私保护指令》)、《数字签名统一规则草案》。欧盟通过制定电子商务政策，试图将其影响扩展到全球。

1996 年世界知识产权组织（WIPO）通过《世界知识产权组织版权条约》(简称 WCT）和《世界知识产权组织表演与录音制品条约》(简称 WPPT)，这两项条约被称为“国际互联网条约”。

1990 年国际海事委员会制定《国际海事委员会电子提单规则》等。

二、国外互联网络立法简介

1．《跨太平洋伙伴关系协定》(TPP 协定)

2015 年 11 月 5 日，TPP 缔约方披露了 TPP 协定全文文本，其中“电信”章节鼓励网络接入竞争规则也适用于移动网络供应商，对于稀缺电信资源的分配和使用，包括频率、号段、网路权（rights-of-way）等，它们承诺以一种客观、及时、透明和非歧视的方式进行管理。在“电子商务”章节中，确保互联网和数字经济的驱动力——全球信息和数据的自由流动，但须遵循合法的公共政策目标，如个人信息保护等。

2．欧盟公布数字一体化市场战略详细规划

2015 年 5 月 6 日，为了打破欧盟境内的数字市场壁垒，欧盟委员会公布了

“欧洲数字一体化市场”（Digital Single Market）战略的详细规划。这一战略包括三大支柱：为个人和企业提供更好的数字产品和服务，创造有利于数字网络和服务繁荣发展的环境，以及最大化地实现数字经济的增长潜力。该战略将打击美国互联网企业限制市场竞争的行为，据欧盟委员会预测，“单一数字市场”将带动4 150亿欧元的经济增长，并创造数十万个新就业岗位。

3．欧盟立法确立“网络中立”原则

2015年10月27日，欧洲议会投票通过了欧盟理事会一项有关确立互联网接入服务的“网络中立（net neutrality）”原则的提案，意味着“网络中立”原则已在欧盟层面以法律形式确立。

网络中立性这一原则之所以重要，正是在于它关乎互联网的未来。网络中立原则之所以能在欧盟立法中得到确立，一方面是为了解决欧盟日益增长的互联网使用需求和互联网通信基础设施发展相对滞后的紧张关系，另一方面，是为了对欧盟市场中普遍存在的流量干预限制行为进行规制，以及统一规范互联网服务管理的需要。网络中立原则的确立，是欧盟建立电信单一市场，并进而构建数字单一市场战略的重要步骤。“网络中立”原则可谓是在大西洋两岸竞相确立，美国联邦通信委员会（FCC）制定的《互联网开放指令》在2015年6月正式生效。相对宽松的欧盟模式与较严格的美国模式相比，在促进互联网基础设施投资和互联网用户福利增加究竟利弊如何，还有待多年实践的不断检验。可以断定的是，欧盟网络中立原则的具体内涵将在推进欧盟数字单一市场大战略下，在提升欧盟整体网络服务质量、激励竞争、促进创新的共识下，不断丰富和发展。

4．美国最严网络中立规则《网络开放指令》生效

2015年6月12日，《网络开放指令》所有条款如期生效，被视为最严网络中立规则。根据新的监管规则，互联网属于一种电信服务，互联网将按照类似电话之类的公用设施进行监管，其中宽带网络运营商被重新分类为Title II基础电信运营商。

美国FCC于2015年年初通过《网络开放指令》，通过之初，以美国电话电报公司（AT&T）和若干行业协会为代表的电信业便提起诉讼，并要求在诉讼过程中暂缓执行该指令。争议的焦点在于，FCC不应将宽带服务商分类为基础电信运营商，网络中立本身并无问题，但不应将具有公共事业色彩的过时条例适用于最具创新特点的网络服务领域；希望国会通过更高效力立法的形式，重新确认美国的网络中立政策，而不是受公共事业类监管的负面影响。最终，法院判决拒绝电信公司们的要求，指令于6月12日如期生效。互联网将真正遵循快速、公平以及开放等规则，而节流、屏蔽和付费优先通道已经成为过去。此前，智利、荷兰、欧盟等通过网络中立有关的原则性立法，关乎互联网未来的网络中立，将成为互联网发展的根本性问题，值得关注。

5．俄罗斯立法数据存储本地化

2015 年 9 月 1 日，俄罗斯《个人数据保护法》生效。法律规定：任何收集俄罗斯公民个人信息的本国或者外国公司在处理与个人信息相关的数据，包括采集、积累和存储时，必须使用俄罗斯境内的服务器。

从国家安全方面看，个人数据本地化有利于保护个人数据安全以及维护国家安全利益；从公民自由方面看，数据本地化可能会阻碍公民个人信息的自由流动以及进而影响公民的在线活动。

三、我国互联网方面立法概述

1．我国物流信息与互联网信息立法现状

2015 年 3 月 5 日，李克强总理在政府工作报告中提出“互联网+”行动计划，推动移动互联网、云计算、大数据、物联网等与现代制造业结合，促进电子商务、工业互联网和互联网金融健康发展，引导互联网企业拓展国际市场。2015 年 6 月 24 日，国务院发布《“互联网+”行动指导意见》，提出促进创业创新、协同制造、现代农业、智慧能源、普惠金融、公共服务、高效物流、电子商务、便捷交通、绿色生态、人工智能等若干能形成新产业模式的重点领域的发展目标，并确定了相关支持措施。

（1）法律　2015 年 6 月，全国人大常委会初审了《网络安全法（草案）》，该草案以总体国家安全观为指导，就网络数据和信息安全的保障等问题制定了具体规则，构建了我国网络安全的基本制度。

《中华人民共和国电子签名法》是我国首部专门的关于物流信息、计算机与互联网信息方面的法律，广义上与互联网有关的法律还有《著作权法》《反不正当竞争法》《保守国家秘密法》《全国人大常务委员会关于维护互联网安全的决定》等。

（2）行政法规　2015 年 7 月 18 日，十部委联合发布《关于促进互联网金融健康发展的指导意见》，积极鼓励互联网金融平台、产品和服务创新，鼓励从业机构相互合作，拓宽从业机构融资渠道。

2015 年 6 月 19 日，工信部发布通告，决定在全国范围内放开在线数据处理与交易处理业务的外资股比例限制，外资持股比例可至 100%。

2015 年 5 月 15 日，商务部发布《“互联网+流通”行动计划》，将在农村电商、线上线下融合以及跨境电商等方面创新流通方式，释放消费潜力，解决电商“最后一公里”和“最后一百米”的问题。此外，国家还颁布了《关于促进跨境电子商务健康快速发展的指导意见》《关于大力发展电子商务加快培育经济新动力的意见》等政策文件，助力“互联网+电子商务”快速发展。

2015 年 6 月 10 日，国务院法制办就《互联网等信息网络传播视听节目管理

办法（修订征求意见稿）》公开征求意见，该办法规定：网络广播电视内容服务单位应配备专业节目审查人员，互联网禁止自制时政新闻节目，此外，网络广播电视服务单位应建立网络信息安全管理制度、保障体系和应急处理机制，履行安全保障义务。2015年9月18日，最高人民法院、最高人民检察院、公安部、新闻出版广电总局四部门出台了《关于依法严厉打击非法电视网络接收设备违法犯罪活动的通知》，通知要求有关部门正确把握法律政策界限，依法严厉打击非法电视网络接收设备违法犯罪活动。2015年11月6日，新闻出版广电总局为了管理电视盒子市场的混乱，屏蔽首批81个非法应用。同时，新闻出版广电总局针对网络电视和电视盒子再次发布禁令，要求七大牌照商对照包括“电视机和盒子不能通过USB端口安装应用”在内的四点要求自查自纠。

2015年8月31日，国务院印发《促进大数据发展行动纲要》（以下简称《纲要》），系统部署大数据发展工作。《纲要》提出，要加强顶层设计和统筹协调，大力推动政府信息系统和公共数据互联开放共享，加快政府信息平台整合，消除信息孤岛，推进数据资源向社会开放，增强政府公信力，引导社会发展，服务公众企业；以企业为主体，营造宽松公平环境，加大大数据关键技术研发、产业发展和人才培养力度，着力推进数据汇集和发掘，深化大数据在各行业创新应用，促进大数据产业健康发展；完善法规制度和标准体系，科学规范利用大数据，切实保障数据安全。

（3）政府规章　2015年10月10日，交通运输部为推进出租汽车行业改革，规范网络预约出租汽车发展，促进行业创新发展、转型升级，更好地满足人民群众出行需求，发布《网络预约出租汽车经营服务管理暂行办法（草案）》。

2015年9月1日，新《广告法》开始施行，这也是广告法实施20年来的首次修订，修改幅度之大、规定之细致严厉，也被称为“史上最严广告法”。同时工商总局制定的《互联网广告监督管理暂行办法》也开始征求意见。

2．我国对网络与计算机信息网络国际联网的规制情况示意图

我国对网络的规制如图10-1所示。

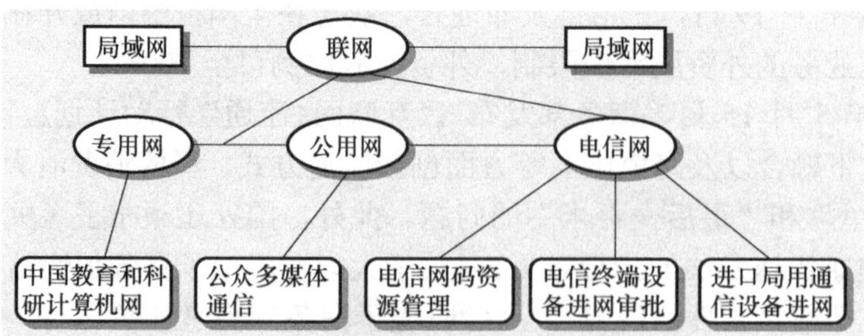

图10-1　我国对网络的规制示意图

我国对计算机信息网络国际联网的规制如图 10-2 所示。

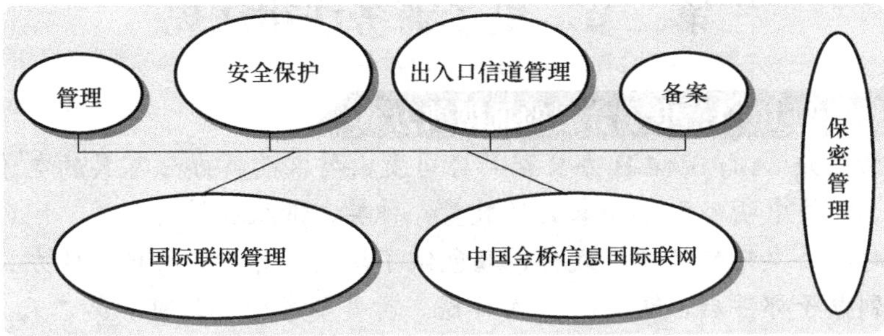

图 10-2　我国对计算机信息网络国际联网的规制示意图

四、互联网信息管理主要相关机构、职责及网址

1．国内机构

（1）中华人民共和国工业和信息化部 http://www.miit.gov.cn　简称工业和信息化部、工信部，是根据 2008 年 3 月 11 日公布的国务院机构改革方案，组建的国务院直属部门。

工业和信息化部主要职责为：拟订实施行业规划、产业政策和标准；监测工业行业日常运行；推动重大技术装备发展和自主创新；管理通信业；指导推进信息化建设；协调维护国家信息安全等。

作为行业管理部门，主要是管规划、管政策、管标准，指导行业发展，但不干预企业生产经营活动。

（2）中国互联网络信息中心（CNNIC）http://www.cnnic.net.cn　中国互联网络信息中心承担的主要职责是：①域名注册管理；②IP 地址、AS 号分配与管理；③目录数据库服务；④互联网寻址技术研发；⑤国际交流与政策调研。

2．国际机构

（1）国际互联网名称与编号分配公司（ICANN）http://www.icann.net　集合各地网络界的商业、非商业、技术及学术领域的专家的非营利公司法人组织，本部设在洛杉矶。ICANN 目前负责全球许多重要的网络基础工作，如地址空间（IP Address Space）的分配，协议参数（Protocol Parameters）的配置，域名系统（Domain Name System）与根服务器系统（Root Server System）的管理。

（2）国际互联网工程任务组（IETF）http://www.ietf.org　国际互联网工程任务组（The Internet Engineering Task Force，简称 IETF）是一个公开性质的大型民间国际团体。IETF 的主要任务是负责互联网相关技术标准的研发和制定，是国际互联网业界具有一定权威的网络相关技术研究团体。

第二节　电子商务法律法规

引导案例 10-2：电子合同的证据效力案

案情简介：A 学院向 B 办公家具公司发出要求购买办公家具的电子邮件一份，电子邮件中明确了办公家具的数量、种类、价款和履行方式。同时，电子邮件还对办公桌椅的尺寸、式样、颜色做了说明，并附了样图。B 办公家具公司在收到电子邮件后，即刻回复 A 学院，对其要求全部认可。第二天，B 办公家具公司依约将办公家具送至 A 学院。由于 A 学院已经于当日以较低的价格购买了另一家公司生产的办公家具，就以双方没有订立书面合同为由拒收 B 办公家具公司送达的办公家具，双方协商不成，B 办公家具公司起诉至法院。

案情分析：在本案中，A 学院和 B 办公家具公司使用电子邮件达成了一份合同，由于电子邮件在我国已经被认可为书面形式，因此，他们之间的合同是合法有效的。但是，这种合法有效取决于双方对合同本身及其内容的认可。也就是说，法官审理该案时，如果双方对电子邮件方式买卖办公家具等事实均无异议，那么该邮件就具有直接的证据效力。但如果 A 学院否认发过电子邮件或认为有人冒充 A 学院名义发送，那么，该电子邮件就不具有直接的证据效力。

结论：补充证据。需要相应的事实证明该邮件是 A 学院发的，并且该邮件仍保持完整性。

一、电子商务法的特性

电子商务法是一个非常庞杂的法律体系，这些法律规范总体上属于商法范畴，它既涉及传统的民法领域，如合同法；又涉及新的领域，如数字签字法、数字认证法等。

电子商务法具有两个基本特征：①它以商人的行业惯例为其规范标准；②它具有跨越任何国界、地域的全球化的天然特性。

二、电子合同的基本法律问题

1．电子合同

（1）电子合同的概念　电子合同是指用电、磁、光或相关技术手段生成的数据电文表达意思，以产生、变更和消灭权利义务关系的协议。通俗地说，通过电子手段订立的合同即是电子合同。

（2）电子合同的分类　狭义上说，电子合同是指通过 EDI、电子邮件等方式借助互联网络订立的合同；而从广义上说，电子合同还包括电报、电传或传真等传统电子方式订立的合同。

（3）电子合同的法律效力　第一个层面是合同的形式。《合同法》第十一条确立了数据电文形式或电子合同的法律地位，而且认为电子合同是一种书面形式。因此，电子合同作为一种合同形式，是合法有效的。

第二个层面是证据效力。电子合同在合同形式上有效，但形式有效和证据效力不是一回事。在证据法上，一份有效的书证，必须同时具备这样两个要件：一是存在有效的签名或有其他证据表明该文书归属于某人或认可该内容；二是必须是原件或未经篡改、改动。如果仅仅是复制件，电子合同形式的合法性还必须有证据效力的合法性相配合，才能真正彻底解决电子合同的法律地位和效力。

在数据电文证据效力方面，《联合国国际贸易法委员会电子商务示范法》（The United Nations Commission on International Trade Law Model Law on Electronic Commerce），简称《电子商务示范法》在分别界定了数据电文的书面、签字和原件后，第九条就数据电文的可接受性和证据价值，做了总结性规定。总结起来，具备直接证据效力的数据电文应当具备以下条件：①生成、储存或传递该数据电文的办法的可靠性，达到“可以调取以备日后查用”的条件；②保持信息完整性的办法的可靠性，达到初次形成时的状态；③具有安全的签字或类似鉴别发端人的办法。

实际上，只要数据电文具备了纸面文书的功能、符合电子签字和原件标准，那么，数据电文当然具有原件性的书面文件的证据效力，即这种数据电文具有直接证据效力。

2．电子合同订立的一般规则

（1）要约和承诺　合同的订立一般经过要约和承诺两个阶段，通过网络达成的电子合同也遵循这一基本规则。

（2）要约的到达时间和合同成立时间　我国《合同法》专门规定采取数据电文形式的要约或承诺到达（或生效）的时间：“采用数据电文形式订立合同，收件人指定特定系统接收数据电文的，该数据电文进入该特定系统的时间，视为到达时间；未指定特定系统的，该数据电文进入收件人的任何系统的首次时间，视为到达时间。”

（3）数据电文收发地和合同缔结地　合同缔结地对于法律适用和法院管辖具有重要意义。根据《合同法》第三十四条第一款中的规定：“承诺生效地点为合同成立地点。”由于承诺自到达要约人生效，因此，合同成立地点一般为要约人住所地（承诺到达地）。根据《合同法》第三十四条第二款中的规定：“采用数据电文形式订立合同的，收件人的主营业地为合同成立的地点；没有主营业地的，其经常居住地为合同成立的地点。”

联合国《电子商务示范法》第十五条第四款，对发出和收到数据电文的地点做了规范：除非发端人与收件人另有协议外，数据电文应以发端人设有营业地的地点视为其发出地点，而以收件人设有营业地的地点视为其收到地点。

然而，在网络环境下，问题可能比较复杂。例如，网络交易中常有这样的情况：一个网络公司A注册于甲地，其信息服务系统处在乙地，经营办公场所处于丙地。消费者通过浏览A公司的网页购买商品。那么，合同的缔结地在哪里？从传统的角度来看，信息系统的支持设备或技术的所在地，以及与此类系统联通进行查询的访问地等因素，不能被看作营业地。因为此类地点与其业务活动不存在实质性的联系。所谓实质性的联系，是指与支配营业活动的意志的来源或者发生营业活动的行为有着直接联系的地点。但是，有些商务活动的主体的营业活动几乎都是通过网络进行，除了注册于某处之外，与任何其他地点都无实质联系。对于这种“虚拟企业”，可考虑将信息系统的支持设备和技术的所在地，或者与上述系统联通进行查询的访问地作为营业所在地。

3．电子合同订立的特殊法律问题

电子合同订立中的一些特殊法律问题，主要涉及电子自动交易或点击合同等问题。

（1）电子自动交易及相关问题　电子自动交易是指当事人通过事先设置的程序，根据需求状况自动发出和接收信息，并做出判断而订立合同。自动交易的应用大致有两种情况：①当事人双方各自拥有自己的交易系统，合同约定两公司计算机自动通过EDI订货、发货，无需人力干预。②自动竞价系统。例如，在网络证券买卖中，当事人向证券自动交易系统发出要约，由系统寻找相同报价的买方和卖方，达成交易。此自动交易系统即是当事人双方共同的电子代理人。

电子自动交易的最大特点是具有智能，能完全或部分地独立进行判断，自动完成交易，不需要当事人的干预。但在实质上它不具有自己独立的思维能力，仅仅是系统设立的一种智能化工具，它的功能类似于自动售货机，其行为即是当事人的行为。电子自动交易中所发出的数据电文应归属于对该程序的使用有最终决定权，并享有相应权利和义务的设立人，信息的发出人不得以所发送的信息未经自己审查为由而对之否认。

从表面上看，在电子自动交易系统中似乎只有当事人的要约而没有承诺，承诺是由系统完成的。实际上这种要约在理论上称为交叉要约，只要双方当事人互为意思表示，且意思表示内容一致即可，要约和承诺的区分意义已经不大了。

（2）点击合同订立中的法律问题　具体有以下方面：

1）点击合同与网络环境下的格式合同。当用户上网购物或申请登记电子邮箱时，网站往往要求填写有关信息，并点击“我同意”后才可以进行相关活动，这种必须点击“同意”的合同，称之为点击合同（click-wrap contract）。点击合同是指由商品或服务的提供人通过计算机程序预先设定合同条款的一部分或全部，以规定其与对方当事人之间的权利义务关系，对方必须点击“同意”后才能订立的合同。点击合同具有附和性，是网络环境下的格式合同。

拆封合同（shrink-wrap contract）是指合同提供人将其与不特定第三人之间权利义务关系的相关条款印在标的物的包装上面，并在合同中声明只要消费者在购买后拆开包装，即视为接受的格式合同。在交易电子化之后，信息类产品可以直接从网上购买，不再具有传统的包装形式，这样，拆封合同也就随之电子化了。在从网上购买并下载安装软件时，用户仍然可以看到类似于拆封合同的痕迹。

点击合同并非仅仅是电子版的拆封合同，点击合同的应用有了以下变化：

① 应用范围大大拓展。拆封合同局限于买卖法律关系中，而点击合同从信息产品的使用许可到免费邮箱的申请，从买卖关系扩展到非买卖关系。

② 点击合同具有部分可选择性。某些点击合同的条款可供使用人选择，使用人不同的选择，权利义务关系会有所不同。而拆封合同的任何条款都是使用人无法选择或改动的。但是这些变化并未对点击合同与拆封合同本质上的一致性产生影响。

点击合同是有一方当事人预先拟定，其条款是定型化的，相对人的意思具有附和性。点击合同可以广泛、重复使用，其相对人是不确定的。点击合同具有互动性。

2）点击合同有效的原则。由于点击合同属格式合同范畴，因此，除了需符合一般合同的订立规则外，还应当符合《合同法》关于格式合同有效要件的规定。点击合同的最主要特征是：点击表示当事人同意合同全部条款，点击完成合同即告成立。点击合同应当受格式合同规定调整。根据《合同法》的规定，设置点击合同电子文本的这一方，应当履行如下义务：①根据公平原则拟定条款。②合理提醒消费者注意免责或限责条款，该提醒必须是在订约之时以合理方式做出。例如，商家在消费者订购消费品时，应将合同内容设置为消费者购物的必经环节，以保证消费者在点击确认之前，有机会和时间审查。如果某一条款只有在当事人负有付款义务或履约之后才能审查，那么，商家则未尽履行订约时的提醒义务。③按照对方要求对格式条款进行说明解释。

3）点选条款或格式条款的无效情况。点选条款或格式条款违反法律强制性规定的无效。而对于是否违反公平原则条款，需要法官根据具体情形认定其是否构成免除人身伤害和财产损失责任，或者免除其责任，加重对方责任，剥夺对方权利。

（3）电子错误

1）电子错误的概念。《统一计算机信息交易法》（UCITA）对电子错误的定义是：在线交易过程中，交易双方因使用信息处理系统时产生的错误。从广义上说，电子错误包括当事人对网上商家发生误解而向其发出要约；狭义的电子错误仅指计算机信息处理系统产生的错误。例如，消费者在网上订购 1 台计算机，但自动交易系统却将其识别为 10 台，并做出承诺。再如，商家规定的买卖有效时限已过，但消费者发出购买要约时，自动交易系统仍然与之订约等情形，也属狭义的电子错误。

电子错误主要包括两种情形，一是信息系统错误；二是人为错误。所谓信息系统错误，也称网络平台错误、交易双方信息系统错误或电子代理人错误，是指计算机系统或网络系统在自动运行的过程中发生的错误。例如，消费者在网上订购 100 台机器，但自动信息系统却识别为 1 000 台并做出承诺。所谓人为错误，通常包括输入错误、传达错误或使用错误的资料等情形，是指由于系统本身的程序缺陷而导致消费者做出错误的意思表示，是行为人在使用电子通信过程中发生的错误，这是一种不可归责于相对交易人的错误，其具体表现为当事人由于疏忽而在电子记录中传达了与其意思不一致的信息。例如，卖方由于输入错误而对产品标示了错误的价格，买方对商家产生误解或明知这种错误仍向卖方发出要约等。

2）电子错误的法律调整。由于错误并非当事人真实的意思表示，原则上应允许当事人撤销。在合同成立之前，当事人可以撤销错误的表示行为；在合同成立后，可以撤销合同。其主要有以下情形：

① 在当事人双方有约定的情形下，若当事人各方约定使用某种安全程序检测变动或错误，一方当事人遵此执行，而另一方当事人未遵守约定，且错误因未守约而发生，则遵守方可以撤销变动错误的电子信息所产生的效力，不论合同是否已订立。

② 在当事人双方没有约定的情形下，若一方采用某种程序检测到自己所发出的信息有变动或错误，应及时通知另一方，相对方应在合理的时间内予以确认，即使未在合理时间内确认，发出方也可以撤销变动或错误产生的效力。相对方在合理时间内予以否定的，应由发出信息方证明变动或错误的存在。

③ 消费者可撤销与卖方的电子交易代理人交易过程中源自于其本人错误的电子信息的效力。其前提条件是：电子交易代理人未能提供避免或纠正错误的机会，或者该当事人在知道电子信息出现错误时，采取合理措施或及时通知另一方当事人。

④ 电子错误或变动若未被当事人双方发现或检测到，直至合同履行或履行完毕的，原则上合同应有效，除非该错误构成有影响力的错误，动摇了合同成立的基础。

⑤ 基于电子错误或变动致使合同某一条款无效或撤销的，当事人应当返还因错误或变动所带来的利益，不能返还的应给予补偿。

第三节　互联网域名管理法律法规

引导案例 10-3：

案情简介：解放军报域名被抢注。2000 年 11 月初，中文域名注册开通的数天内，注册行情火爆，已有 350 万个域名用户提交了在线申请。但少数投机分子意识到中文域名注册中特有的投机性，开始对各驰名商标、品牌及单位名称进行恶意抢注活动，以期大发一笔横财。在抢注过程中，解放军报带有“.中国”、“.公司”、“.网络”、“.com”、“.net”等不同后缀的 15 个中文、日文、韩文和英文域名被多家公司和个人抢注。

11 月下旬，解放军报欲分别以“解放军报网络版”“解放军报电子版”“解放军报”“军报”“中国军网”“中国军事网”“中国军事新闻网”“中国国防报”“国防报”和“长征出版社”等 10 个繁/简体中文名称对军报在国际互联网中文域名进行注册，并分别附加“.中国”、“.公司”、“.网络”、“.com”、“.net”等 5 个域名后缀，共计注册域名 58 个。正在办理注册期间，发现“解放军报”中文域名已被抢注。经查明，其中抢注“解放军报.com”（简体）域名的是江苏靖江的一家网络公司，对方称是解放军报的忠实读者和崇拜者，为防止解放军报的中文域名被他人恶意抢注，自己对该域名进行了“善意”的“保护性”的抢注。

众所周知，解放军报是中央军委机关报，解放军报网络版是全国唯一军事新闻网站，其域名理应受到保护，任何抢注行为，包括在网上拍卖等均应视为恶意。同时这种抢注行为违反《中华人民共和国国防法》。

案情分析：知名的名称、商标、品牌等都是受法律保护的，注册解放军报域名，算得上“精明”，但却与一般的公理相悖。

结果：靖江网络公司愿意将该域名无偿捐献给解放军报社。

资料来源：《解放军报》

一、域名管理

1. 概述

为积极推进中文网络信息资源的开发，完善我国中文域名体系，规范中文域名注册服务，促进网络应用普及和健康发展，加快中文域名的应用，维护用户权益，经批准，中国互联网络信息中心已于 2000 年年初开通中文域名试验系统并提供注册服务。

2. 专业术语

（1）域名　域名是互联网络上识别和定位计算机的层次结构式的字符标识，与该计算机的互联网协议（IP）地址相对应，是进行网络访问的重要基础。

（2）中文域名　中文域名是指含有中文文字的域名，是我国域名体系的重要组成部分。

（3）域名根服务器　域名根服务器是指承担域名体系中根节点功能的服务器。

（4）域名根服务器运行机构　域名根服务器运行机构是指负责运行、维护和管理域名根服务器的机构。

（5）顶级域名　顶级域名是指域名体系中根节点下的第一级域的名称。

（6）中文域名注册体系　中文域名注册体系结构分为三层，即注册管理机构、注册服务机构和注册代理机构。

1）注册管理机构负责运行和管理域名系统，维护域名中央数据库。经工业和信息化部批准，中国互联网络信息中心为我国中文域名注册管理机构。

2）注册服务机构负责受理域名注册申请并完成注册。

3）注册代理机构在注册服务机构授权范围内接受域名注册申请。

3. 域名管理机构

工业和信息化部负责中国互联网络域名的管理工作。其主要职责是：

1）制定互联网络域名管理的规章及政策。

2）制定国家（或地区）顶级域名 CN 和中文域名体系。

3）管理国家（或地区）顶级域名 CN 和中文域名的域名注册管理机构。

4）管理在中华人民共和国境内设置并运行域名根服务器的域名根服务器运行机构。

5）监督管理域名注册服务。

6）负责与域名有关的国际协调。

4. 域名管理方式

域名管理采用逐级管理方式。域名注册管理机构和各级域名持有者根据 2014 年 11 月 21 日起实施的《中国互联网络信息中心国家顶级域名争议解决办法》及相关规定的要求，负责其下一级域名的注册管理及服务。

域名注册管理机构负责运行和管理相应的域名系统，维护域名数据库，授权域名注册服务机构提供域名注册服务。

在中华人民共和国境内设置域名根服务器、设立域名注册管理机构和域名根服务器运行机构需经工业和信息化部授权。

5. 域名注册服务管理

域名注册服务遵循“先申请先注册”原则。域名注册管理机构可以在扩展域名注册范围时设立预注册期限，对部分保留字进行必要保护，并在其网站上提供查询。

任何组织或个人注册和使用的域名，不得含有下列内容：①反对宪法所确定的基本原则的；②危害国家安全，泄露国家秘密，颠覆国家政权，破坏国家统一的；③损害国家荣誉和利益的；④煽动民族仇恨、民族歧视，破坏民族团结的；⑤破坏国家宗教政策，宣扬邪教和封建迷信的；⑥散布谣言，扰乱社会秩序，破坏社会稳定的；⑦散布淫秽、色情、赌博、暴力、凶杀、恐怖或者教唆犯罪的；⑧侮辱或者诽谤他人，侵害他人合法权益的；⑨含有法律、行政法规禁止的其他内容的。

域名注册申请者应当遵守国家有关互联网络的法律、行政法规和规章，遵守域名注册管理机构制定的域名注册相关规定。域名注册完成后，域名注册申请者即成为其注册域名的持有者。因持有或使用域名而侵害他人合法权益的，责任由域名持有者承担。

域名注册信息发生变更的，域名持有者应当在变更后 30 日内向域名注册服务机构申请变更注册信息。域名持有者可以选择和变更域名注册服务机构。域名持有者变更域名注册服务机构的，原域名注册服务机构应当承担转移域名持有者注册信息的义务。

二、域名注册的申请

申请注册域名时，申请者应当以书面形式或电子形式向域名注册服务机构提交如下信息：

1）申请注册的域名。

2）域名主域名服务器和辅域名服务器的主机名以及 IP 地址。

3）申请者为自然人的，应提交姓名、通信地址、联系电话、电子邮箱等；申请者为组织的，应提交其单位名称、组织机构代码、通信地址、电子邮箱、电话号码等。

4）申请者的管理联系人、域名技术联系人、缴费联系人、承办人的姓名、通信地址、电子邮件、电话号码。

5）域名注册年限。

域名注册服务机构应当在收到域名注册申请后一个工作日内向中国互联网络信息中心提交如上域名注册信息。

三、域名注册的变更和注销

1）域名持有者之外的注册信息发生变更的，域名持有者应当按照申请注册域名时所选择的变更确认方式，在注册信息变更后的三十日内向域名注册服务机构申请变更注册信息。

域名注册服务机构应当在接到域名持有者变更的注册信息三个工作日内，将变更后的注册信息提交给中国互联网络信息中心。

未经域名持有者同意，域名注册服务机构不得对注册信息进行变更。

2）申请转让域名的，应当向域名注册服务机构提交合法有效的域名转让申请表、转让双方的身份证明材料。

域名注册服务机构收到前款资料后三个工作日内进行审核，审核合格后应予以变更持有者。

3）申请注销域名的，申请者应当向域名注册服务机构提交合法有效的域名注销申请表和身份证明材料。

域名注册服务机构收到前款资料后三个工作日内进行审核，审核合格后应予以注销。

4）投诉已注册域名违反《域名管理办法》及本实施细则规定的，中国互联网络信息中心对投诉进行调查，投诉成立的，中国互联网络信息中心将做出相应处理决定，做出决定后五个工作日内，由域名注册服务机构执行；投诉不成立的，向投诉者说明理由。

5）在域名处于诉讼程序、仲裁程序或域名争议解决程序期间，域名注册服务机构不得受理域名持有者转让或注销被争议域名的申请，但域名受让方以书面形式同意接受人民法院裁判、仲裁裁决或争议解决机构裁决约束的除外。

四、域名争议解决

1）域名注册服务机构应当积极配合人民法院、仲裁机构或者域名争议解决机构的域名争议解决工作。在收到域名争议解决机构依据《中国互联网络信息中心域名争议解决办法》《中国互联网络信息中心域名争议解决办法程序规则》以及该机构依据上述规定制定的补充规则提出的要求后，域名注册服务机构应当在三个工作日内答复；如未能在三个工作日内答复，应说明理由。

2）域名争议解决期间域名注册服务机构应当采取必要措施保证该域名不被注销、转让。

3）域名争议解决机构裁决注销域名或者裁决将域名转移给投诉人的，自裁决在争议解决机构网站正式公布之日起满十日的，域名注册服务机构应予以执行。但被投诉人自裁决公布之日起十日内，提供有效证据证明有管辖权的人民法院或者仲裁机构已经受理相关争议的，争议解决机构的裁决暂停执行。

第四节　互联网信息服务管理法律法规

引导案例 10-4：

（美国）普罗克特和甘布尔公司简称 P&G 公司，在我国则称宝洁公司，是一家世界著名企业并拥有世界驰名的商标。它的“safeguard”商标，被上海晨铉智能科技发展有限公司注册“safeguard.com.cn”域名。

宝洁公司 1976 年 5 月在中国申请注册了“safeguard”商标，核准使用商品为第 70 类香皂、肥皂、洗涤和擦亮制剂，以后又进行了续展。宝洁公司又于 1994 年 6 月向国家工商局申请注册了“safeguard\舒肤佳”商标，核准使用商品为第 3 类漂白剂和其他洗衣用制剂等，商标注册有效期限为 1994 年 6 月至 2004 年 6 月。

宝洁公司还先后在世界上多个国家和地区注册。该公司“safeguard\舒肤佳”注册商标在我国的消费者中认知率高，声誉良好。

1999 年 1 月，上海晨铉智能科技发展有限公司的前身上海晨铉科贸有限公司向中国互联网络信息中心申请注册了“safeguard.com.cn”域名。

同年上海市第二中级人民法院受理了宝洁公司在中国申请注册的“safeguard”商标，被上海晨铉智能科技发展有限公司注册为“safeguard.com.cn”域名的域名抢注案。

案情分析：根据我国《互联网络域名注册暂行管理办法》第八条规定，二级域名中的“.com”适用于工、商、金融等企业。由于该知名商标在消费者中的信誉和号召力，当消费者需要该知名注册商标的商品或服务信息时，就会点击访问该域名网站，这样就会产生三个方面的问题：①无形中增加了域名持有人网站的点击访问次数，域名持有人就会获得注册商标权利人通过商业行为获得的信誉所体现的部分商业价值，现实地或潜在地损害注册商标权利人的利益；②虽然所从事的商品或服务行为不相同，但注册该名称域名的商业性组织在利用网络进行商业活动时，会使消费者认为域名网站所提供的商品或服务与该注册商标及其商标权利人有一定的关联，从而造成商业上的混淆；③阻止了宝洁公司将“safeguard”注册商标在“.com.cn”中注册为三级域名的可能性，失去了信息时代的先进工具。

域名和商标一样是所代表的商品和服务的标志，而这些域名和商标是经过拥有者多年来的打造才得以成名的。我国早有对驰名商标的保护规定，不允许非法抢注。

结论：上海市第二中级人民法院根据《民法通则》《商标法》和《反不正

当竞争法》的有关规定，做出一审判决：被告上海晨铉智能科技发展有限公司注册的“safeguard.com.cn”域名无效，应立即停止使用并撤销。

资料来源：南方都市报

一、互联网信息服务管理办法

1．概述

互联网信息服务是指通过互联网向上网用户提供信息的服务活动。互联网信息服务分为经营性和非经营性两类：经营性互联网信息服务是指通过互联网向上网用户有偿提供信息或者网页制作等服务活动；非经营性互联网信息服务是指通过互联网向上网用户无偿提供具有公开性、共享性信息的服务活动。

2．管理制度

国家对经营性互联网信息服务实行许可制度；对非经营性互联网信息服务实行备案制度。未取得许可或者未履行备案手续的，不得从事互联网信息服务。

从事新闻、出版、教育、医疗保健、药品和医疗器械等互联网信息服务，依照法律、行政法规以及国家有关规定需经有关主管部门审核同意的，在申请经营许可或者履行备案手续前，应当依法经有关主管部门审核同意。

从事经营性互联网信息服务，除应当符合《中华人民共和国电信条例》规定的要求外，还应当具备下列条件：①有业务发展计划及相关技术方案；②有健全的网络与信息安全保障措施，包括网站安全保障措施、信息安全保密管理制度、用户信息安全管理制度；③服务项目属于《中华人民共和国电信条例》第五条规定范围的，已取得有关主管部门同意的文件。

从事非经营性互联网信息服务，应当向省、自治区、直辖市电信管理机构或者国务院信息产业主管部门办理备案手续。

互联网信息服务提供者应当按照经许可或者备案的项目提供服务，不得超出经许可或者备案的项目提供服务。非经营性互联网信息服务提供者不得从事有偿服务。互联网信息服务提供者变更服务项目、网站网址等事项的，应当提前 30 日向原审核、发证或者备案机关办理变更手续。

互联网信息服务提供者应当在其网站主页的显著位置标明其经营许可证编号或者备案编号。

二、互联网电子公告服务管理规定

1．概述

互联网电子公告服务是指在互联网上以电子布告牌、电子白板、电子论坛、网络聊天室、留言板等交互形式为上网用户提供信息发布条件的行为。

对这种行为的管理，依据《中华人民共和国电信条例》《互联网信息服务管理办法》和《电信业务经营许可管理办法》等规定进行。

2．管理制度

从事互联网信息服务，拟开展电子公告服务的，应当在向省、自治区、直辖市电信管理机构或者工业和信息化部申请经营性互联网信息服务许可或者办理非经营性互联网信息服务备案时，提出专项申请或者专项备案。

开展电子公告服务，除应当符合《互联网信息服务管理办法》规定的条件外，还应当具备下列条件：①有确定的电子公告服务类别和栏目；②有完善的电子公告服务规则；③有电子公告服务安全保障措施，包括上网用户登记程序、上网用户信息安全管理制度、技术保障设施；④有相应的专业管理人员和技术人员，能够对电子公告服务实施有效管理。

已取得经营许可或者已履行备案手续的互联网信息服务提供者，拟开展电子公告服务的，应当向原许可或者备案机关提出专项申请或者专项备案。

未经专项批准或者专项备案手续，任何单位或者个人不得擅自开展电子公告服务。

三、境内计算机信息网络进行国际联网管理暂行规定

1．概述

国务院于 1997 年 5 月 20 日颁布实施了《中华人民共和国计算机信息网络国际联网管理暂行规定》。中华人民共和国境内的计算机信息网络进行国际联网，应当依照此规定办理。

2．法定专业用语

（1）国际联网　国际联网是指中华人民共和国境内的计算机互联网络、专业计算机信息网络、企业计算机信息网络，以及其他通过专线进行国际联网的计算机信息网络同外国的计算机信息网络相连接。

（2）互联网络　互联网络是指直接进行国际联网的计算机信息网络。互联单位是指负责互联网络运行的单位。

（3）接入网络　接入网络是指通过接入互联网络进行国际联网的计算机信息网络。接入单位是指负责接入网络运行的单位。

（4）国际出入口信道　国际出入口信道是指国际联网所使用的物理信道。

（5）用户　用户是指通过接入网络进行国际联网的个人、法人和其他组织。个人用户是指具有联网账号的个人。

（6）专业计算机信息网络　专业计算机信息网络是指为行业服务的专用计算

机信息网络。

（7）企业计算机信息网络　企业计算机信息网络是指企业内部自用的计算机信息网络。

3．管理制度

（1）一般规定　国家对国际联网实行统筹规划、统一标准、分级管理、促进发展的原则。接入网络必须通过互联网络进行国际联网。计算机信息网络直接进行国际联网，必须使用工业和信息化部国家公用电信网提供的国际出入口信道。任何单位和个人不得自行建立或者使用其他信道进行国际联网。

（2）建立互联网络的申请与审批　接入网络必须通过互联网络进行国际联网，不得以其他方式进行国际联网。接入单位必须具备《中华人民共和国计算机信息网络国际联网管理暂行规定》规定的条件，并向互联单位主管部门或者主管单位提交接入单位申请书和接入网络可行性报告。经部（委）级行政主管部门批准后，向国务院信息化工作领导小组提交互联单位申请书和互联网络可行性报告，由工作领导小组审议提出意见并报国务院批准。

跨省（区）、市经营的接入单位应当向经营性互联单位主管部门申请领取国际联网经营许可证。在本省（区）、市内经营的接入单位应当向经营性互联单位主管部门或者经其授权的省级主管部门申请领取国际联网经营许可证。提供电信服务的企业应当在 30 个工作日内为接入单位提供通信线路和相关服务。

（3）国际联网经营活动申请、审批与吊销　接入单位拟从事国际联网经营活动的，应当向有权受理从事国际联网经营活动申请的互联单位主管部门或者主管单位申请领取国际联网经营许可证。未取得国际联网经营许可证的，不得从事国际联网经营业务。

接入单位从事国际联网经营活动的，必须具备法律法规规定的条件和为用户提供长期服务的能力。

（4）国际联网非经营活动的申请、审批与取消　接入单位拟从事国际联网非经营活动的，应当报有权受理从事非经营活动申请的互联单位主管部门或者主管单位审批。未经批准的，不得接入互联网络进行国际联网。

从事非经营活动的接入单位的情况发生变化，不再是依法设立的企业法人或者事业法人的，其国际联网资格由审批机构予以取消。

（5）个人、法人和其他组织接入国际联网的规定　个人、法人和其他组织使用的计算机或者计算机信息网络，需要进行国际联网的，必须通过接入网络进行国际联网。在接入网络前，应当征得接入单位的同意，并办理登记手续。

个人、法人和其他组织向接入单位申请国际联网时，应当提供有效身份证明或者其他证明文件，并填写用户登记表。

复习思考题

一、填空题

1．电子商务法具有两个基本特征：其一，它以________为其规范标准；其二，它具有________的天然特性。

2．狭义上说，电子合同是指通过_________等方式借助互联网络订立的合同；从广义上说，电子合同还包括_________等传统电子方式订立的合同。

3．电子错误主要包括两种情形，一是________错误；二是________错误。

4．中文域名注册体系结构分为三层，即注册管理机构、____________机构和__________机构。

5．国家对经营性互联网信息服务实行_________制度；对非经营性互联网信息服务实行________制度。

二、简答题

1．试述电子合同成立时间、地点的基本原则。

2．简述互联网信息服务管理制度。

3．开展电子公告服务，应当符合哪些条件？

4．简述国际联网经营活动申请、审批。

三、案例分析

韩某有一天在网上浏览，发现一辆二手帕萨特汽车起拍价只有 10 元人民币，他想可能是网站在搞什么促销活动，就参加了竞拍。几轮下来他成功了，成交价是 116 元。网站通过电子邮件进行了确认，并给他发来了电子合同。韩某根据网站提供的电话，跟卖主联系，卖主是一家卖二手车的汽车经销公司，也收到了网站发来的那份电子合同，但是该公司坚决不同意交车，理由是这份合同无效，因为第一，汽车的底拍价是 10 万元而不是 10 元，在网站上显示的 10 元底拍价是由于其工作人员输入失误造成的；第二，他们认为 116 元就把车卖了，这样一个合同是不公平的。韩某的手上有三份证据：一份是网络公司给他发来的电子确认书，第二份是电子合同，另外还有一份整个交易过程的证据。经多次交涉无果，韩某最后只好把汽车经销公司告到法院。

问题：

（1）这个网上竞拍的电子合同是否有效？为什么？

（2）本案反映出电子商务活动中的法律规范存在哪些问题？

参 考 文 献

[1] 张瑜．物流法规[M]．北京：对外经济贸易大学出版社，2004．

[2] 丁俊发．中国物流[M]．北京：中国物资出版社，2002．

[3] 陈小君．合同法学[M]．北京：中国政法大学出版社，1999．

[4] 郭寿康，韩立余．国际贸易法[M]．北京：中国人民大学出版社，2000．

[5] 孟琪．物流法概论[M]．上海：上海财经大学出版社，2004．

[6] 司玉琢，胡正良，等．新编海商法学[M]．大连：大连海事大学出版社，2001．

[7] 黄敬阳．国际货物运输保险[M]．北京：中国对外经济贸易出版社，2004．

[8] 徐杰，田源．采购与仓储管理[M]．北京：清华大学出版社，2004．

[9] 胡美芬．物流相关法规与国际公约[M]．成都：四川人民出版社，2002．

[10] 刘北林．流通加工技术[M]．北京：中国物资出版社，2004．

[11] 黄中鼎．现代物流管理[M]．上海：复旦大学出版社，2005．

[12] 缪六莹．物流运输管理事务[M]．成都：四川人民出版社，2002．

[13] 丁立言，张铎．仓储规划与技术[M]．北京：清华大学出版社，2002．

[14] 孙林．运输合同[M]．北京：法律出版社，1999．

[15] 李永生，郑文岭．仓储与配送管理[M]．2 版．北京：机械工业出版社，2005．

[16] 唐德华，孙秀君．合同法及司法解释条文释义[M]．北京：人民法院出版社，2004．

[17] 杨志刚．国际货运代理实务与法律[M]．上海：百家出版社，1996．

[18] 李玉如．国际货运代理与业务[M]．北京：人民交通出版社，2001．

[19] 何明珂，等．现代物流与配送中心[M]．北京：中国商业出版社，1997．

[20] 蒋志培．网络与电子商务法[M]．北京：法律出版社，2001．

[21] 田晓云．国际经济法[M]．北京：人民法院出版社，2004．

[22] 张冬云．物流法律法规概论与案例[M]．北京：北京交通大学出版社，2011．

[23] 赵林．物流法律法规[M]．西安：西安交通大学出版社，2014．